Trauregister aus Kurhessen und Waldeck

Band 7 Altenburschla bis Weißenborn

Amt Wanfried

Trauungen aus den evangelischen Kirchenbüchern der Orte im ehemaligen Amt Wanfried von den Anfängen bis 1830

Bearbeitet von
Thomas Blumenstein

Gesellschaft für Familienkunde in Kurhessen und Waldeck e.V.

Norderstedt 2016

Umschlagbild:
Topographia Hassiae von Matthäus Merian @1646

Thomas Blumenstein
Amt Wanfried
Trauungen aus den evangelischen Kirchenbüchern der Orte im ehemaligen Amt Wanfried von den Anfängen bis 1830
Trauregister aus Kurhessen und Waldeck Band 7 Altenburschla bis Weißenborn, 278 Seiten

@ 2016 Gesellschaft für Familienkunde in Kurhessen und Waldeck e.V.
Gesellschaft für Familienkunde in Kurhessen und Waldeck e.V., Sitz Kassel
Postfach 10 13 46, D 34013 Kassel
Internet: http://gfkw/de, http://trauregister-kurhessen/de
E-Mail; info@gfkw.de, info@trauregister-kurhessen.de

Vorwort: Zur Geschichte des Amt Wanfried

Das Amt Wanfried bestand 1585 aus der Stadt und den Dörfern Altenburschla, Heldra, Rambach, Weißenborn und dem eichsfeldischen Dorf Döringsdorf. 1747 gehörten die Dörfer Altenburschla, Rambach, Heldra und Weißenborn dazu.

Im Zuge der Gebietsreform 1821 kamen die Stadt und das Amt in den neu gebildeten Kreis Eschwege. Seit 1974 gehören als Ortsteile Altenburschla, Heldra, Aue und Völkershausen zur Stadt. Weißenborn bildet seitdem mit Rambach eine eigene Gemeinde.

Alle Orte führten von Anfang an eigene Kirchenbücher.

Hessisch Lichtenau, April 2016   Thomas Blumenstein

Abkürzungen

V/M: Vater/Mutter
B.: Bemerkung
N.: Name unbekannt oder keiner vorhanden (z.B. ungetauft)
ABT ungefähr
BEF vor
AFT nach

Inhaltsverzeichnis

Abkürzungen 3

Inhaltsverzeichnis 4

Wanfried-Altenburschla 1682 bis 1830 5

Wanfried-Heldra 1682 bis 1830 34

Wanfried Kernstadt 1650 bis 1830 58

Weißenborn-Weißenborn 1651 bis 1830 191

Weißenborn-Rambach 1650 bis 1830 220

Register der Orte 270

Wanfried-Altenburschla 1682 bis 1830

22.02.1682	Lorentz, Hans Henrich, Leineweber? Steingraf, Anna Martha, aus Niederhone, V/M: Philipp
07.06.1682	Hopp?, Johannes, V/M: der Schultheiß Claus?, Anna Margretha, V/M: Caspar
29.01.1684	Fischbach, Hans, V/M: Aßmann Arnold, Anna, V/M: Claus
20.07.1684	Neuth, Caspar, Meyer, herstellischer Hane, Anna, Henrich Witwe, aus Immichenhain
14.09.1684	Herrichmalß??, Hans Henrich Stock, Martha
10.02.1686	Fischbach, Adam, V/M: Martin, Kirchensenior Hille, Anna, V/M: Hans, Kirchensenior
24.02.1686	Lorentz, Andreas, Witwer Hose, Anna Martha, V/M: Jost
17.11.1686	Lorentz, Johannes, V/M: Andreas Steube, Anna Maria, aus Heldra, V/M: Hermann, trottischer Meyer
03.02.1687	Kobhen, Nicolaus (mein Pate), V/M: Curt seel. Wüthe?, Margaretha, aus Nieder...?, V/M: Caspar seel.
16.02.1687	Hollerbühl, Christoph, aus Großburschla, V/M: Hans seel. Arnold, Anna Martha, Hans Hermann Witwe
02.06.1687	Lorentz, Johannes, V/M: Claus Mehles, Catharina, aus Weißenborn, V/M: Hans seel.
03.05.1688	Lorentz, Wendel, V/M: Claus Steube, Catharina, aus Heldra, V/M: Hermann
15.11.1688	Knabe, Dölle, aus Kleintöpfer Lorentz, Anna Maria, V/M: Claus, Meyer B.: Aber er hat sich im Trunck betreffend sich gegen mich schlecht gehalten, da er vor ein Maaß Bier gebühr ...
21.11.1688	Ilse, Claus Lorentz, Dorothea
05.02.1689	Fischbach, Jacob Knabe, Anna Maria, aus Katharinenberg (Catterberge)

14.02.1689	Dietzel, Wendel, V/M: ...? Knabe, Anna
1690	...?, Hans Jeremias Noll, Anna
27.11.1690	Nolle, Johannes, Schneider ? Würschmidt, Margaretha, V/M: Hans
09.01.1690	Busch, Adam, Weißenborn Dietzel, Anna Elisabeth, V/M: Doneth ?
23.11.1692	Bley, Johannes, V/M: Hans Dietzel, Ursula, V/M: Hans junior
08.10.1693	Riese, Christoph, V/M: George seel. Hose, Catharina, V/M: Hans, Schultheiß seel.
24.10.1694	Dietzel, Hans Jacob, Schenkwirt, V/M: Jacob Schabacker, Engel, aus Rambach, V/M: Hans
08.11.1694	Walborn, Antonius, aus Großburschla, V/M: Hans Bley, Martha, V/M: Hans seel.
13.11.1694	Würschmied, Johannes, V/M: Hans Noll, Anna Elisabeth, V/M: Christoph, Gerichtsschöpfe
07.02.1695	Kobhen, Martin, Reuter unter hessischen Völkern unter Oberst Gerstenb... Compagnie Dietzel, Martha Elisabeth, V/M: Jacob
28.11.1695	Dietzel, Adam, V/M: Hans junior Lorentz, Anna, V/M: Claus seel.
19.11.1696	Krämer, George, Schafknecht allhier ...?, Dorothea, V/M: Hans Henrich, Schafmeister allhier
26.11.1696	Eisenhut, Johann Christoph, aus Großburschla Ilse, Elisabeth, V/M: Hans Henrich
01.12.1696	Lorentz, Johannes, V/M: Hans Henrich Benderoth (Bendrott), Tochter, aus Wanfried, V/M: Hans, Bürger seel.
01.06.1697	Claus, Valten, Witwer Walburg, Elisabeth, V/M: Martin seel.
01.12.1697	Arnoldt, Martin, V/M: Hans Hermann seel. Hille, Anna Maria, V/M: Claus

Wanfried-Altenburschla 1682 bis 1830　　　　　　　　　　　　　　　　7

16.01.1698	Gerlach, Andreas , Anna Margretha B.: Nach abgelegter Buße und darauf in 5 Wochen die Tochter bekommen
18.10.1698	Walburg, Johannes Riese, Martha, V/M: Hans George seel.
29.11.1698	Heuckerodt, Johannes, V/M: Andreas Lorentz, Tochter, V/M: Wendel
09.11.1699	Faber, Balthasar, Müller, aus Rambach Dietzel, Catharina, V/M: Jacob
16.11.1699	Dietzel, Johannes, V/M: Curt Hanstein, Catharina
06.12.1699	Hille ?, Johannes, V/M: Andreas Würschmidt, Martha Elisabeth, V/M: Johannes
24.01.1700	Dietzel, Wendel Hosbach, Frau Martha Elisabeth, aus Großburschla
26.10.1700	Kobhen, Hans Barthol Dietzel, Ursula, V/M: Johannes seel.
17.11.1700	Ilse, Claus Dietzel, Anna, V/M: Hans, Claus Sohn
24.11.1700	Lorentz, Christian, V/M: Martin Hosbach, Tochter, aus Netra, V/M: Henrich
01.12.1700	Lorentz, Johannes, Schmied, V/M: Claus Bley, Ursula, V/M: Hans
01.12.1701	Reinhard, Friedrich, aus Kleintöpfer, V/M: Urban Lorentz, Elisabeth, V/M: Martin
29.11.1702	Döring (Thöring), Conrad, aus Hildebrandshausen (Hilbershausen) vom Eichsfeld, V/M: Conrad Dietzel, Tochter, V/M: Hans, Donatus Sohn
27.03.1704	Dietzel, Johannes, V/M: Jacob Wetterau, Maria, V/M: Fritz
08.01.1705	Noll, Johannes, V/M: Abel seel. Duder, Agnesa, aus Aue, V/M: Hans Henrich, Schulmeister seel.
11.11.1705	Dietzel, Andreas, V/M: Johannes Arnoldt, Anna Catharina, V/M: Caspar, Kirchensenior

12.11.1705	Schellhase, Caspar, Hirte allhier Rietze, Catharina, V/M: Dorothea
19.11.1705	Mollenhauer, Johannes, V/M: Bartholdus Lorentz, Catharina, V/M: George seel.
02.12.1705	Junge, Johannes, aus Röhrda, V/M: Christoph Dietzel, Christina, V/M: Jacob
06.01.1706	Bley, Johannes, V/M: Johannes Hilbrandt, Elisabeth, V/M: Johannes
19.01.1707	Claus, Johannes, V/M: Valten Lorentz, Margretha, V/M: Wendel
10.03.1707	Walburg (Walburck), Anna Martha, V/M: Martin Lühne, Johann Henrich, Witwer, aus Falken
22.06.1707	Arnold, Christoph, V/M: Claus seel. Heuckerodt, Elisabeth, V/M: Andreas
21.09.1707	Krug, Hans Jeremias , Anna, aus Kella im Eichsfeld
15.02.1708	Lannefeld, Hans George, aus Waldkappel Heuckerodt, Catharina, V/M: Andreas
03.05.1708	Wagner, Johann Caspar, aus Höckelheim, aus dem Amt Bode, Barbara Elisabeth, aus Bovenden im Amt Plesse, V/M: Nicolaus
28.11.1708	Rothard, George Andreas, aus Mühlhausen Dietzel, Elisabeth, V/M: Johannes der alte
02.01.1709	Dietzel, Hans Adam Claus, Elisabeth, V/M: Valten
20.02.1709	Dietzel, Johann Henrich Hille, Martha Elisabeth, V/M: Andreas
13.11.1709	Dietzel, Hans der junge, auf dem Rasen Lorentz, Maria, V/M: Hans
20.11.1709	Dietzel, Johann Wilhelm, V/M: Hans der ältere Dietzel, Martha Elisabeth, V/M: Johannes seel.
22.01.1709	Hille, Nicolaus, V/M: Andreas Wagner, Anna Christina, V/M: Martin
28.01.1709	Arnoldt, Christoph, Witwer Lorentz, Catharina, V/M: Wendel, Claus Sohn

Wanfried-Altenburschla 1682 bis 1830

05.02.1710	Arnold, Gottfried, V/M: Nicolaus, Schulmeister Steube, Martha Elisabeth, aus Heldra, V/M: Daniel
26.02.1710	Hilbrand, Hans Henrich, Schmied, V/M: Johannes, Meyer allhier Fischbach, Anna Justina, V/M: Adam, Gerichtsschöpfe
26.11.1710	Lorentz, Wendel, V/M: Johannes seel. Dietzel, Anna Martha, V/M: Hans, nunmehr der älteste
07.01.1711	Hoßbach, Hans Martin (mein Eydam), Töpfer, V/M: Caspar, Töpfer Arnold, Anna Sabina, V/M: Nicolaus, Schulmeister
19.02.1711	Müller, George Christian, Schweinehirte, aus Heldra Hille, Catharina Elisabeth, V/M: Nicolaus, Schultze
28.10.1711	Ritze, Nicolaus Fischbach, Engel
11.11.1711	Fischbach, Christoph, V/M: Jacob seel. Arnold, Anna Dorothea, V/M: Caspar
27.01.1712	Haarsein, Burckhardt, Helderbachsmüller Arnold, Christina, V/M: Caspar
01.03.1713	Dietzel, Philip Heuckerodt (Höckrodt), Catharina, aus Wanfried, V/M: Valten
25.04.1714	Haarsein, Burckhard, Helderbachsmüller und Witwer Claus, Elisabeth, V/M: Johannes junior
18.11.1714	Ratgeber, Andreas, aus Heldra Lorentz, Catharina, V/M: Hans seel.
05.02.1715	Würschmidt, Christoph, aus Völkershausen, V/M: Tobias Hille, Anna Martha, V/M: Andreas seel.
16.06.1715	Mollenhauer, Henrich, V/M: Barthel Theiß, Anna Elisabeth, V/M: Johann George
03.12.1715	Lorentz, Henrich, V/M: Johannes, Kirchensenior Dietzel, Elisabeth, V/M: Hans der ältere
06.05.1716	Herwig, Johannes, Raschmacher, aus Großburschla Ritze, Anna Martha, V/M: Hans seel.
04.06.1716	Bley, Johannes, Witwer Hille, Elisabeth, V/M: Andreas
31.03.1717	Schäfer, Friedrich, aus Frieda Dietzel, Elisabeth, V/M: Hans Jacob seel.

12.08.1717	Riese, Christoph, Witwer
	Claus, Elisabeth, Valentin Witwe
22.11.1717	Dietzel, Martin, V/M: Hans Jacob seel.
	Walburg (Walburck), Regina, V/M: Martin
24.11.1717	Ilse, Johann Wilhelm, V/M: Johannes seel.
	Kophen, Anna Elisabeth, V/M: Johannes
30.11.1717	Fischbach, Christoph, Witwer
	Dietzel, Margretha, V/M: Hans junior
27.04.1718	Rehn, Johann David, Advocat und Witwer, aus Eisenach
	Rexerod, Elisabeth, aus Kassel
08.11.1718	Lorentz, Johannes, V/M: Wendel
	Kophen, Martha Elisabeth, V/M: Nicolaus
15.11.1718	Dietzel, Hans Jacob, V/M: Wendel
	Ilse, Barbara, V/M: Johannes seel.
22.11.1718	Lorentz, Andreas, V/M: Johannes, Kirchensenior
	Hille, Margretha Elisabeth, V/M: Nicolaus, Schultheiß
26.12.1718	Lorentz, Hans Henrich, Gerichtsschöpfe und Witwer
	Mollenhauer, Elisabeth, V/M: Barthel seel.
08.02.1719	Würschmidt, Henrich, V/M: Hans
	Dieterich, Martha Elisabeth, V/M: Martin
23.04.1720	Hille, Johann Andreas, V/M: Andreas, Kirchensenior
	Lorentz, Martha Elisabeth, V/M: Johannes, Kirchensenior seel.
04.12.1720	Dietzel, Adam, aus Heldra, V/M: David, Kirchensenior und Schreiner
	Bley, Catharina Elisabeth, V/M: Johannes
10.09.1720	Rietze, Gottfried, V/M: Christoph seel.
	Hosbach, Ursula, V/M: Meister Caspar
22.10.1722	Hille, Johannes, Töpfermeister und Witwer
	Wagner, Anna Christina, des Soldat Johannes Witwe
19.01.1723	Hille, Johann Christian, V/M: Nicolaus, Schultheiß
	Nol, Catharina Elisabeth, V/M: Johannes, Schneider
09.02.1723	Große, Johannes, Schuhmacher, Witwer und Bürger, aus Wanfried
	Walburck, Anna Gertrud, V/M: Martin seel.
06.08.1723	Lorentz, Andreas, Witwer
	Heuckerodt, Dorothea, V/M: Johannes

04.11.1723	Werner, Michael, aus Jagernell ??, V/M: N. seel.
	Gerlach, Catharina, V/M: Andreas, Schäfer allhier
01.12.1724	Hill, Johann Henrich, V/M: Johannes, Töpfermeister
	Arnold, Eva Dorothea, V/M: Martin
05.12.1724	Lorentz, Christoph, Steinmetz, V/M: Johannes, Kirchenältester
	Kobhen, Catharina Elisabeth, aus Heldra, V/M: Martin, Pachtmeyer seel.
18.01.1725	Heuckerodt, Johann Wilhelm, V/M: Johannes
	Bley, Martha Elisabeth, V/M: Johannes
16.02.1725	Treyße, Henrich, V/M: Nicolaus, seel. gew. Meyer auf dem Lehnhause
	Dietzel, Susanna, V/M: Wendel
07.03.1726	Bley, Adam, V/M: Andreas
	Müller, Anna Maria, aus Heldra, V/M: Balthasar seel.
13.08.1726	Kobhen, Johann Christian, V/M: Barthel
	Kaiser, Dorothea Elisabeth, aus Frieda, V/M: N, Pfarrer seel.
22.11.1726	Arnold, Christoph, Witwer
	Dietzel, Elisabeth, V/M: Wendel
28.01.1727	Dahinten, Balthasar, aus Renda
	Kobhen, Anna Sabina, V/M: Nicolaus, Braumeister seel.
05.06.1727	Noll, Christoph, V/M: Johannes
	Hill, Anna Martha Elisabeth, V/M: Johannes, Töpfermeister
04.11.1727	Arnold, Cornelius, Schulmeister, zeitiger
	Zeuch, Maria Elisabeth, aus Oberdünzebach, V/M: Melchior
06.04.1728	Hosbach, Wilhelm, V/M: Meister Caspar
	Dietzel, Anna Justina, V/M: Johannes seel.
15.04.1728	Riese, Wilhelm, V/M: Christoph seel.
	Schellhase, Anna Martha, V/M: Caspar
25.05.1728	Hosbach, Johann Henrich, aus Rittmannshausen, V/M: Nicolaus
	Lorentz, Anna Christina, V/M: Christian
26.10.1728	Ilse, Johannes, V/M: Claus
	Walburck, Martha Elisabeth, V/M: Johannes
09.06.1729	Weißenborn, Jacob, Schneider und Witwer, aus Aue
	Hosbach, Anna Justina, V/M: Meister Caspar
03.06.1730	Hill, Henrich, V/M: Nicolaus, Schultze
	Dietzel, Elisabeth, V/M: Johannes seel.

05.05.1731	Heuckerodt, Daniel, V/M: Johannes
	Fischbach, Anna Christina, V/M: Christoph
19.02.1732	Hill, Johannes, V/M: Nicolaus, Schultze
	Köhler, Maria Elisabeth, aus Eschwege, V/M: Meister
29.02.1732	Hose, Johann Henrich
	Dietzel, Catharina, V/M: Johannes seel.
04.03.1732	Bley, Johann Wilhelm, V/M: Johannes
	Dietzel, Dorothea, V/M: Henrich, Pachtmeyer
04.11.1733	Heuckerodt, Nicolaus, aus Weißenborn, V/M: Johann Henrich
	Hill, Florentina, V/M: Nicolaus, Schultheiß
08.06.1734	Hille, Nicolaus, V/M: Nicolaus, Schultze
	Schmerbach, Martha Elisabeth, V/M: Johannes seel.
10.03.1738	B...?, Johann Simon, Bürger und ...?, aus Eschwege
	Wrüger, Gertrud, V/M: Johann Nicolaus
	B.: Procl. ?
08.04.1738	Dietzel, Hans Jacob, Witwer
	Lorentz, Anna Maria, V/M: Johannes
20.10.1738	Hoose, Johann George, etl. 20 Jahre
	Dietzel, Catharina Elisabeth, V/M: Johann Wilhelm
28.04.1739	Bayert, Ludwig, aus von Pfalz Neustadt
	Cramm, Regina Elisabeth, V/M: George
04.03.1740	Wagner, Johann Christoph, 35 Jahre, aus Rambach
	Würschmidt, Catharina, V/M: Johannes seel.
15.02.1741	Dietzel, Hans Wilhelm, 30 Jahre, V/M: Henrich seel.
	Würschmidt, Catharina Elisabeth, 21 Jahre, V/M: Henrich seel.
15.06.1741	Hildebrand, Cornelius, 25 Jahre
	Wrüger, Elisabeth, V/M: Nicolaus, Meyer seel.
	B.: Protokoll
03.06.1742	Dietzel, Johann Christoph, 23 Jahre
	Arnoldt, Martha Elisabeth, 24 Jahre, V/M: Martin
03.07.1743	Schein, Wilhelm, Töpfer, aus Großburschla, V/M: Wilhelm, Töpfermeister
	Hille, Elisabeth, V/M: Johann Henrich seel.
	B.: Protokoll
24.01.1744	Lorentz, Christian, 26 Jahre
	Lorentz, Christina, 28 Jahre, V/M: Johannes, Schmied

Wanfried-Altenburschla 1682 bis 1830

??.01.1744	Schadewolf, Johann Henrich Dietzel, Elisabeth, V/M: Johann Adam B.: Protokoll
15.04.1744	Mollenhauer, Johann Wilhelm Bley, Eva Elisabeth, V/M: Johannes, Gerichtsschöpfe
13.01.1744	Rathgeber, Johann Jacob, 28 Jahre Lorentz, Elisabeth, 25 Jahre, V/M: Andreas
29.05.1744	Hoffmann, Johann Henrich, Witwer Dietzel, Anna Christina, V/M: Johann Philipp, Gerichtsschöpfe B.: Protokoll
01.11.1744	Gernebach/Gerneberg, Johann Adam, 23 Jahre, aus Kreuzebra Schwartzenberg, Anna Maria, 21 Jahre, aus Dingelstädt, V/M: ein Zinngießer B.: Protokoll
02.01.1745	Hotzapfel, Johann Valentin, Gärtner und Witwer Dietzel, Martha Elisabeth, V/M: Hans B.: Protokoll
12.021745	Richter, Johannes, aus Eichenberg, V/M: Andreas seel. Ritze, Elisabeth, V/M: Nicolaus
29.07.1745	Schäffer, Christian, 26 Jahre Mollenhauer, Catharina Elisabeth, 25 Jahre
26.10.1745	Fischbach, Johann Henrich Adam, aus Reichensachsen, V/M: Nicolaus Hildebrand, geb. Weiger ?, Anna Elisabeth, Cornelius Witwe
30.11.1745	Strube, Henrich, 29 Jahre, aus Heldra Bley, Christina Elisabeth, 18 Jahre, V/M: Johannes, Gerichtsschöpfe
28.12.1745	Hille, Johann Christoph, Witwer Junge, Catharina Elisabeth, V/M: Johannes
20.04.1746	Dietzel, Johann Wilhelm, 27 Jahre Hille, Martha Elisabeth, 20 Jahre, V/M: Johannes seel.
17.04.1746	Hilbrecht, Henrich, 30 Jahre, aus Großburschla Dietzel, Sabina, V/M: Wendel seel.
27.12.1734	Hoffmann, Johann Henrich, aus Völkershausen, V/M: Johann George seel. Lorentz, Elisabeth, Johann Henrich Witwe

01.11.1735	Hille, Johann Christoph, V/M: Nicolaus Mollenhauser, Elisabeth, V/M: Johannes, Kirchenältester
14.06.1740	Lorentz, Johannes Ebel, Anna Margaretha, aus Albeshausen
27.12.1741	Thiel, Johannes, 28 Jahre, aus Großnurschla Fischbach, Susanna, 25 Jahre, V/M: Christoph B.: Protokoll
28.10.1741	Lappe, Burghardt, Bürger und Wilhelm allhier Lorentz, Anna Elisabeth, V/M: Johannes B.: Protokoll
14.02.1742	Arnold, Wilhelm, 38 Jahre Dietzel, Anna Martha Elisabeth, 28 Jahre, V/M: Philipp, Gerichtsschöpfe
03.07.1743	Martin, Carl Gottfried, aus Rambach Eisenhuth, Margretha Elisabeth, V/M: Christoph seel.
28.01.1743	Klebe, Matthias, 30 Jahre, Porteur in Kassel, aus Asbach/Amt Niederaula, V/M: Jacob Dietzel, Anna Catharina, V/M: Barthold B.: Wollen sich zu Kassel cop. lassen
17.11.1744	Rathgeber, Johann Christoph, Meyer ? Hille, Christina Elisabeth
01.12.1744	Hosbach, Wilhelm, Töpfermeister Fritsche, Eva Elisabeth, aus Rambach, V/M: Johann Christoph, Schultheiß
21.09.1746	Bauer ?, Johann Henrich, Schäfer, aus Oberellen Gerlach, Martha Elisabeth, V/M: Andreas B.: Protokoll
10.10.1746	Baum ?, Henrich , Martha B.: Protokoll
03.12.1746	Wrüger ?, Johann Adam, 26 Jahre, aus Schnellmannshausen Hilcke ?, Margretha Elisabeth, V/M: Johannes seel. B.: Protokoll
03.02.1747	Wagner, Johann Jacob, Bäcker und Witwer, aus Wanfried Dietzel, Eva Dorothea, V/M: Johannes seel. B.: Protokoll

Wanfried-Altenburschla 1682 bis 1830

12.06.1747	Ödiwald ?, Johann George, aus Treffurt, V/M: Andreas Lorentz, Martha Elisabeth, V/M: Johannes, Schmied B.: Protokoll
24.07.1747	Helmbold, Friedrich, aus Creuzburg Herwig, Eva Dorothea, V/M: Johannes seel.
31.10.1747	Hille, Johann Wilhelm Dietzel, Elisabeth, V/M: Johann Wilhelm
12.06.1748	Dietzel, Johann Wilhelm, Witwer Lorentz, Anna Catharina, V/M: Andreas
12.11.1748	Lorentz, Nicolaus Hille, Margaretha Elisabeth
01.10.1748	Bachmann, Michael, Witwer, aus Frieda Riese, Anna Christina
29.01.1749	Reicherdt, Christoph, aus Treffurt, V/M: Paul, Bürger und …? Hildebrand, Catharina Elisabeth, V/M: Johann Henrich, Meyer
26.02.1749	Hille, Christoph Dietzel, Anna Christina
12.05.1749	Hille, Henrich Adam Bley, Sabina Elisabeth
01.07.1749	Schultz, Jacob, Ackermann und Bürger, aus Wanfried Hille, Florentina, V/M: Christina
14.06.1749	Ilse, Johannes Sachse, Elisabeth, aus Schnellmannshausen, V/M: Caspar seel.
08.??.1749	Hose, Johann Jacob, 26 Jahre, aus Sallmannshausen Hosbach, Susanna Margaretha, V/M: Johannes B.: Protokoll
19.11.1749	Fischbach, Johann caspar Hille, Anna Martha, V/M: Meister Andreas seel.
06.01.1750	Herwig, Johann Wilhelm Mollenhauer, Tochter, V/M: Johann Henrich
27.01.1750	Dietzel, Nicolaus Wilhelm Walber, Elisabeth
09.01.1750	Hosbach, Johann Carl Schäffer, Marie Elisabeth, aus Frieda
23.04.1750	Jung, Johann Christoph Hille, Anna Sabina

04.03.1750	Dietzel, Johann Adam Dietzel, Catharina Elisabeth B.: Protokoll. Im 2ten Grade verwandt
21.07.1750	Lorentz, Johannes, Reuter vom Miltitzischen Regiment Bley, Dorothea, Johannes Witwe
03.12.1750	Hose ??, Johann Caspar Dietzel, Sabina, V/M: Johann Wilhelm
11.10.1751	Dorfheiliger, Christoph, Witwer, aus Großburschla Ilse, Anna Sabina, V/M: Johann Wilhelm B.: Protokoll
05.12.1751	Keyser ?, Johann George, von Prinz Maximilian Infanterieregiment Nolte, Anna Christina, aus Großburschla, V/M: Johann Hermann
13.01.1752	Hille, Henrich Adam, Meyer Strauß, Anna Martha, aus Grebendorf, V/M: Christoph, Schultheiß
21.04.1752	Lorentz, Johann Christian, Witwer Hildebrand, Catharina Elisabeth
11.01.1753	Lorentz, Johann Nicolaus Gerlach, Anna Christina B.: Protokoll
04.01.1753	Dietzel, Christoph, Witwer Bley, Dorothea
10.12.1754	Heuckeroth, Henrich Adam, V/M: Wilhelm Dahinten, Anna Martha, V/M: Balthasar seel.
02.06.1755	Hosbach, Wilhelm, V/M: Wilhelm Bley, Catharina Elisabeth, V/M: Adam
23.06.1755	Hose, Johannes, V/M: Valentin seel. Dietzel, Engel Juliana, V/M: Johannes, Meyer seel.
16.06.1757	Degenhard, George Wilhelm, aus Wanfried Hosbach ?, Eva Dorothea, V/M: Johannes seel.
18.07.1758	Schultze, Johannes, aus Wanfried, V/M: Philipp Hille, Catharina Elisabeth, V/M: Johann Christian
03.04.1759	Arnold, Wilhelm, Witwer Hille, Anna Elisabeth, V/M: Johann Henrich, Schultheiß

05.07.1760	Schmerbach, Johannes, V/M: Carl, fürstl. ...pächter ?
	Fischbach, Eva Dorothea, V/M: Christoph, Schneider seel.
06.02.1762	Schirmer, Dola, aus Treffurt
	Heckerod, Tochter, V/M: Wilhelm seel.
16.05.1762	Gernand, Johann George, aus Frankeroda
	Hansmann, Tochter, V/M: Valentin, Schneider seel.
23.06.1762	Arnold, Johann Henrich
	Hille, Martha Elisabeth, V/M: Nicolaus
??.04.1763	Ilse, Johannes, Soldat, gew. hess.
	Hille, Catharina, V/M: Johann Henrich, Schultheiß
09.05.1763	Holtzmann, Henrich, aus Creuzburg
	Schultz ?, Elisabeth, V/M: Friedrich
31.05.1763	Wagner ?, Johann Wilhelm
	Müller, Anna Christina, aus Großburschla, V/M: Johannes seel.
27.07.1763	...?, Johann Henrich, Soldat vom von Greffendorfischen
	Infanterie Regiment, aus Eschwege
	Börner, Anna Martha, aus Völkershausen
20.07.1763	Heße, Meister Johann Caspar, aus Schnellmannshausen
	Ilse, Margretha Elisabeth, V/M: Johannes
	B.: Traudatum 16.??.
15.02.1764	Dietzel, Johannes, Reuter, gew. hessischer
	Klein, Anna Christina, aus Großburschla, V/M: Adam
22.02.1764	Hosbach, Jacob, Soldat, gew. hessischer
	Hille, Elisabeth, V/M: Nicolaus
01.03.1764	Z...?, Johannes, aus Falken
	Hofmann, Elisabeth, V/M: Johann Henrich seel.
05.03.1764	Heße, Valentin
	Lorentz, Anna Christina, V/M: Johannes, Gerichtsschöpfe
04.03.1764	Bley, Johannes
	Franke, Maria Elisabeth, aus Heldra, V/M: Herr Daniel,
	Schultheiß seel.
22.05.1764	Streckert, Johann Friedrich, Schulmeisteradjunkt
	Arnold, Anna Christina, V/M: Corrnelius, Schulmeister
06.12.1764	Lorentz, Johann Henrich
	Dietzel, Dorothea, V/M: Johann Henrich

06.06.1765	Ilse, Johannes
	Dietzel, Catharina Elisabeth, aus Weißenborn, V/M: Henrich, Verwalter
04.07.1765	Heuckerodt, Henrich Adam, Witwer
	Dieterich, Elisabeth, aus Heldra, V/M: Johannes seel.
25.07.1765	...?, Johannes
	Bornmann, Anna Martha, aus Rambach, V/M: Adam
04.06.1766	Hille, Johann Wilhelm
	Dietzel, Maria Elisabeth, V/M: Christoph
05.12.1765	Mollenhauer, Henrich, Schneider
	Rathgeber, Margretha Elisabeth
24.06.1766	Eisenhuth, Henrich
	Schadewolf, Catharina Elisabeth
03.12.1767	Dahinten, Johannes, Raschmacher
	Lorentz, Eva Elisabeth, V/M: Johann Nicolaus, Gerichtsschöpfe
09.12.1767	Hosbach, Johann Henrich, Garnisonssoldat vom Driesch ? Regiment
	Arnold, Catharina Elisabeth, V/M: Wilhelm
03.01.1768	Herwig, Johann Christoph, V/M: Johannes seel.
	Riese, Justina Elisabeth, V/M: Gottfried seel.
24.05.1768	Appel, Johann Melchior, aus Völkershausen, V/M: Andreas seel.
	Herwig, Margretha, V/M: Johannes seel.
09.03.1769	Thiele, Gottfried, V/M: Johannes
	Bley, Martha Elisabeth, V/M: Johannes, Schultze seel.
21.06.1769	Hosbach, Jacob, Witwer, V/M: Henrich seel.
	Schein, Eva Dorothea, V/M: Wilhelm
19.07.1769	Bley, Johannes, Witwer
	Lorentz, Anna Elisabeth, V/M: Johann Nicolaus seel.
09.11.1769	Hosbach, Johann Christian Henrich, V/M: Johann Henrich seel.
	Fischbach, Maria Sabina, V/M: Johann Caspar
15.01.1770	Lorentz, Johann Henrich, Witwer, V/M: Johann Nicolaus seel.
	Hoffmann, Regina, aus Renda, V/M: Conrad
07.02.1770	Hosbach, Cornelius, V/M: Johann Wilhelm seel.
	Hille, Sabina Elisabeth, V/M: Christian

19.06.1771	Dietzel, Johann Henrich, Soldat aus dem Prinz Gothaischen Regiment, V/M: Jacob seel.
	Dietzel, Eva Elisabeth, V/M: Wilhelm seel.
25.08.1771	Hosbach, Nicolaus, V/M: Johann Henrich seel.
	Hoffmann, Susanna, V/M: Johann Henrich seel.
03.02.1772	Appel, Johann Melchior, Witwer, V/M: Andreas seel.
	Koch, Christina Elisabeth, V/M: Johannes seel.
03.06.1772	Dahinten, Johannes, Leineweber und Witwer, V/M: Baltzer
	Mollenhauer, Catharina Elisabeth, V/M: Wilhelm
15.07.1773	Schäfer, Johann Henrich, Schneidermeister, V/M: Christian
	Arnold, Catharina Elisabeth, aus Wanfried, V/M: Henrich, Bürger und Schneidermeister seel.
12.01.1774	Dietzel, Johann Wilhelm, V/M: Jacob seel.
	Kliebisch, Anna Catharina Elisabeth, aus Großburschla, V/M: Wilhelm seel.
31.01.1774	Lorentz, Henrich, Witwer und Schmied
	Holtzapfel, Catharina Margretha, aus Aue, V/M: Johann Reinhard seel.
25.07.1768	Wagner, Wilhelm, Witwer, der blinde, V/M: Johannes seel.
	Hopff, Catharina, aus Niederdünzebach, V/M: Christoph seel.
29.11.1774	Arnold, Johann Henrich, V/M: Christoph seel.
	Lorentz, Justina Elisabeth, V/M: Johannes, Gerichtsschöpfe
??.??.1775	Hille, Christian, V/M: Wilhelm seel.
	Lorentz, Elisabeth, V/M: Christian
09.04.1776	Lorentz, Johann Nicolaus, V/M: Johann Nicolaus, Gerichtsschöpfe seel.
	Arnold, Elisabeth, V/M: Wilhelm
??.11.1776	Arnold, Johannes, V/M: Christoph seel.
	Schäffer, Sabina, V/M: Christian
20.05.1778	Hille, Johann Martin, V/M: Henrich Adam, Pächter
	Schäffer, Maria Elisabeth, aus Heldra, V/M: Henrich seel.
21.06.1778	Junge, Herr Henrich Wilhelm, Förster, adel. von eschwegischer und Witwer, aus Aue
	Dietzel, Martha Elisabeth, V/M: Christoph, Kirchensenior und Gerichtsschöpfe

16.11.1778	Ebel, Wentzel, Soldat, gew. kaiserlicher, aus ...wick? in Böhmen, V/M: Christoph Koch, Anna Martha, V/M: Nicolaus seel.
18.11.1778	Lorentz, Johann Peter, Schneidermeister, V/M: Johann Nicolaus, Gerichtsschöpfe seel. Dietzel, Eva Elisabeth, V/M: Johann Wilhelm, Gerichtsschöpfe
17.02.1779	Hille, Johann Wilhelm, V/M: Henrich Adam Fischbach, Anna Gertrud, V/M: Henrich Adam
18.04.1779	Schäffer, Johann Jacob, aus Frieda, V/M: Johann Nicolaus seel. Mollenhauer, Maria Sabina, V/M: Wilhelm
24.05.1779	Noll, Johann Henrich, Witwer Hausknecht, Barbara Maria Rebecca?, aus Treffurt, V/M: Johann Peter, seel. gew. Unteroffizier unterm Clemenzischen Infanterie Regiment
10.11.1779	See, Joachim Christian, Glockengießer und Einwohner allhier, aus Magdeburg, V/M: Johann Christian, Glockengießer seel. Burghard, Maria Charlotta, aus Creuzburg, V/M: Johann Martin, Bürger seel.
30.01.1780	Lorentz, Johann Nicolaus, Witwer, V/M: Johann Nicolaus, Gerichtsschöpfe seel. Rempe, Maria Sabina, aus Kleintöpfer, V/M: Johann Jacob, Pächter
14.06.1780	Hille, Christian, V/M: Johann Wilhelm seel. Dietzel, Anna Martha, V/M: Christoph, Kirchensenior und Gerichtsschöpfe
07.03.1781	Rathgeber, Jacob, Maurer, V/M: Christoph, Maurer seel. Mollenhauer, Eva Dorothea Elisabeth, V/M: Wilhelm
02.07.1781	Hoffmann, Christoph, V/M: Johann Henrich seel. Dietzel, Elisabeth, V/M: Nicolaus Wilhelm
20.10.1781	Lorentz, Johann George, Schuhmachermeister, aus Treffurt, V/M: Meister Siegmund seel. Schadewolf, Anna Martha Elisabeth, V/M: Johann Henrich seel.
01.05.1782	Hahn, Herr Friedrich Wilhelm, Advocat in Wanfried, aus Schweinsberg in Oberhessen, V/M: Herr Johann Wilhelm seel. Storm, Clara Susanna, V/M: Herr Siegmund, Pfarrer seel. B.: Stieftochter des hiesigen Pfarrers J.C.Beinhauer

22.10.1782	Schein, Johann Henrich, V/M: Wilhelm seel. Dietzel, Sophia Elisabeth, V/M: Johann Wilhelm, Gerichtsschöpfe
04.12.1782	Dietzel, Johann Jacob, V/M: Johann Wilhelm, Gerichtsschöpfe Hosbach, Florentina, V/M: Wilhelm, Pächter
05.01.1783	Bachmann, Wilhelm, Grenadier unterm 1ten Bataillon Garde, V/M: Michael seel. Glantz, Anna Catharina, aus Völkershausen, V/M: Reinhard seel.
16.03.1783	Stück, Johann Adam, aus Datterode, V/M: Christoph seel. Zinn, Catharina Elisabeth, V/M: Johann Adam, seel. gew. Soldat beim Eschweger Regiment
18.06.1783	Lorentz, Johann Henrich, V/M: Nicolaus seel. Dietzel, Anna Martha, V/M: Johann Adam seel.
21.12.1783	Eysel, Herr Bernhard Lüder, Försteradjunctus, herrschaftl., aus Wanfried, V/M: Herr Sebastian, herrschaftl. Förster Hille, Eva Elisabeth, V/M: Henrich Adam, Rothenmeyer
25.01.1784	Hille, Christian, Witwer Dietzel, Maria Dorothea, V/M: Kirchensenior und Gerichtsschöpfe seel.
17.03.1784	Lorentz, Cornelius, V/M: Johann Nicolaus, Gerichtsschöpfe seel. Wilhelm, Anna Margaretha, aus Völkershausen, V/M: Dietrich
20.06.1784	Dietzel, Johann Wilhelm, V/M: Wilhelm, Gerichtsschöpfe Wagner, Eva Dorothea, V/M: Wilhelm seel.
02.10.1784	Reichard, Herr Johann Erhard Gottfried, Kauf und Handelsmann, aus Treffurt, V/M: Herr Christoph, Bürgermeister Streckert, Susanna Elisabeth, V/M: Herr Friedrich, Schulmeister
12.12.1784	Ilse, Johann Wilhelm, V/M: Johannes Mollenhauer, Christina Elisabeth, V/M: Wilhelm
04.??.1785	Wagner, Martin, V/M: Johann Adam seel. Schlarbaum, Juliana, aus Niddawitzhausen, V/M: Johannes seel.
16.05.1785	Wagner, Johann George, V/M: Johann Adam seel. Carlowitz, von, Catharina Margretha, aus Eltmannshausen, V/M: David, Tambour bei Prinz Friedrich Regiment
28.04.1786	Dietzel, Johann Wilhelm, Witwer, V/M: Wilhelm, Gerichtsschöpfe Hille, Anna Christina, V/M: Christian senior, Töpfermeister
16.09.1786	Baum, Christoph, aus Treffurt, V/M: Nicolaus, Schafmeister Richter, Justina Elisabeth, V/M: Johannes, Schmied

13.09.1786	Hoffmann, Christoph, Wilhelm
	Lorentz, geb. Schadewolf, Anna Martha Elisabeth, Johann George Witwe
27.12.1786	Richter, Wilhelm, Corporal beim 3ten Regiment Garde, V/M: Johannes
	Schäfer, Anna Margretha Elisabeth, V/M: Christian
10.01.1788	Forst, Christian, aus Grebendorf, V/M: Johann Catharina, Gerichtsschöpfe seel.
	Hille, Anna Maria, V/M: Henrich Adam, Rothenmeyer
04.05.1788	Wilhelm, Philipp, aus Völkrershausen, V/M: Dietrich seel.
	Bachmann, Anna Margretha, V/M: Michael seel.
17.08.1788	Lorentz, Johannes, Witwer und gew. Schultheiß, nunmehr Pächter auf dem hess. Amtshof zu Treffurt
	Richard, geb. Erdmann, Dorothea Carolina, des Pächters Johann Christoph Witwe, aus Treffurt
29.01.1789	Fischbach, Christoph, Schultheiß, V/M: Johann Caspar, Gerichtsschöpfe seel.
	Streckert, Christina Catharina, V/M: Herr Friedrich, Schulmeister
28.06.1789	Trebing, Johannes, Soldat bei Erbprinz Regiment und Maurer, V/M: Andreas seel.
	Wesemann, Anna Elisabeth, aus Schnellmannshausen, V/M: Johann Ernst seel.
28.01.1790	Lorentz, Nicolaus, V/M: Henrich, Schmied seel.
	Hille, Margretha Elisabeth, V/M: Johann Wilhelm
01.08.1790	Hosbach, Nicolaus, V/M: Jacob
	Bley, Maria Dorothea, V/M: Johannes, Gerichtsschöpfe
23.01.1791	Heße, Gottfried
	...?, Anna Catharina
09.??.1791	Wagner, Henrich, V/M: Johann Adam seel.
	Wiegand, Anna Catharina, aus Völkershausen, V/M: Conrad
07.08.1791	Schäffer, Christian, Soldat unter Erbprinz Regiment, V/M: Christian
	Herwig, Anna Martha, V/M: Wilhelm
29.01.1792	Baum, Moritz, Bürger, aus Treffurt, V/M: Henrich, Bürger seel.
	Heckerod, Catharina Elisabeth, V/M: Henrich Adam, Kirchensenior und Gerichtsschöpfe

Wanfried-Altenburschla 1682 bis 1830

24.06.1792	Koch, Johannes, Bürger und Witwer, aus Wanfried Schäffer, Anna Elisabeth, V/M: Christian
24.01.1793	Fischbach, Christoph, Schultheiß und Witwer Knabe, Carolina Christina, aus Mühlhausen, V/M: Johann Adam, Bürger und Horndrechslerobermeister
23.01.1794	Würschmidt, Johann Valentin, aus Völkershausen, V/M: Tobias, Gerichtsschöpfe seel. Streckert, Maria Sabina, V/M: Herr Friedrich, Schulmeister seel.
30.01.1794	Hertz, Johann George Christoph, Schulmeister allhier, aus Eschwege, V/M: Johann Gottfried, Organist und Musikdirector Hosbach, Maria Sabina, V/M: Cornelius
05.02.1794	Schirmer, Johannes, V/M: Dola Mollenhauer, Maria Sabina, V/M: Henrich
27.02.1794	Hose, Johann George, Schreiner, aus Schnellmannshausen, V/M: Johannes Dahinten, Eva Elisabeth, V/M: Johannes seel.
08.10.1794	Sachse, Johann George, Schmied, aus Oberdünzebach, V/M: Johann Adam, Schmied seel. Dietzel, Catharina Elisabeth, V/M: Johannes, Schmied seel.
29.??.1795	Hosbach, Christoph, V/M: Nicolaus, Gerichtsschöpfe Lorentz, Anna Martha, V/M: Henrich seel.
14.06.1795	Arnold, Jacob, V/M: Henrich, Kirchensenior seel. Hosbach, Martha Elisabeth, V/M: Jacob
14.01.1796	Schein, Johann Henrich, Ackermann, V/M: Wilhelm seel. Hoffmann, Maria Christina, aus Scherbda, V/M: Caspar, Schneidermeister
26.??.1796	Gernand, Henrich, Soldat unterm Losbergischen Regiment, V/M: Johann George, Tagelöhner seel. Wiegand, Eva Elisabeth, aus Völkershausen, V/M: Conrad, Tagelöhner seel.
30.??.1796	Froböse, Herr Henrich George, Apotheker, aus Wanfried Greineisen, Friederica Margretha, aus Treffurt, V/M: Herr hessischer Amtmann
13.??.1796	Kobold, Valentin, Leineweber, V/M: Johannes seel. Wagner, Elisabeth, V/M: Johann Adam seel.

22.01.1797	Eisenhuth, Henrich, Soldat unter Erbprinz Regiment, V/M: Henrich , Leineweber
	Hosbach, Anna Martha, V/M: Christian Henrich, Ackermann und Kirchensenior
29.01.1797	Schellhase, Johann George, Ackermann, aus Völkershausen, V/M: Caspar, Ackermann seel.
	Hosbach, Maria Sabina, V/M: Johann Henrich, Ackermann
27.07.1797	Dietzel, Augustin, Soldat unter der Depotcompagnie vom Regiment Prinz Carl, V/M: Henrich, Schreiner
	Dietzel, Anna Christina, V/M: Johannes, Schmied seel.
17.09.1797	Eisenhuth, Richard, Gardist beim Regiment Garde, V/M: Jacob, Dragoner und Wagner seel.
	Herwig, Anna Margretha, V/M: Johannes, Tagelöhner
08.10.1797	Fentner, Johannes, Dienstknecht, V/M: George Henrich, Tagewächter
	Bornemann, Anna Catharina, aus Flinsberg, V/M: Johannes
29.10.1797	Deubener, Johann Friedrich, Schafmeister allhier, aus Schnellmannshausen, V/M: Christoph
	Dietzel, Anna Elisabeth, V/M: Johann Wilhelm
08.12.1797	Schönwälder, Herr Henrich Christian, Doctor medicina in Mackenrode/Amt Witmershof, aus Preußen
	Eschwege, von, Sophia, aus Reichensachsen, in Treffurt eine zeitlang wohnend
14.01.1798	Harseim, Christian, Schlosser, V/M: Caspar, Schlosser seel.
	Lorentz, Susanna Elisabeth, V/M: Nicolaus senior
??.??.1798	Beck, Valentin, Ackerknecht, aus Rambach, V/M: Henrich seel.
	Fentner, Johanna Elisabeth, V/M: George Henrich, Tagewächter
17.??.1798	Herwig, Philipp, Leineweber, V/M: Wilhelm seel.
	Trebing, Eva Elisabeth, V/M: Andreas seel.
22.??.1798	Heße, Henrich, Artillerieknecht bei der Artillerie, V/M: Valentin, Leineweber
	Dietzel, Anna Elisabeth, V/M: Henrich, Leineweber
29.??.1798	Wagner, Henrich, Leineweber und Witwer, V/M: Johann Adam, Tagelöhner seel.
	Bachmann, Justina Elisabeth, V/M: Michael seel.

03.12.1798	Fischbach, Johannes, Besitzer eines Freigutes, der sogenannten blauen Meyerey, V/M: Henrich Adam Völcke, Anna Maria, aus Grebendorf, V/M: Johannes, Kirchensenior
12.??.1799	Noll, Zacharias, Gardegrenadier Arnold, Eva Dorothea B.: In Kassel copulirt
14.??.1799	Dietzel, Christian, Schreinermeister, V/M: Henrich, Schreinermeister Hosbach, Christina Elisabeth, V/M: Christian Henrich, Kirchensenior und Ackermann
05.02.1800	Soppe, Martin, Schulmeister in Oberdünzebach, aus Oberdünzebach, V/M: George Christian, alter Schulmeister Hosbach, Catharina Elisabeth, V/M: Cornelius
23.04.1800	Thiel, Christoph, Schneidermeister, V/M: Gottfried, Schneidermeister Arnold, Anna Margretha, V/M: Johannes, Braumeister
18.05.1800	Dietzel, Elias, Schreiner, V/M: Henrich, Schreiner Dietzel, geb. Dietzel, Anna Christina, seines Bruders Augustin Witwe
20.07.1800	Bley, Johann George, Ackermann, V/M: Johannes, Gerichtsschöpfe und Ackermann seel. Hosbach, Susanna, V/M: Johann Henrich
03.12.1800	Hille, Wilhelm, Grenadier unter Erbprinz Regiment, V/M: Wilhelm, Ackermann Hosbach, Maria Elisabeth, V/M: Johann Henrich, Ackermann
21.11.1802	Hosbach, Friedrich, Ackermann, V/M: Christian Henrich, Kirchensenior und Ackermann Eisenhuth, Anna Martha Elisabeth, V/M: Henrich senior, Leineweber
12.11.1802	Dietzel, August Friedrich, Tagelöhner, V/M: johan Wilhelm, Tagelöhner Herwig, Florentina, V/M: Johannes, Leineweber
27.12.1803	Eisenhuth, Johan Wilhelm, Leineweber, V/M: Henrich, Leineweber Dietzel, Eva Elisabeth, V/M: Johannes, Schmied seel.

10.01.1804	Stölzer, Martin, Tagelöhner, aus Treffurt, V/M: Johann George, Bürger und Tagelöhner
	Heckerode, Christina Elisabeth, V/M: Cornelius, Leineweber seel.
03.??.1804	Hosbach, Jacob, Ackermann und Soldat von Kurprinz Regiment, V/M: Nicolaus, Gerichtsschöpfe
	Jung, Anna Martha, V/M: Herr Henrich Wilhelm, adel. eschwegischer Förster auf dem ...?
18.??.1804	Herwig, Martin, Soldat unter Kurprinz Regiment, V/M: Christoph, Tagelöhner
	Mergel, Maria Anna, aus Hildebrandshausen, V/M: Christoph, Tagelöhner seel.
27.12.1804	Straus, Christoph, Ackermann, aus Grebendorf, V/M: Wilhelm, Gastwirt
	Lorentz, Sabina Elisabeth, V/M: Nicolaus senior, Ackermann
09.01.1805	Albrecht, Timotheus, Schreinermeister und Soldat unter Kurprinz Regiment, aus Wanfried, V/M: Christoph, Bürger und Schreinermeister
	Reichard, Martha Maria, aus Treffurt, V/M: Christoph, Bürger seel. und des gew. Schultheiß Johannes Lorentz Stieftochter
04.08.1805	Zeuch, Johann George, Gardist von der Leibcompagnie, V/M: Christoph, Ackermann
	Reichard, Wilhelmina, aus Treffurt, V/M: Christoph, Bürger seel. und des gew. Schultheiß Johannes Lorentz Stieftochter
28.11.1805	Gläsner, Reinhard, Ackermann, aus Aue, V/M: Johannes, Ackermann und Gerichtsschöpfe seel.
	Reichard, Christina Maria, aus Treffurt, V/M: Christoph, Bürger seel. und des gew. Schultheiß Johannes Lorentz Stieftochter
01.12.1805	Dietzel, Wilhelm, Schneider und Soldat im Regiment von Wurmb, V/M: Henrich, Leineweber
	Lorentz, Margretha Elisabeth, V/M: Henrich, Schmied seel.
16.03.1806	Heße, Christoph, Leineweber, V/M: Valentin, Leineweber seel.
	Stück, Anna Christina, V/M: Johann Adam, Tagelöhner
03.08.1806	Mader, Johann George, Schneidermeister und Bürger, aus Wanfried
	Wagner, geb. von Carlowitz, Catharina Margretha, George Witwe

Wanfried-Altenburschla 1682 bis 1830

26.10.1806	Herwig, Johann Wilhelm, Leineweber, V/M: Christoph, Leineweber Arnold, Anna Christina, V/M: Henrich, Maurer seel.
19.04.1807	Richter, Johannes, Schmied, V/M: Johannes, Schmied Harseim, geb. Lorentz, Susanna Elisabeth, des Schlossers Christian Witwe
05.07.1807	Thiel, Johannes, Schneider allhier, V/M: Gottfried, Schneidermeister seel. Hosbach, Catharina Elisabeth, V/M: Nicolaus, Gerichtsschöpfe
23.07.1807	Schmidt, Conrad, Ökonom, aus Reichensachsen, V/M: George, Ackermann seel. Reichard, Felicitas, aus Treffurt, V/M: Johann Erhhard Gottfried, Ökonom
01.09.1807	Hosbach, Nicolaus, Schreiner, V/M: Christian Henrich, Kirchensenior und Ackermann Lorentz, Elisabeth, V/M: Henrich, Ackermann
24.01.1808	Richter, Johann Reinhard, Leineweber, V/M: Johannes senior, Schmied Arnold, Elisabeth, aus Wanfried, V/M: Johann Henrich, Bürger und Tagelöhner
21.02.1808	Lorentz, Cornelius, Maurer, V/M: Henrich, Schmied seel. Thiel, Maria Dorothea, V/M: Gottfried, Schneider seel.
26.02.1809	Hille, Johann Wilhelm, Ackermann und Witwer, V/M: Wilhelm, Ackermann Hosbach, Catharina Elisabeth, V/M: Christian Henrich, Kirchensenior und Ackermann
26.03.1809	Herwig, Wilhelm, Leineweber und Witwer, V/M: Christoph, Leineweber Niebergall, Margaretha Elisabeth, aus Heldra, V/M: Nicolaus, Leineweber
23.04.1809	Schein, Jacob, Ackermann, V/M: Henrich, Ackermann Hille, geb. Suck, Wilhelmine, des Ackermann Nicolaus Henrich Witwe
16.07.1809	Fischer, Christoph, Ackermann, aus Großburschla, V/M: Nicolaus, Ackermann seel. Hofmann, Susanna, V/M: Christoph, Ackermann

29.07.1810	Heße, Gottfried, Tagelöhner und Witwer, V/M: Valentin, Leineweber seel. Eisenhuth, Maria Elisabeth, aus Großburschla, V/M: Henrich Adam, Leineweber seel.
05.10.1810	Fröbe, George Christoph, Feldmüller bei Heldra, aus Heldra, V/M: Johann Ludwig, Mühlenmeister in der Feldmühle bei Heldra Schein, Eva Elisabeth, V/M: Henrich, Ackermann
14.07.1811	Lorenz, Johann Wilhelm, Ackermann, V/M: Johann Peter, Maire und Ackermann Schirmer, geb. Mollenhauer, Maria Sabina, des Schultheiß Johannes Witwe
18.11.1811	Froböse, Herr Heinrich George, Apotheker und Witwer in Wanfried, aus Lengde im Hannöverschen, V/M: Herr Johann Henrich, Pfarrer seel. Corräus, Johanna Christiane Henriette Eleonore, aus Züschen im Waldeckischen, V/M: Herr Wilhelm, Amtmann
22.03.1812	Dietzel, Nicolaus, Tagelöhner, V/M: Wilhelm, Tagelöhner Lorenz, Martha Dorothea, V/M: Henrich, Ackermann
24.05.1812	Kirchner, Johann Ernst, Tagelöhner, aus Heldra, V/M: Catharina Elisabeth seel. (unehelich) Richter, Catharina Elisabeth, V/M: Johannes, Schmied
21.06.1812	Heße, Christian, Tagelöhner, V/M: Valentin, Tagelöhner seel. Vogelei, Anna Christina, aus Großburschla, V/M: Jacob, Leineweber
19.07.1812	Albrecht, Johann Christoph, Schreiner und Bürger, aus Wanfried, V/M: Christoph, Bürger, Kirchensenior und Schreiner seel. Hosbach, Anna Margaretha, V/M: Christian Henrich, Kirchensenior und Ackermann seel.
29.11.1812	Montag, Johann Joseph, Müller allhier, aus Wanfried, V/M: Johann Jacob, Müller im Kalkofen bei Wanfried Hosbach, geb. Lorenz, Elisabeth, Nicolaus Witwe
16.05.1813	Hosbach, Johann George, Pächter allhier, V/M: Nicolaus, Ackermann Forst, Maria Elisabeth, V/M: Christian, Pächter

30.01.1814	Dietzel, Johannes, Ackermann, V/M: Jacob, Gerichtsschöpfe und Ackermann
	Hille, Maria Sabina, V/M: Christian, Gerichtsschöpfe und Ackermann
05.06.1814	Hofmann, Johannes, Maurer, V/M: Christoph, Ackermann
	Rathgeber, Anna Martha, V/M: Jacob, Maurer
12.02.1815	Kirchner, Johann Ernst, Tagelöhner und Witwer, aus Heldra, V/M: Catharina Elisabeth seel. (unehelich)
	Arnold, Martha Christina, aus Wanfried, V/M: Henrich, Bürger seel.
23.04.1815	Baum, Wilhelm, Grenadier von der Leibcompagnie beim kurhess. Regiment Garde Grenadier, V/M: Christoph, Tagelöhner seel.
	Nollner, Anna Maria, aus Lauterbach im Sachsen.Gothaischen, V/M: Reinhard, Bürger und Metzgermeister in Treffurt seel.
05.05.1815	Hose, Johann George, Ackermann, Schreiner und Witwer
	Müller, Anna Maria, aus Treffurt, V/M: George, Müller, Ackermann und Bürger
07.05.1815	Hosbach, Christoph, Kanonier beim kurf. hess. Artillerieregiment, V/M: Christian Henrich, Ackermann und Kirchensenior seel.
	Schmidt, Anna Martha, aus Reichensachsen, V/M: Johann George, Wagner und Gerichtsschöpfe
01.12.1815	Trebing, Johann George, Tagelöhner, V/M: Johannes, Maurer
	Arnold, Maria Elisabeth, V/M: Henrich, Maurer seel.
18.02.1816	Schirmer, Friedrich, Ackermann und Witwer, aus Rinteln, V/M: Caspar, Cantor seel.
	Dietzel, Maria Elisabeth, V/M: Jacob, Gerichtsschöpfe und Ackermann seel.
03.03.1816	Hofmann, Johann Wilhelm, Ackermann, V/M: Christoph, Ackermann
	Forst, Wilhelmine Elisabeth, V/M: Christian, Pächter seel.
24.03.1816	Baum, Reinhard, Schuhmacher, V/M: Christoph, Tagelöhner seel.
	Kla...?, Maria Friederica Elisabeth, aus Sondershausen, V/M: Johann Adam, Bürger und Beutler

24.11.1817	Steinmetz, Sebastian, Maurermeister, aus Schwebda, V/M: Christoph, Schmied und Eva Christina Wagner Gernand (Gertenand), Anna Maria, V/M: Henrich, Tagelöhner und Eva Elisabeth Wiegand
05.07.1818	Forst, Christian, Soldat beim Regiment Prinz Solms, V/M: Christian, Ackermann seel. und Anna Maria Hille seel. Schein, Clara Wilhelmina, V/M: Henrich, Kirchenältester und Ackermann und Christine Hofmann
02.08.1818	Lorenz, Cornelius, Ackermann, V/M: Nicolaus, Ackermann seel. und Maria Sabina Hille Dietzel, Maria Sabina, V/M: Jacob, Ackermann und Gerichtsschöpfe und Florentine Hosbach seel.
02.08.1818	Ilsus, Henrich, Gefreiter unterm Grenadierbataillon von Losberg, V/M: Wilhelm, Ortserheber und Christine Elisabeth Mollenhauer Lorenz, Anna Christina, V/M: Nicolaus, Ackermann seel. und Maria Sabina Hille
27.09.1818	Hosbach, Johannes, Musquetier beim Regiment Prinz Solms, V/M: Nicolaus, Gerichtsschöpfe und Maria Dorothea Bley Hofmann, geb. Rathgeber, Anna Martha, Johannes Witwe, V/M: Jacob, Ackermann seel. und Eva Dorothea Mollenhauer
07.02.1819	Müller, Nicolaus, Tagelöhner und Witwer, aus Oberhone, V/M: Johannes seel. und Anna Sidonia Herold seel. Arnold, Margretha Elisabeth, V/M: Henrich, Maurer seel. und Justina Elisabeth Lorenz
03.10.1819	Meyer, Adam, Tagelöhner, V/M: Johann George, Tagelöhner seel. und Anna Catharina Tippach Dietzel, geb. Herwig, Florentine, V/M: Johannes, Tagelöhner seel. und Anna Elisabeth Appel seel.
23.01.1820	Löffler, Anton, Böttner, aus Effelder im Preußischen, V/M: Bernhard, Müller und Dorothea Mock Meyer, Martha Elisabeth, V/M: Johann George, Tagelöhner seel. und Catharina Tippach
18.06.1820	Dietzel, George Christoph, Soldat beim Regiment Prinz Solms, V/M: Wilhelm, Ackermann und Anna Christina Hille Lorenz, Maria Sabina, V/M: Nicolaus, Ackermann seel. und Maria Sabina Hille seel.

07.01.1821	Meyer, Gottfried, Zimmermann, V/M: George, Tagelöhner seel. und Anna Catharina Dippach Osburg, Catharina, aus Völkershausen, V/M: George, Soldat zu Eschwege seel. und Elisabeth Krug, jetzt verehel. Kaiser zu Völkershausen
18.02.1821	Dietzel, Wilhelm, Tagelöhner, V/M: Wilhelm, Tagelöhner seel. und Anna Catharina Kliebisch Eisenhuth, Anna Martha Elisabeth, V/M: Henrich, Böttner und Anna Martha Hosbach
04.03.1821	Hesse, Johannes, Kanonier und Zimmermann, V/M: Gottfried, Tagelöhner seel. und Anna Catharina Hendrich seel. Lorenz, Maria Elisabeth, V/M: Henrich, Ackermann und Anna Maria Dietzel
07.07.1822	Hosbach, Jacob, Ackermann, V/M: Nicolaus, Ackermann und Gerichtsschöpfe und Maria Dorothea Bley seel. Dietzel, Maria Elisabeth, V/M: Wilhelm, Ackermann und Anna Christina Hille seel.
01.06.1823	Hosbach, Henrich, Leibgrenadier, gew., V/M: Nicolaus, Ackermann und Gerichtsschöpfe und Maria Dorothea Bley seel. Rathgeber, Eva Elisabeth, V/M: Jacob, Ackermann seel. und Eva Dorothea Elisabeth Mollenhauer seel.
31.08.1823	Noll, Johann George, Böttner, V/M: Zacharias, Tagelöhner und Dorothea Arnold Heße, Anna Christina, V/M: Henrich, Tagelöhner und Maria Elisabeth Dietzel
16.11.1823	Wölkl, Carl, Tagelöhner dahier, aus Arndorf in Böhmen, V/M: Joseph, Ackermann seel. und Susanna Kuschai Wilhelm, Anna Martha Elisabeth, V/M: Philipp, Tagelöhner seel. und Anna Margretha Bachmann
08.02.1824	Schröter, Herr Ernst Adolph, Obergerichtsreferendar zu Mühlhausen, aus Mühlhausen, V/M: Herr Christian Adolph, Stadtrichter seel. und Christina Maria Reinhardt May, Clara Philippina Augusta, aus Rotenburg an der Fulda, V/M: Herr Johann Christian, Amtssecretarius und Sophia Charlotte Christiane Elisabeth Weiß

29.02.1824	Dietzel, Christian, Gardejäger, aus Heldra, V/M: Wilhelm, Unterförster und Anna Sabina Eichenberg seel. Zeuch, Maria Sabina, V/M: Christoph, Ackermann seel. und Christina Elisabeth Heckerodt
16.05.1824	Dietzel, Johannes, Husar, V/M: Wilhelm, Ackermann und Anna Christina Hille seel. Hill, Anna Maria, V/M: Henrich, Ackermann seel. und Wilhelmine Suck seel.
23.05.1824	Bley, Johannes, Ackermann, V/M: George, Ackermann und Susanna Hosbach Dietzel, Christiane, V/M: Wilhelm, Ackermann und Anna Christina Hille seel.
??.11.1824	Trebing, Christian, Maurer und Soldat beim 3ten Linieninfanterieregiment, V/M: Johannes, Maurer und Anna Elisabeth Wiesenmann Beck, Anna Maria, V/M: Johann Valentin, Tagelöhner und Johanna Elisabeth Fentner
20.11.1825	Montag, Henrich, V/M: Henrich, Ackermann und Elisabeth Harseim Soppe, Margaretha Elisabeth, aus Oberdünzebach, V/M: Martin, Schullehrer seel. und Catharina Elisabeth Hosbach seel.
15.06.1828	Siemon, Christoph, Ackermann, aus Heldra, V/M: Christoph seel. und Martha Elisabeth Steube John, Anna Maria, aus Niederhone, V/M: Johannes, Maurer seel. und Elisabeth Hupfeld, jetzt verehelichte Arnold
11.01.1829	Sänger, Johann George, Tagelöhner, aus Treffurt, V/M: Justin, Tagelöhner und Elisabeth Brechmacher Hose, Maria Sabina, V/M: Johann George, Schreiner seel. und Eva Elisabeth Dahinten
01.02.1829	John, Friedrich, Maurer, aus Niederhone, V/M: Johannes, Maurer seel. und Elisabeth Hupfeld, jetzt verehelichte Arnold Herwig, Christine, V/M: Martin, Tagelöhner und Anna Maria Meyer
26.04.1829	Schnitzer, Johannes, Tagelöhner, aus Völkershausen, V/M: Conrad, Tagelöhner seel. und Elisabeth Hose Zeuch, Caroline Wilhelmine, V/M: George, Schneider und Felicitas Reichhard

19.07.1829	Hosbach, Henrich, Ackermann, V/M: Nicolaus, Gerichtsschöpfe und Maria Dorothea Bley Hille, Elisabeth, V/M: Christian, Ackermann seel. und Maria Dorothea Dietzel
26.07.1829	Herz, Johann Christoph, V/M: George Christoph, Schullehrer seel. und Maria Hosbach Dietzel, Eva Elisabeth, V/M: Jacob, Ackermann und Florentina Hosbach

Wanfried-Heldra 1682 bis 1830

26.11.1682	Wagner, Caspar Möller, Martha
04.12.1683	Franke, Hans Funck, Anna
12.12.1684	Sahmer, Melchior Wagner, Elisabeth
09.02.1685	Edeling, Adam Müller, Eva
11.02.1685	Stierbart, Cyriacus Steube, Eva Catharina
14.11.1685	Rathgeber, Johannes Motz, Martha
18.02.1686	Haberey, Daniel Rathgeber, Elisabeth
23.02.1686	Schadewolf, Johannes Witzel, Elisabeth
29.05.1686	Witzel, Valten H...bitz ??, Martha Elisabeth
29.05.1686	Müller, Christian Wentzel, Eva
21.06.1686	Schadewolf, Daniel Hase, Hedwig
12.09.1686	Weiß ?, Valten ...?, Martha
10.11.1686	Wagner, Martin Würschmidt (Wirßschmitt), Eva
23.11.1686	Hentrich, Christoph Motz, Elisabeth
01.12.1686	Sa...?, Simon Rudeloff, Elisabeth
09.11.1688	Motz, Johannes , Anna Catharina
20.02.1689	Steube, Hermann Thomaß, Anna Margretha

22.01.1690	Bley, Andreas ...?, Elisabeth
12.11.1690	Müller, Baltzer Schintz, Catharina
26.11.1690	Steube, Johannes Motz, Anna Maria
05.02.1691	Frank, Peter ...?, Dorothea
11.02.1690	Witzel, Hans Dr...?, Maria Catharina
18.11.1690	Schadewolf, Daniel Steube, Catharina
23.11.1692	Franke, Jost oder Johann ? Sachse, Beata
31.11.1692	Wagner, Conrad Schlöß, Anna Catharina
04.03.1693	Müller, Christian Rathgeber, Martha
17.09.1693	Hunstock, Andreas Schalles, Margretha
28.11.1694	Wilhelm, Burckhardt Neith, Anna
04.08.1695	Rathgeber, Daniel Frank, Anna Maria
13.11.1695	Sachse, George, aus vom obersten Hof Netra ?, Anna Catharina
08.12.1695	Müller, Conrad Glübich ?, Anna Catharina
14.01.1696	Wagner, Johann Merten Steube, Anna Margretha
05.07.1696	Wallborn, Valten Hentrich, Martha
25.11.1696	Möller, Hans Caspar Neith, Maria Catharina
28.04.1697	Karbe, Johann Henrich Suck, Anna

17.11.1697	Lorentz, Claus Steube, Catharina
30.11.1697	Wilhelm, Conrad Hosbach, Susanna
19.01.1698	Wagner, Baltzer Hentrich, Elisabeth
31.05.1698	Hentrich, Claus Wagner, Elisabeth
03.07.1698	Böhm, Claus ...?, Anna Dorothea
03.10.1698	Nölcker, Meister M...? Rathgeber, Elisabeth
18.01.1699	Sieberhagen (Sieberhain), Friedrich Busch ?, Martha
07.02.1699	Wagner, Daniel Steube, Anna Christina
28.11.1699	Reinhard, Henrich Jäger, Catharina Elisabeth
07.02.1700	Rathgeber, Baltzer Schaß, Margretha
03.10.1700	Hentrich, Friedrich Freytag, Anna Elisabeth
30.11.1700	Wagner, Johannes Hiese, Susanna
28.11.1700	Köhler, Hans George , Anna Catharina
01.12.1700	Hosbach, Hans Steube, Maria Elisabeth
18.07.1702	Wagner, Caspar , Clara, aus Ställefeld
14.10.1703	Nolt, Hans Jost , Maria, aus Lengefeld
16.04.1704	Suck, Caspar, Kleinschmied Stebe, Anna Catharina
14.01.1705	Dürrweiß, Rudolf, aus Nentershausen Busch, Elisabeth

Wanfried-Heldra 1682 bis 1830

08.01.1706	Motz, Hans Henrich Müller, Dorothea
13.01.1706	Müller, Jacob Steube, Elisabeth
29.05.1708	Rathgeber, Hermann Edeling, Anna Catharina, aus Treffurt
12.08.1708	Kophen, Johannes , Christina
03.01.1709	Neydt, Martin Mundtschie…?, Martha Elisabeth, V/M: George Christ
23.01.1709	Mundtsch…?, Daniel Steube, Anna Christina, V/M: Martin
06.01.1710	Rathgeber, Caspar Bier ?, Anna Christina, aus Vatterode
05.02.1710	…?, Gottfried, Schulmeister allhier Steube, Martha Elisabeth
14.09.1710	Heße, Johann Adam Schuchart, Margretha, aus Schwebda
03.12.1710	Müller, Ludwig Leister, …?, aus Vollung, Hof (aus der Fulung)
14.01.1711	Hieße, Johannes Hopfe/Hase ?, Elisabeth, V/M: Johannes
03.01.1712	Hentrich, Stephan, Schultze Domas, Anna Maria, aus Falken
28.06.1712	Steube, Daniel, Gerichtsschöpfe Hosbach, Catharina, Melchior Witwe, aus Rambach
02.12.1712	Knabe, Johannes, aus Kleintöpfer, V/M: Barthel, Müller seel. Steube, Maria, V/M: Martin, Müller
04.01.1713	Arnold, Philipp, aus Großburschla, V/M: George Jäger, Maria Elisabeth, V/M: Peter
02.02.1713	Dietzel, Barthel, aus Altenburschla Müller, Elisabeth, V/M: Balthasar
29.11.1713	Hoße, Caspar, aus Schnellmannshausen Jäger, Elisabeth
06.12.1713	Rathgeber, Christoph Dietzel, Elisabeth

04.01.1714	Schindewolf (Schöndwolf), Justus, aus Abterode, V/M: Matthias, Braumeister seel.
	Bley, Elisabeth ...? Witwe, aus Großburschla
15.02.1714	Müller, Jacob
	Sachse, Elisabeth
10.01.1715	Busch, Christoph
	Knabe, Anna Martha, aus Kleintöpfer, V/M: Delle
13.02.1715	Müller, Christoph
	Groß, Florentine, aus Thalwenden, V/M: Kraft Moritz ?
23.04.1715	Rathgeber, Christoph
	Wagner, Catharina
24.09.1715	Nolte, Hermann
	Motz, Ernestine Catharina, V/M: Johannes seel.
25.12.1715	Hieße, Johann Henrich
	Frank, Maria Elisabeth
02.12.1716	Diederich, Johannes, aus Altenburschla
	Müller, Anna Martha, V/M: Balthasar
10.12.1716	Steube, Johannes
	Schadwolf, Catharina, V/M: Daniel, Schöpfe
26.01.1716	Schneider, Conrad, aus Falken, V/M: ...?
	Wagner, Catharina, V/M: Caspar
09.02.1716	Schadwolf, Johannes
	Rathgeber, Tochter, V/M: Daniel
27.11.1716	Wagner, Daniel
	...?, Clara
29.11.1716	Steube, Daniel, V/M: Claus
	Görbick, Catharina
02.12.1721	Gercke, Christoph, aus Jühnde
	Wagner, Susanna
13.01.1722	Knabe, Christoph, aus Kleintöpfer, V/M: Henrich seel.
	Jäger, Catharina, V/M: Peter seel.
25.11.1722	Hose, Conrad, aus Schnellmannshausen, V/M: Matthias seel.
	Bley, Anna, aus Großburschla, V/M: Johannes
24.04.1723	Kleinschmidt, Johannes, Reuter unterm Leibregiment unter Major Schelms Compagnie, aus Baumbach
	Rathgeber, Marie Elisabeth, V/M: Johannes

27.12.1723	Schäffer, Michael, V/M: Joachim Schäffer, Anna Catharina, V/M: Michael B.: Des Taufpaten Tochter
08.10.1724	John, Christoph, Schafmeister, itziger, aus Großburschla Walborn, Maria Elisabeth, V/M: Valten seel.
27.11.1724	Bley, Johannes, aus Altenburschla, V/M: Andreas Wagner, Anna Maria, V/M: Daniel
09.01.1725	Lorentz, Martin, aus Altenburschla Wagner, Marthlise
04.12.1725	Franke, Balthasar Dunckel, Marialise
19.11.1726	Müller, Johann Caspar Rathgeber, Anna Elisabeth
03.12.1726	Dietzel, Michael, V/M: Augustin, Senior Kanngießer, Christina, aus Niederdünzebach, V/M: Johannes
20.04.1727	Neyt, Johannes Zipß ?, Margretha, V/M: Caspar
25.11.1727	Müller, Friederich, V/M: Johann Jost Motz, Maria, V/M: Johannes
06.04.1728	Steube, Andreas Rathgeber, Anna, V/M: Johannes
25.05.1728	Franke, Johann Henrich Suck, Martha Elisabeth, V/M: Caspar
11.01.1729	Wagner, Johannes Franke, Anna Maria, V/M: Johannes, Schöpfe seel.
14.03.1729	Müller, Henrich, Witwer, aus Treffurt Schintz/Schütz ?, Martha Elisabeth
17.05.1729	Franke, Melchior Flügel, Anna Elisabeth, aus Frieda
29.11.1729	Wilhelm, Balthasar Motz, Martha Christina
03.01.1730	Rathgeber, Martin Hentrich, Anna Maria, V/M: Claus
19.01.1730	Wagner, Daniel Dulich, Anna Maria, aus Treffurt, V/M: George, Bürger

17.04.1731	Steube, David Wagner, Martha Elisabeth
27.11.1731	Simon, Michael, aus Reichenbach, V/M: Johann Nicolaus Busch, Eva
12.01.1732	Wagner, Johannes Rathgeber, Marie Elisabeth
16.02.1732	Rathgeber, Nicolaus Müller, Marie Elisabeth
20.11.1732	Müller, Diederich Wilhelm, Marie Elisabeth
03.01.1733	Motz, Nicolaus Möller, Louise
12.01.1734	Motz, Daniel Schin...?, Anna Catharina, aus Großburschla
14.01.1734	Wagner, Johannes Neid, Margretha
19.01.1734	Frank, Daniel Hesben ?, Anna Catharina
20.01.1734	Wagner, Johann Henrich John, Sabina
01.09.1734	Kleinschmidt, Johann Justus Wilhelm, Martha Elisabeth B.: Nach getaner Buße
23.11.1734	Steube, Conrad Schadewolf, Anna Christina
12.01.1735	Hendrich, Henrich Herwig, Anna Christina
01.03.1735	Franke, Johannes Harsein, Anna Martha Elisabeth, V/M: Burckhard
29.11.1735	Wagner, Johannes, Pachtmeyer, hiesiger Müller, Anna Catharina, aus Broßburschla, V/M: Christoph
27.12.1735	Sieberhain, Christoph, aus Großburschla Arnold, Catharina Elisabeth, V/M: Philipp
03.01.1736	Schadewolf, Henrich Lorentz, Anna Martha Elisabeth, aus Altenburschla

24.01.1736	Rathgeber, Daniel Schabacker, Elisabeth, aus Rambach
21.02.1736	Sachse, Steffen Müller, Anna Maria
12.07.1736	Franke, Johann Caspar Reifurth, Elisabeth, aus Frieda
24.01.1737	Kratzenberg, Conrad, aus Frieda Wagner, Catharina
10.02.1737	Wilhelm, Augustin Meyer, Margretha, aus Rambach
08.07.1737	Müller, Johannes Steube, Maria Elisabeth B.: Nach getaner Buße
27.12.1738	Arnold, Nicolaus, aus Altenburschla Rabold, Margretha, aus Großburschla
09.04.1739	Frank, Johannes Münscher, Anna Catharina
27.07.1740	Schröder, Johann Ludwig, aus Schwebda Schäfer, Anna Catharina, Michael Witwe
11.10.1740	Münscher, Johannes Steube, Anna Catharina, V/M: Martin seel.
17.02.1741	Motz, Balthasar Bach, Maria Catharina
26.09.1741	Hotzel, Johannes Arnold, Dorothea, V/M: Meister Philipp
19.01.1742	Müller, Johannes, Witwer Neuth, Anna Christina
16.07.1743	Stützer, Johann George, 35 Jahre, aus Spiersw...?, V/M: Conrad, Ackermann seel. Rister ??, Anna Catharina
07.01.1744	Sieberhain, Johann Christoph, Witwer, aus Großburschla Rathgeber, Beata, 30 Jahre
26.11.1743	Heinemann, Wilhelm, Wilhelm, aus Wendehausen Schäfer, Maria Catharina

1743	Hose, Johann Caspar, 29 Jahre, aus Schnellmannshausen Kleinschmidt, Anna Christina, 18 Jahre, V/M: Johannes B.: Eheprotokoll
20.01.1745	...?, Johann Wilhelm, unterm Grefendorfischen Regiment Kleinschmidt, Anna Christina B.: Eheprotokoll
05.01.1745	Meyer, Wilhelm, 31 Jahre, aus Rambach Francke, Anna Catharina, 46 Jahre, V/M: Peter seel.
11.05.1745	Suck, Adam Kophenne, Maria Elisabeth, V/M: Johann Adam, W...nischer? Meyer
08.11.1745	Fey, Johannes, aus Netra, V/M: George Kophenn, Dorothea, V/M: Johann Christian, zeitiger Meyer? B.: Eheprotokoll
11.11.1745	Steube, Henrich Bley, Christina Elisabeth, aus Altenburschla, V/M: Johannes, Gerichtsschöpfe B.: Eheprotokoll
27.01.1747	Müller, Johann Melchior, 27 Jahre, Schreiner, V/M: George Christian seel. Rothe, Catharina Elisabeth, aus Großburschla, V/M: Nicolaus, Wagner seel.
03.04.1747	Harsein, Johann Henrich, Witwer aus der Heldermühle , eine Witwe, aus Mihla, aus der Grundmühle bei B.: In der Heldaer Mühle cop.
10.01.1748	Schäfer, Johann Henrich Hosbach, Maria Elisabeth, aus Großburschla
03.12.1748	Hiese, Johann Caspar Harsein, Justina Elisabeth, V/M: Meister Burckhard, Helderbachsmüller
17.02.1750	Stein, Michael Franke, Anna Christina
15.02.1750	Steube, David, Witwer Müller, Catharina Elisabeth
02.04.1750	Sachse, Caspar Müller, Elisabeth, V/M: Johannes seel.

09.03.1750	Jung, Johann Christian Hiese, Maria Elisabeth, V/M: Henrich B.: Nach abgelegter Buße
23.07.1750	Arnold, George Wilhelm Hilbrecht, Anna Margaretha, aus Großburschla
04.01.1752	Franke, Johannes Görcke ?, Anna Maria
??.10.1752	Holtzhauer, Henrich, Soldat unter Prinz Maximilian Regiment zu Fuß Möller, Margretha Elisabeth, V/M: Christoph seel.
26.12.1752	Schröter, Ludwig Sachse, Anna Maria, Stephan Witwe B.: Nach abgelegter Buße, weil er dieselbe auch geschwängert
23.11.1752	Steube, Christian, V/M: Johannes seel. Schmerbach, Catharina Elisabeth, V/M: Johannes
02.07.1753	Schmidt, Johann Bernd, V/M: Johann Christian seel. Müller, Catharina Elisabeth, V/M: Christian
20.07.1755	Voland, Johannes, Soldat unter Prinz Carl Regiment zu Fuß Holtzhauer, geb. Müller, Margretha Elisabeth, Witwe
10.03.1756	Dietzel, Christian Wilhelm, Anna Elisabeth, V/M: Augustin, Schneidermeister
31.05.1757	Schadewolf, Johannes, V/M: Christian, Leineweber und Bildmacher Börner, Anna Dorothea, aus Völkershausen, V/M: Nicolaus, Müller
11.01.1758	Francke, Johann Philipp, Schneidermeister und Bürger, aus Creuzburg, V/M: Meister Carl Christian, Bürger Busch, Anna Catharina, V/M: Christoph, Maurermeister
18.04.1758	Hendrich, David, V/M: Henrich seel. Francke, Anna Maria, V/M: Melchior
27.05.1760	Busch, Christoph, V/M: Christoph, Maurermeister Wilhelm, Anna Christina, V/M: Balthasar, Schneider seel. B.: Im Pfarrhaus zu Altenburschla cop.
03.08.1760	Bley, Johannes, V/M: Johannes Steube, Maria Elisabeth, V/M: Johannes seel.
21.04.1761	Steube, Henrich, V/M: Daniel seel. Wagner, Anna Christina, V/M: Henrich

02.12.1761	Wagner, Christian, V/M: Johannes, Gerichtsschöpfe seel.
	Francke, Anna Maria, V/M: Johannes, Contributionsreceptor
16.02.1762	Hiese, Christian, V/M: Henrich, Gerichtsschöpfe seel.
	Zipf, Maria Margretha, aus Falken, V/M: Johannes
28.12.1762	Motz, Nicolaus, Witwer
	Schmidt, Eva Margaretha, V/M: Johann George, Soldat unter den hess. Truppen seel.
10.04.1763	Hoppell, Jacob, Husar, gew. unterm hess. Husarenregiment, aus Obersinn
	Dietzel, Anna Christina, V/M: Johannes seel.
08.05.1763	Bley, Johannes, aus Altenburschla, V/M: Adam
	Francke, Anna Barbara, V/M: Johann Caspar
19.06.1763	Müller, Johann Melchior, Schultheiß, herrschaftl. und Witwer
	Dietzel, Anna Christina, V/M: Augustin seel.
12.11.1763	Wilhelm, Augustin
	Steube, Anna Elisabeth
29.11.1763	Münscher, Johann Henrich, V/M: Johannes
	Francke, Maria Elisabeth, V/M: Henrich, Senior und Gerichtsschöpfe
01.01.1764	Schmidt, Johann Frantz, aus Großburschla
	Müller, Anna Christina, V/M: Caspar
04.01.1764	Hartung, Johann Paul, aus Treffurt
	Rathgeber, Anna Christina, V/M: Hermann seel.
06.03.1764	Rathgeber, Johannes
	Zipf, Anna Maria, aus Falken
	B.: Zu Falken cop.
25.11.1764	John, Conrad
	Siemon, Anna Christina
06.02.1765	Trenckelbach, Hieronymus, aus Oppershausen, V/M: Sebastian
	Francke, Anna Elisabeth, V/M: Balthasar
26.02.1765	Francke, Henrich, V/M: Melchior
	Francke, Martha Elisabeth, V/M: Daniel seel.
26.02.1765	Müller, Johann Caspar, V/M: Friedrich
	Nilcker, Maria Catharina, V/M: Wilhelm
16.04.1765	Rathgeber, Martin
	Müller, Anna Christina

04.08.1765	Barthel, Christian, Leineweber, aus Völkershausen, V/M: Johann Jost
	Kratzenberg, Anna Elisabeth, V/M: Conrad seel.
22.09.1765	Wagner, Johann Caspar
	John, Maria Elisabeth
19.02.1766	Francke, Johannes, V/M: Henrich, Kirchenältester und Gerichtsschöpfe
	Sachse, Anna Catharina, V/M: Stephan seel.
11.03.1767	Siemon, Christian, V/M: Michael seel.
	Wagner, Anna Maria, V/M: Henrich
29.03.1767	Müller, Friedrich
	Böhme, Anna Elisabeth, aus Schnellmannshausen
	B.: Nach abgelegter Buße
21.04.1767	Böhm, Johannes, V/M: Martin
	Wolf, Anna Elisabeth, aus Großburschla, V/M: Zacharias
04.08.1767	Dietzel, Cornelius
	Müller, Anna Catharina
1767	Müller, Diederich
	Wagner, Elisabeth
	B.: In Altenburschla cop.
14.02.1768	Rathgeber, Melchior, V/M: Christoph seel.
	Rathgeber, Anna Martha Elisabeth, V/M: Nicolaus
18.07.1768	Holtzapfel, Eobanus, Schulmeister allhier
	Krug, Anna Christina, aus Eschwege, V/M: Johannes
30.11.1768	Sieberhain, Johannes, V/M: Christoph
	Siemon, Justina Elisabeth, V/M: Michael seel.
??.03.1770	Bley, Johannes, Witwer
	Rathgeber, Anna Elisabeth, V/M: Martin seel.
05.08.1770	Rathgeber, Christoph, V/M: Martin seel.
	Motz, Maria Margretha, V/M: Daniel seel.
26.08.1770	Müller, Johannes, V/M: Dieterich
	Müller, Anna Maria, V/M: Johannes seel.
20.10.1771	Münscher, Johann Henrich, Witwer
	Hille, Sabina Elisabeth, aus Altenburschla, V/M: Christoph, gew. Gerichtsschöpfe

22.02.1772	Motz, Johannes Steube, Martha Elisabeth, V/M: Johannes seel.
16.08.1772	Harsein, Philipp, Feldmüller Wieditz, Anna Catharina, aus Datterode B.: In der Feldmühle cop.
03.11.1772	Steube, Nicolaus Dolch, Justina Elisabeth, aus Treffurt
12.11.1772	Reineck, von, Herr Carl Ludwig, Major, gew. in preußischen Diensten, aus vom Landstreit? Trott, von, Ernestina Sophia, aus Schwarzenhasel
03.03.1773	Sachse, Johann Caspar, Müller, V/M: Stephan, Müller seel. Schäfer, Anna Maria, V/M: Henrich, Müller seel.
02.02.1774	Simon, Christian, V/M: Michael seel. Stein, Anna Elisabeth, V/M: Michael, Gerichtsschöpfe
07.08.1774	Müller, Ludwig, V/M: Johannes seel. Rüdiger, Anna Catharina, aus Treffurt, V/M: Adolph
22.09.1774	Nesselröden, von, Herr Friedrich Wilhelm, Obristleutnant in eisenachischen Diensten und Landstanddeputierter und Kammerjunker daselbst, und Gerichtsherr zu Krauthausen, aus Krauthausen, V/M: Herr Johann Ernst Wilhelm, Gerichtsherr seel. Grothausen, von, Charlotta Henrietta, aus Heldra, V/M: Herr Carl Christian, Hauptmann in hess. Diensten seel.
29.11.1774	Steube, Daniel, Schlosser, V/M: Conrad, Schmied Francke, Elisabeth, V/M: Johannes
13.07.1775	Francke, Christian, V/M: Johannes Wagner, Anna Maria, V/M: Johannes seel.
28.07.1775	Rathgeber, Christoph, Maurer, V/M: Daniel seel. Motz, Anna Maria, V/M: Baltzer seel.
04.12.1775	Dietzel, Johannes, Schreinermeister, V/M: Augustin, Kirchensenior und Schreiner seel. Noll, Anna Christina, aus Altenburschla, V/M: Gottfried seel.
26.12.1775	Nilcker, Johann Henrich, V/M: Wilhelm, Braumeister Ilse, Martha Elisabeth, aus Altenburschla, V/M: Johannes seel.
18.01.1776	Wagner, Nicolaus, V/M: Elisabeth Wagner, jetzt Frau des Dietrich Müller Vogeley, Elisabeth, aus Großburschla, V/M: Reinhard

21.05.1776	Sachse, Christian, V/M: Caspar, Kirchensenior seel. Schröder, Anna Christina, V/M: Ludwig, Gerichtsschöpfe und Müller
??.12.1776	Meißner, Johann Justus, aus Treffurt, V/M: Johann Caspar, Wasenmeister (Rasenmeister) Heinemann, Christina Elisabeth, V/M: Wilhelm seel.
16.04.1777	Wagner, Johann Caspar, V/M: Johannes, Gerichtsschöpfe seel. Arnold, Anna Christina, V/M: George Wilhelm seel. B.: Nr.29
18.01.1778	Koch, Justus, aus Treffurt, V/M: Günther, Bürger und Schneidermeister seel. Nennstiel, Susanna, V/M: Dragoner ehemaliger unterm Printz Gothaischen hessischen Dragonerregiment seel. (unehelich)
23.02.1778	Niebergall, Nicolaus, aus Ebenshausen ? bei Creuzburg, V/M: Nicolaus seel. Rathgeber, Margretha Elisabeth, V/M: Nicolaus seel.
20.05.1778	Wagner, Ewald, V/M: Johannes, Gerichtsschöpfe seel. Schadewolf, Margretha, V/M: Johannes seel.
18.05.1779	Suck, Johannes, Uhrmacher, V/M: Adam, Uhrmacher Sachse, Catharina, V/M: Stephan seel.
21.08.1780	Müller, Nicolaus, V/M: Dietrich Steube, Maria Elisabeth, V/M: Christian seel.
24.12.1780	Münscher, David, V/M: Johannes, Gerichtsschöpfe Stein, Eva Dorothea, V/M: Michael, Gerichtsschöpfe
04.03.1781	Schmidt, George, Witwer, aus Großburschla Steube, Louisa, V/M: David seel.
05.08.1781	Külmer, Henrich, aus Abterode, V/M: Johannes seel. Lorentz, Catharina Elisabeth, V/M: Henrich Wilhelm (unehelich)
20.01.1782	Schröder, Johannes, V/M: Ludwig, Gerichtsschöpfe und Müller Hiese, Catharina, V/M: Christian, Kirchensenior
27.12.1782	Rathgeber, Johannes junior, V/M: Christoph seel. Nilcker, Martha Elisabeth, des Soldat Henrich Witwe
06.08.1783	Dietzel, Christian, V/M: Christian, Forstläufer Münscher, Anna Christina, V/M: Johannes, Gerichtsschöpfe
06.11.1783	Herwig, Johann Wilhelm, Schulmeister allhier, aus Niederdünzebach, V/M: Matthias Wagner, Elisabeth, V/M: Christian, Gerichtsschöpfe

25.02.1784	Wieland, Henrich, aus Schnellmannshausen, V/M: Adam Neits, Christina Elisabeth, V/M: Johannes
14.03.1784	Werckmeister, Philipp, aus Großburschla, V/M: Adam Wagner, Elisabeth, V/M: Nicolaus seel.
13.04.1784	Rathgeber, Caspar, V/M: Daniel seel. Rathgeber, geb. Ilse, Martha Elisabeth, Johannes Witwe
18.09.1784	Motz, Johann Henrich, V/M: Daniel seel. Rathgeber, Maria Elisabeth, V/M: Martin seel.
18.09.1785	Hentrich, Henrich, V/M: Henrich seel. Sieberhain, Dorothea Elisabeth, aus Großburschla, V/M: Friedrich
29.11.1786	Steube, Christoph, V/M: Henrich Francke, Anna Margretha
04.11.1787	Völlmer, Johann George, aus Schnellmannshausen, V/M: Friedrich Rathgeber, Martha Elisabeth, V/M: Nicolaus
13.01.1788	Steube, Johannes, V/M: Christian seel. Busch, Martha Elisabeth, V/M: Christoph, Maurer
09.07.1788	Jung, Christoph, Soldat unter Erbprinz Regiment, V/M: Christian Münscher, Maria Elisabeth, V/M: Henrich
12.09.1788	Straus, Johann Hermann, aus Jestädt, V/M: Johannes seel. Kühn, Anna Christina, V/M: Henrich seel.
27.09.1789	Sebach, Martin, Schafmeister in Schnellmannshausen, aus Scherbda, V/M: Johann George seel. Rathgeber, Maria Elisabeth, V/M: Johannes
14.02.1790	Simon, Christoph, V/M: Johann Christian Steube, Martha Elisabeth, V/M: Christian seel.
14.04.1790	Cron, Dietrich, aus Falken, V/M: Johann Henrich Jung, Maria Elisabeth, V/M: Christian
29.11.1790	Naso, von, Henrich Henrich Rudolph, Leutnant unterm Prinz Xaverischen Regiment, aus Flarchheim, V/M: Henrich Wilhelm seel. Naso, von, Friederica Amalia, V/M: Herr Enst Friedrich seel.
26.04.1791	Kreydemann, Johannes, aus Scherbda, V/M: Johannes seel. Rathgeber, Margretha Elisabeth, V/M: Melchior seel.

05.05.1791	Bley, Johannes, V/M: Johannes
	Bley, Catharina, V/M: Johannes, senior
07.06.1791	Meister, Sebald, Jäger und Schreiner, aus Wichmannshausen, V/M: Christoph
	Schmidt, Maria Elisabeth, V/M: Frantz
08.06.1791	Barthel, Augustin, Soldat unter Erbprinz Regiment, V/M: Christian
	Dietzel, Anna Elisabeth, V/M: Cornelius
23.11.1791	Hentrich, Johann Caspar, V/M: David
	Suck, Charlotta Christiana, V/M: Adam, Uhrmacher und Kirchensenior seel.
15.02.1792	Stein, Christoph, V/M: Michael, Gerichtsschöpfe seel.
	Barthel, Anna Christina, V/M: Johannes
29.02.1792	Hiese, Philipp, V/M: Caspar seel.
	Hentrich, Anna Maria, V/M: David
08.04.1792	Dietzel, Johann Henrich Wilhelm, Feldjäger unterm herrschaftl. Jägercorps, V/M: Christian
	Eichenberg, Anna Sabina, aus Großburschla, V/M: Adam seel.
25.04.1792	Neit, Christian, V/M: Johannes seel.
	Busch, Anna Margretha, V/M: Christoph, Maurer
01.07.1792	Heße, Johannes, aus Schnellmannshausen, V/M: Caspar seel.
	Kühn, Christine Elisabeth, V/M: Johann Henrich seel.
25.07.1792	Barthel, Johann Henrich, V/M: Christian
	Motz, Maria Margretha, V/M: Henrich
26.12.1792	Rost, Jacob, aus Oberhone, V/M: Jacob seel.
	Hartung, Margretha Elisabeth, V/M: Paulus seel.
27.01.1793	Meisen, Johann Friedrich, aus Gerstungen, V/M: Henrich seel.
	Müller, Maria Elisabeth, V/M: Johann Melchior, Schultheiß seel.
10.03.1793	Motz, Christoph, Soldat unter Erbprinz Regiment, V/M: Nicolaus
	Holzapfel, Catharina Margretha, V/M: Eobanus, gew. Schulmeister
04.04.1793	Zimmermann, Johann Adam, Schäferknecht allhier, aus Scherbda, V/M: Caspar, Schäfer in Wolfmannsgehau
	John, Maria Elisabeth, V/M: Conrad, Schafmeister
11.04.1793	Jung, Henrich, V/M: Christian
	Steube, Anna Christina, V/M: Nicolaus seel.

03.09.1795	Butler, Nicolaus, aus Wanfried, V/M: Conrad, Bürger seel.	
	Müller, Anna Martha Elisabeth, V/M: Johann Caspar	
13.10.1795	Müller, Nicolaus, Korbmacher, V/M: Johann Caspar	
	Holtzapfel, Anna Catharina, V/M: Eobanus, Schulmeister seel.	
14.02.1796	Müller, Nicolaus, Ackermann und Contributionserheber, V/M: Johann Melchior, Schultheiß seel.	
	Stein, geb. Barthel, Anna Christina, des Ackermann Christoph Witwe	
21.02.1796	Simon, Christian, Leineweber, V/M: Johann Christian, Leineweber	
	Müller, Anna Margretha, V/M: Johannes, Feldjäger seel.	
09.03.1796	Müller, Henrich Adam, Soldat unter Erbprinz Regiment, V/M: Ludwig, Leineweber	
	Rathgeber, Anna Christina, V/M: Nicolaus, Tagelöhner	
24.04.1796	Stoppel, Christoph, Grenadier unter Erbprinz Regiment, V/M: Jacob, Schuhmacher	
	Mangold, Anna Christina, V/M: Philipp, Bürger und Tagelöhner seel.	
1797	Großenbach, Johann Ernst, Tagelöhner, aus ...roda ?, V/M: Johannes	
	B.: Verwischt	
1797		
	B.: Verwischt	
23.01.1798	Steube, Henrich, Ackermann, V/M: Henrich seel.	
	Bley, Anna Barbara, V/M: Martin seel.	
1798	...?, Johannes, Soldat unter Erbprinz Regiment, V/M: Johannes	
	Rösing, Anna Christina, aus Großburschla, V/M: Caspar	
1798	Müller, ...?, Korbmacher und Witwer, V/M: Caspar	
	Barthel, geb. Dietzel, Anna, Augustin Witwe	
29.??.1799	Bockel, Erasmus, V/M: Johannes	
	Rathgeber, Anna Elisabeth, V/M: Christoph	
04.??.1799	John, Conrad, Schäfer und Witwer	
	Schuchard, Anna Elisabeth, aus Katharinenberg, V/M: Peter seel.	
15.04.1800	Hentrich, Johannes, Soldat unter Erbprinz Regiment, V/M: David	
	Wagner, Anna Margretha, V/M: Ewald, Ackermann seel.	

30.11.1800	Rathgeber, Ewald, Soldat unter Erbprinz Regiment, V/M: Christoph, Leineweber Dietzel, Anna Christina, V/M: Cornelius, Tagelöhner
15.04.1801	Wagner, Christian, Ackermann, V/M: Christian, Schultheiß und Kirchensenior Francke, Anna Maria, V/M: Johannes, Kirchensenior und Gerichtsschöpfe seel.
29.01.1804	Brandes, Johann Christian, Tagelöhner, aus Niedernjesa/Amt Friedland, V/M: Henrich Julius, Schultheiß und Ackermann seel. Stoppel, Anna Gertrud, V/M: Jacob, Schuhmacher seel.
11.04.1804	Münscher, Johannes, Ackermann, V/M: Henrich, Ackermann seel. Francke, Anna Maria, V/M: Christian, Ackermann
16.01.1805	Hille, Henrich, Ackermann, aus Altenburschla, V/M: Wilhelm, Ackermann Suck, Wilhelmine, V/M: Johannes, Uhrmacher
03.02.1805	Wagner, Johann Henrich, Ackermann, V/M: Johann Caspar, Ackermann Sachse, Anna Christina, V/M: Johann Caspar, Müller und Ackermann
12.04.1805	Steube, Daniel, Dragoner bei kurfürstl. Dragonerregiment Landgraf Friedrich, V/M: Henrich, Ackermann seel. Bley, Anna Maria, V/M: Johannes, Ackermann
29.12.1805	Kühn, George Caspar, Tagelöhner, aus Treffurt, V/M: Caspar, Bürger und Tagelöhner seel. Holzapfel, Charlotta, V/M: Eobanus, Schullehrer seel.
02.02.1806	Niebergall, Johann George, Leineweber, V/M: Nicolaus, Leineweber Müller, Anna Elisabeth, V/M: Ludwig, Leineweber seel.
13.04.1806	Stoppel, Cornelius, Tagelöhner, V/M: Jacob, Schuhmacher seel. Fischer, Anna Catharina, aus Döringsdorf auf dem Eichsfeld, V/M: Friedrich, Feldhüter
04.06.1806	Hille, Johannes, Schultheiß, V/M: Johann Martin, Gerichtsschöpfe Suck, Anna Maria, V/M: Johannes, Uhrmacher
20.07.1806	Bley, Christian, Ackermann, V/M: Martin, Schneidermeister seel. Steube, Elisabeth, V/M: Daniel, Schlosser und Gerichtsschöpfe

10.10.1806	Schröder, Christoph, Ackermann, V/M: Johannes, Müller und Ackermann
	Hille, Anna Maria, V/M: Johann Martin, Gerichtsschöpfe und Ackermann
12.07.1807	Müller, david, Leineweber, V/M: Ludwig, Leineweber seel.
	Müller, geb. Barthel, Anna Christina, des Contributionserheber Nicolaus Witwe
12.07.1807	Wilhelm, Henrich, Ackermann, V/M: Augustin, Schneidermeister seel.
	Dietzel, Maria Elisabeth, V/M: Christian, Schneidermeister
20.09.1807	Harseim, Sebastian, Böttner, V/M: Philipp, Feldmüller seel.
	Wilhelm, Maria Louise, V/M: Augustin, Schneider seel.
29.11.1807	Münscher, David, Ackermann, V/M: Henrich, Ackermann seel.
	Lorenz, Maria Elisabeth, aus Altenburschla, V/M: Johann Peter, Schultheiß
03.01.1808	Simon, Johann Christian, Ackermann, V/M: Johann Christian, Ackermann seel.
	Rathgeber, Anna Elisabeth, V/M: Christoph, Ackermann
17.01.1808	Ritze, Johannes, Tagelöhner, aus Großburschla, V/M: Johannes, Tagelöhner seel.
	Müller, Maria Margretha, V/M: Friedrich, Leineweber
19.02.1809	Vogt, Valentin, Schuhmacher, aus Datterode, V/M: Peter, Schuhmacher seel.
	Külmer, Anna Maria, V/M: Henrich, Tagelöhner seel.
11.06.1809	Stoppel, Christoph, Tagelöhner und Witwer, V/M: Jacob, Schuhmacher seel.
	Knabe, Henrietta Charlotte, aus Schnellmannshausen, V/M: Johannes, Schneider
07.07.1809	Jung, Henrich, Ackermann, V/M: Christoph, Ackermann
	Sachse, Anna Catharina, V/M: Christian, Kirchensenior und Ackermann
28.07.1809	Cron, Johannes, Tagelöhner, V/M: Dietrich, Tagelöhner
	Simon, Eva Dorothea, V/M: Christian, Schenkwirt seel.
28.01.1810	Wieland, Johannes, Tagelöhner, V/M: Henrich, Tagelöhner
	Harseim, Catharina Elisabeth, V/M: Philipp, Feldmüller seel.

Wanfried-Heldra 1682 bis 1830 53

05.08.1810	Müller, Johannes, Leineweber, V/M: Nicolaus, Leineweber Hofmann, Margretha, aus Falken, V/M: Christoph, Obsthändler seel.
13.03.1811	Sachse, Johann Caspar, Ökonom, V/M: Christian, Kirchensenior und Ackermann Kerste, geb. Koch, Frau Martha Elisabeth, des Verwalters Martin Witwe, aus Richelsdorf
16.04.1811	Niebergall, Nicolaus, Leineweber, V/M: Nicolaus, Leineweber Koch, Anna Catharina, V/M: Justus, Leineweber seel.
24.11.1811	Jagemann, Johann Conrad, Tagelöhner, aus Schnellmannshausen, V/M: Catharina Elisabeth Kühn (unehelich) Völlmar, Anna Elisabeth, V/M: George, Tagelöhner
30.12.1811	Külmer, Johannes, Tagelöhner, V/M: Henrich, Tagelöhner seel. Hagedorn, Anna Magadlena, aus Scherbda, V/M: Christoph, Tagelöhner
15.03.1812	Hille, Henrich, Ackermann, V/M: Johann martin, Ackermann Dietzel, Anna Catharina, aus Altenburschla, V/M: Jacob, Ackermann
28.04.1813	Steube, Johannes, Ackermann, V/M: Christoph, Ackermann Hille, Wilhelmine Elisabeth, V/M: Johann Martin, Ackermann
04.06.1813	Dietzel, Johann Wilhelm, Schneider und Witwer, V/M: Christian, Schneider seel. Heße, Anna Elisabeth, aus Altenburschla, V/M: Valentin, Tagelöhner
27.12.1813	Müller, Henrich, Tagelöhner, V/M: Ludwig, Tagelöhner seel. Simon, Christina Elisabeth, aus Creuzburg, V/M: Johann Valentin, Bürger und Tagelöhner
30.01.1814	Harseim, Johann Caspar, Schneider, V/M: Philipp, Feldmüller seel. Völlmar, Anna Christina, V/M: George, Tagelöhner
01.12.1814	Sachse, Johannes, Müller, V/M: Caspar, Müller Jung, Dorothea Elisabeth, aus Netra, V/M: Jacob, Tagelöhner
19.11.1815	Francke, Johannes, Ackermann, V/M: Johannes, Gerichtsschöpfe seel. Hentrich, Catharina, V/M: Caspar, Ackermann

25.12.1816	Bartel, Christian, V/M: Augustin, Tagelöhner und Anna Elisabeth Dietzel George, Anna Elisabeth, V/M: Catharina Scherb (Unehelich)
28.02.1817	Wagner, Christian, V/M: Johann Caspar, Ackermann und Anna Christine Arnold Bley, Anna Christina, V/M: Johannes, Ackermann und Gerichtsschöpfe
30.03.1817	Bley, Johannes junior, Ackermann, V/M: Johannes und Anna Elisabeth Rathgeber Simon, Catharina, V/M: Johann Christian, Ackermann und Anna Maria Wagner seel.
30.11.1817	Steube, Wilhelm, Grenadier im Regiment Prinz Solms, Bataillon von Losberg, V/M: Daniel und Anna Elisabeth Franke Sieberhain, Sophia, V/M: Johann Caspar und Anna Maria Hesse
01.03.1818	Barthel, Johannes, Leibgrenadier, V/M: Henrich, Ackermann und Maria Margretha Motz Hiese, Margaretha, V/M: Philipp, Ackermann seel. und Anna Maria Hendrich
10.05.1818	Sieberhain, Johannes, Tagelöhner, V/M: Johann Caspar, Musicant und Anna Maria Hesse Steube, Anna Christina, V/M: Johannes, Tagelöhner und Martha Elisabeth Busch
25.04.1819	Dietzel, Johannes, V/M: Jacob, Ackermann und Gerichtsschöpfe und Marie Elisabeth Bley Roth, Anna Margaretha, aus Rittmannshausen, V/M: Jacob, Ackermann und Anna Margretha Fuchs
11.05.1820	Müller, Caspar, Soldat beim Regiment Prinz Solms und Ackermann, V/M: Nicolaus, Ackermann seel. und Anna Christina Barthel, verehelichte Müller Herwig, Anna Maria, V/M: Wilhelm, Schullehrer und Elisabeth Wagner
24.05.1821	Würschmidt, Johann Wilhelm, Ackermann, aus Großburschla, V/M: Philipp, Ackermann und Wilhelmine Brettge ? Herwig, Elisabeth, V/M: Johann Wilhelm, Schullehrer und Elisabeth Wagner

Wanfried-Heldra 1682 bis 1830   55

20.11.1821	Münscher, Christoph, Ackermann, V/M: David, Ackermann und Eva Dorothea Stein Harseim, geb. Völlmer, Anna Christina, Johann Caspar Witwe, V/M: George, Tagelöhner und Martha Elisabeth Rathgeber
10.11.1822	Barthel, Henrich, Corporal, zur Kriegsreserve transferirt, V/M: Augustin, Tagelöhner und Elisabeth Dietzel, jetzt verheiratete Müller Grothausen, von, Wilhelmine Caroline Charlotte, V/M: Herr Johann Friedrich Adolph, Hauptmann seel. und Charlotte, geb. von Boyneburg
13.01.1823	Hentrich, Johannes, Ackermann, aus Großburschla, V/M: Henrich seel. und Dorothea Elisabeth Sieberhain Bley, Elisabeth, V/M: Johannes, Ackermann und Gerichtsschöpfe und Catharina Bley
15.01.1823	Jung, Dietrich, Ackermann, V/M: Henrich, Ackermann seel. und Anna Christine Steube Steube, Martha Elisabeth, V/M: Johannes, Tagelöhner und Martha Elisabeth Busch
11.08.1823	Jung, Christoph, V/M: Henrich, Ackermann seel. und Anna Christine Steube Großenbach, Maria Dorothea, V/M: Ernst, Tagelöhner und Elisabeth Siemon
05.10.1823	Fröbe, George Christoph, Feldmüller und Witwer dahier, aus Natza, V/M: Ludwig, Mahlmüller und Anna Christine Lehmann seel. Berg, Maria Dorothea, aus Aue, V/M: Henrich, Gärtner seel. und Anna Martha Jung
23.11.1823	Stoppel, Cornelius, Tagelöhner, V/M: Christoph, Tagelöhner und Schuhmacher und Anna Christina Mangold seel. Butler, Anna Maria, V/M: Nicolaus, Schneider und Martha Elisabeth Müller
11.04.1824	Siemon, Daniel, Tagelöhner, V/M: Christian, Tagelöhner seel. und Anna Margaretha Müller Müller, Anna Margaretha, V/M: Nicolaus, Tagelöhner seel. und Anna Maria Steube

25.04.1824	Müller, Johann martin, Leineweber, V/M: Nicolaus, Tagelöhner und Anna Elisabeth Dietzel Siemon, Catharina, V/M: Christian, Tagelöhner seel. und Anna Margretha Müller
21.11.1824	Steube, Johann Caspar, Schuhmacher, V/M: Johann Daniel, Schlosser seel. und Elisabeth Franke Steube, Margretha, V/M: Johannes, Tagelöhner und Margretha Elisabeth Busch
21.11.1824	Schröder, Christian, Ackermann und Soldat beim 3ten Linieninfanterieregiment, V/M: Johannes, Müller und Anna Catharina Hiese Herwig, Maria Elisabeth, V/M: Wilhelm, Schullehrer und Elisabeth Wagner
23.07.1826	Müller, Philipp, Leineweber, V/M: Caspar, Leineweber und Dorothea Elisabeth Hotzel Vilmar, Margretha Elisabeth, V/M: George, Leineweber und Elisabeth Rathgeber
17.09.1826	Meiss, Eobald, Tagelöhner, V/M: Friedrich seel. und Maria Elisabeth Müller Müller, Anna Christina, V/M: Nicolaus und Anna Elisabeth Dietzel
17.12.1826	Bippart, Johann bartholomäus, Wirt, V/M: Adam, Wirt seel. und Anna Margaretha Schalles ? Hentrich, Maria Elisabeth, V/M: Caspar, Ackermann und Charlotte Christiane Suck
27.11.1827	Asshauer, Wilhelm Henrich, Schullehrer dahier, aus Udenhausen, V/M: Johann George, Jäger und Marie Louise Simon Grothausen, von, Caroline Sophie Wilhelmine, V/M: Herr Friedrich, Hauptmann seel. und Charlotte, geb. von Boyneburg
30.12.1827	Rost, Nicolaus, Korbmacher, V/M: Jacob seel. und Margretha Elisabeth Hartung Müller, Anna Elisabeth, V/M: Henrich Adam, Leineweber und Anna Christina Rathgeber
23.11.1828	Motz, Bernhard, Bildweber, V/M: Christoph seel. und Margretha Holzapfel Niebergall, Margretha Elisabeth, V/M: George, Tagelöhner und Anna Elisabeth Müller

22.02.1829	Motz, Johann Adam, Bildweber, V/M: Christoph seel. und Catharina Margretha Holzapfel Bippart, Anna Sabina, V/M: Adam, Wirt seel. unda Margretha Schülbe seel.
26.04.1829	Hentrich, Johann caspar, Ackermann, V/M: Caspar, Ackermann und Charlotte Christiane Suck Steube, Anna Maria, V/M: Daniel, Ackermann und Anna Maria Bley seel.
26.04.1829	Müller, Johannes, Leineweber, V/M: David, Tagelöhner und Anna Christine Barthel Sieberhain, Dorothea, V/M: Caspar, Blattbinder und Anna Maria Hesse
26.07.1829	Rommel, Johannes, aus Frieda, V/M: Nicolaus, zu Frieda verst. Schäfer und Anna Elisabeth Ellenberger Müller, Maria Elisabeth, V/M: Martin, Tagelöhner seel. und Chrsitina Elisabeth Ellenberger
20.09.1829	Motz, Christian, Damastweber, V/M: Christoph, Bildweber seel. und Catharina Margretha Holzapfel seel. Stoppel, Dorothea, V/M: Cornelius, Tagelöhner und Catharina Fischer

Wanfried Kernstadt 1650 bis 1830

27.05.1650	Iffart, Nicolaus Lupech ??, Catharina
18.11.1650	Deuscher, Diederich Schüler, Orthia
25.11.1650	Mehlis, Hans Krause, Elisabeth, V/M: Hans
12.05.1651	Faber, George Wagner, Martha, aus Rambach
02.06.1651	Margraff, Christian Wagner ?, Eva
10.06.1651	Rexerodt, Joachim Back, Martha, V/M: H.
01.07.1651	Schabacker, Jacob ...?, Martha Elisabeth
18.11.1651	Adam, Christoph Albrecht, Anna
25.11.1651	Koch, Elias, V/M: Lamb Eva
13.01.1652	Hartmann, Jacob ...?, Anna Catharina
26.01.1652	Juncker, Hans Jacob ...?, Elisabeth
29.01.1652	Morgenthal, Curt Hotzl, Martha
03.02.1652	Junge, Michael Schlutterhose, Martha
09.02.1652	Werneburg, Hans Daniel, Catharina
26.04.1652	Hartmann, Hans Räthe, Barbara, aus Bodenheiling ?
26.05.1652	Mehlis, Johannes Rexerodt, Dorothea
14.06.1652	Sandrock, Christian Brandt, Margaretha

28.06.1652	Zeuch, Christian Wollert, geb. Neusüß, Barbara, Johannes Witwe
01.11.1652	Stallknecht, Christoph Heys, Anna
22.11.1652	Weiser, Balthasar Faber, Anna Catharina
24.01.1653	Borngräber, Christoph Fincke, Orthia
07.02.1653	Wescke, George Gläsner, Elisabeth, aus Aue
21.02.1653	Imming, Christoph Becker, Elisabeth
21.11.1653	Hanß, Jonas Künemundt, Anna
09.01.1654	Hose, Hans Härting, Anna
16.01.1654	Beiser ?, Christian Francke, Anna, aus Neukirchen
23.01.1654	Illert, Nicolaus Wagner, Anna
06.02.1654	Helmerecht, Reichhardt Siemon, Catharina
29.05.1654	Wünsche, Jacob Gutjahr, geb. Jacob, Elisabeth, Hans Wilhelm Witwe
12.06.1654	Werneburg, Jacob Hartmann, Eva
20.06.1654	Knauf, Johann, Kannengießer, fremder, aus Friedberg Mütz, Catharina, aus Münden
30.10.1654	Mohr, Daniel Rauschenberg, Catharina
13.11.1654	Mehllis, Hans Steinmetz, Martha
04.12.1654	Kohlmann, George Mangold, Martha
15.01.1655	Quentel, Lanarius ?, aus Reichensachsen Keyser ?, Martha

15.01.1655	Schlothauer, Hans Hoffmann, Susanna Catharina
23.04.1655	Heystermann, Hans Jacob, Catharina
15.05.1655	Dölle, Johann Jacob Hillemann, Maria
05.06.1655	Zincke, Henrich Schade, Anna, aus Reichensachsen, V/M: Reinhard
21.01.1656	Horstmeyer, David Fischer, Dorothea
21.04.1656	Hilleman, Nicolaus Söhr ?, Elisabeth
02.06.1656	Faber, Jacob Druswin ?, Anna
16.06.1656	Eichenberg, Conrad Hilleman, Martha
07.07.1656	Schade, Reinhardt Rauschenberg, Anna
06.10.1656	Eysert, Johannes Künemund, Elisabeth
03.11.1656	Helmerecht, Johannes Zincke, Anna
24.11.1656	Wüncher, Conrad Neusüß, Margretha
19.01.1657	Jacob, Christoph Sander, Anna, V/M: Conrad ?
28.04.1657	Huppach, Thileman Hopfe, Catharina, Nicolaus Witwe
04.05.1657	Keyser, Hans Stallknecht, Elisabeth
23.11.1657	Lub...?, Hans Vockeroth ?, Anna
30.11.1657	Jacob, Hans Henrich Herschfeld, Martha

08.01.1658	Mensing, Hans, aus Wahlhausen Knauff, Catharina B.: Nach abgelegter Buße
18.01.1658	Werneburg, Hans Caßelman, Ottilia
19.04.1658	Drube, Hans Hagedorn, Margretha
10.11.1658	Knauff, Hans Sänger, Martha
20.11.1658	Künemundt, Hans Seitz, Catharina
22.11.1658	Faber, Ludovicus Gutjahr, Elisabeth
04.12.1658	Mehlis, Christoph B...?, Elisabeth, Meister Claus Witwe
17.01.1659	Wolckstein, Diederich Keyser, Elisabeth
18.04.1659	Schocke, Johannes Wolckstein, Eulalia
16.05.1659	Krauße, Melchior ...?, Sabina
30.08.1659	Albrecht, Hermann Hoße, Martha
17.10.1659	Klocke, Christoph Jacob, Anna
14.11.1659	Heysing, Conrad Habermaß, Anna Christina, aus Treffurt
28.11.1659	Wagner, Conrad Münche, Eva
12.01.1660	Werneburg, Claus Habermaß, Martha
30.04.1660	Bleyer, George Horstmeyer, Anna Elisabeth
08.06.1660	Rexerodt, Otto Philipp Dorfheilig, Martha

16.07.1660	Keyser, Christian Köhler, Anna Margaretha
17.08.1660	Steinheuser, Henrich Volckmar, Anna
05.11.1660	Schleser/Schieser ?, Hans Zincke, Martha
12.11.1660	Beyerodt, George Schocke, Anna
03.12.1660	Kring, Hans Schüsler, Barbara
11.02.1661	Imming, Henrich Ditmar, V/M: Jacob Wilm Wendeling, Anna, aus Göttingen, aus dem Amt
25.02.1661	Mühlhausen, Gregorius Schilbe, Anna Gertrud
29.04.1661	Härting, Christoph Keyser, Martha
10.06.1661	Schröter, Martin Sander, Orthia
15.08.1661	Albrecht, Hans Daniel, Gertrud
30.09.1661	Tuchscherer, Bartholomäus Sander, Catharina Elisabeth
11.11.1661	Homeyer, Hans Schröter, Anna
25.11.1661	Dorfheilige, Hans Jacob, Anna Elisabeth
07.01.1662	Sänger, Diederich Daniel, Dorothea
27.01.1662	Mohr, Johannes Hilleman, Anna
07.02.1662	Kauffmann, Liborius Wenhart, Elisabeth
13.02.1662	Zeuch, Christian Gebhardt, Martha, aus Eschwege
07.04.1662	Wolckenstein, Diederich Nuhrman, Anna Catharina, aus …?

05.05.1662	Bramholtz, Johann Schilling, geb. Stallknecht, Anna, ...? Witwe
19.01.1663	Hotzel, Johannes Daniel, Elisabeth
11.02.1663	Wünche, Jacob Müller, Anna, V/M: Hans seel.
04.05.1663	Eysert, Adam Schabacker, Elisabeth
22.06.1663	Daniel, Christoph Gunderman, Dorothea
16.11.1663	Büßing, Henrich Müller, Dorothea
30.11.1663	Jacob, Hans Henrich Steube, Elisabeth, aus Heldra, V/M: George
22.02.1664	Härting, Christoph Höltzerkopf, Dorothea
04.07.1664	Kaufmann, Liborius Daniel, Elisabeth
18.07.1664	Stick, George, aus Netra Mehlis, Elisabeth
16.01.1665	Knierim, Reinhard Beck, Martha
23.01.1665	Aßman, Hans Roßmuth, Catharina
13.02.1665	Bange, Balthasar Schröter, Eva
02.03.1665	Deutwin ?, Christoph Siemon, Catharina
29.05.1665	Weißenstein, Hans George Dorfheiligen, geb. Jacob, Anna Elisabeth, Hans Witwe
05.02.1666	Daniel, Hans ...?, Martha
02.02.1666	Siemon, Curt Helm...?, Elisabeth
30.04.1666	Schabacker, Christoph Hillemann, Elisabeth

04.09.1666	Rübenkamm, Herr Laurentius ...?, Anna Gertrud
16.10.1666	Winckelmann ?, Herr Friedrich Uckermann, Christina
07.01.1667	Gunderman, Caspar Schocke, Elisabeth
28.01.1667	Dorfheiliger, Johannes Wilhelm Hillemann, Maria
29.04.1667	Wein...?, Christoph Daniel, Martha, V/M: Hans seel.
10.06.1667	Hillemann, Gregorius ...?, Catharina, aus Rambach
17.06.1667	...gius ?, Hans Werner Rexerodt, Christina
25.11.1667	Dietzel, Jacob, aus Altenburschla Müller, Anna Elisabeth
27.01.1668	Koch, Peter Setzepfanne, Anna
13.04.1668	Heyse, Hans Werner Thomas, Elisabeth
27.04.1668	Hellwig, Johannes , Christina
20.05.1668	Große, Herr Hans Volckmar, Jungfer, aus Witzenhausen
05.01.1669	Zincke, Henrich Schreiber, Greta
11.01.1669	Schloßhauer, Hans Hirtz, Anna
14.01.1669	Jacob, George, aus Krauthausen Herting, Dorothea
18.01.1669	Benterodt, Hans Dorfheiliger, Anna Catharina
26.01.1669	, Joachim , Anna, V/M: der Gärtner B.: Sindt Joachim in der Au...? und Anna des Gärtners Tochter copuliret worden

26.04.1669	Ebelingk, Hermann, aus Ulfen Heuckerodt, Martha, aus Altenburschla
08.06.1669	Rübenkamp, Herr Johann Andreas Gleim, Catharina Juliana
14.06.1669	, Johann Andreas Hagedorn, Dorothea
12.07.1669	Cronomus, Johann Philipp N., Judith, aus Neunkirchen
13.09.1669	Bange, Balthasar Knauff, Anna Catharina
27.09.1669	Funck, Hans George, aus Ulfen Schilling, Maria
08.11.1669	Jacob, Daniel Eckel, Anna Catharina
15.11.1669	Fischer, Jacob Schr...?, Anna Martha
29.11.1669	Rexerodt, Hans Wilhelm Schulz, Dorothea Elisabeth
23.01.1670	Gutjahr, Christian Müller, Maria
02.05.1670	Albrecht, Jacob Gutjahr, Anna Margaretha
16.05.1670	Imming, Hans Wilm Daniel, Eva, V/M: Christoph seel.
13.06.1670	Schocke, Conrad Schröter, Dorothea
19.01.1671	Schabacker, George Wilhelm Groß, Catharina Margretha
30.07.1671	Rauschenberg, Martin ...?, Margretha
31.10.1671	Gerlach, Nicolaus Trandte ?, Elisabeth B.: Ist die erste Hochzeit, die hier im Hochzeitshaus gehalten worden
09.01.1672	Drenel ?, Jacob Hartung, Anna

30.01.1672	Grom, Hans Mehlis, Anna Lise
22.02.1672	Schütter, Herr Michael Brandt, Dorothea, V/M: Herr Christian
28.03.1672	Feige, Laurentius, aus Abterode, V/M: Nicolaus Zilch, Margaretha, aus Sontra, V/M: Vitus, Schütze allhier
09.04.1672	…?, Zacharias Kell, Anna, aus Mühlhausen, V/M: Hans seel.
18.04.1672	Zilch, David, Schütze Linke, Kleinmartha
07.05.1672	Schindewolf (Schingwolf), Adam, aus Kelbra Gerlach, Martha, V/M: Christoph
02.07.1672	Schnur, Lampert, aus Reichensachsen Brandt, Anna
18.09.1672	Steinheiser ?, Johann Christoph , Margretha, des Baders und Balbierers Witwe, aus Eschwege
21.01.1673	Schocke, Hans junior Rexrot, Dorothea, V/M: Conrad
18.02.1673	Schocke, Johannes Schröter, Eva Elisabeth, V/M: Michel
29.04.1673	Hartung, Andreas Henrich Backe, Anna Catharina, V/M: Jacob
07.05.1673	Grim, Claus Kicher ?, Elisabeth
04.11.1673	Öltgar ?, Herr George Gundermann, Anna Elisabeth
25.11.1673	Walter, Herr Jacob Uckermann, Maria Elisabeth
29.12.1673	Schockhart, Hans Diederich Arnold, Anna
05.05.1674	Daniel, George Andreas Imming, Catharina
16.06.1674	Eichenberg, Conrad Siegmann ?, Gertrud, aus Witzenhausen
14.07.1674	Sänger, Jacob Langelotz, Martha

Wanfried Kernstadt 1650 bis 1830

17.08.1674	Homeyer, Hans Henrich, Soldat, aus Hofgeismar Zilch, Angnes
27.10.1674	Nagell, Herr Andreas Gottfried, aus Münden Walter, Anna Maria, V/M: Herr B.
24.11.1674	Schocke, Nicolaus Werneburg, Elisabeth
30.11.1674	Stück, Christoph, aus Netra Mehlis, Martha Elisabeth
12.01.1675	Macke, Christoph Schäffer, Elisabeth, aus Frieda
27.01.1675	Heller, Jost Knierim, Sophia, V/M: hiesiger Schafmeister
03.02.1675	Sander, Hans Albrecht, geb. Gutjahr, Anna Margretha, Jacob Witwe
09.02.1675	Spete, Johannes Schröter, Anna, V/M: Jacob seel.
11.02.1675	Helwig, Zacharias Giese ?, Anna
23.02.1675	Wolkenstein, Christian Franck, Sophia
15.04.1675	Daniel, George Harting, Martha Elisabeth
13.04.1675	Crollius, Herr Johann Laurentius, Professor Meisterlin, Anna Margretha
30.04.1675	Harting, Christoph Franck, Catharina
02.11.1675	Gundermann, Henrich Wilhelm …?, Eva
11.11.1675	Knierim, Jacob Langelotz, Eva
16.11.1675	Müller, Henrich, aus Göttingen ? Steinheuser, Elisabeth
23.11.1675	Rübenkam, Herr Johann George Rexrod, Elisabeth
10.02.1676	Dietzel, Johannes Stuppach, Anna Gertrud

09.05.1676	Setzpfand, Christoph Franck ?, Anna
30.05.1676	Herting, Hans Jacob Steinheuser, Catharina
04.12.1676	Stadeler, George Wagner, Elisabeth
11.01.1677	Heuckerodt, Hans Valten Iserbiehl, Anna B.: Nach getaner Buße
03.02.1677	Schabacker, Hans, aus Werleshausen Gutjahr, Anna Margretha
06.02.1677	Kohlman, Jacob Herting, Eva
22.02.1677	Schwantz, Hans Henrich Dorfsheilige, Dorothea Elisabeth
09.03.1677	Leister, Michael Mühlhausen, Anna Gertrud, Gregorius Witwe
01.05.1677	Hilleman, Conrad Herting, Juliana
03.05.1677	Hintze ?, Hans Bachmann, Catharina
17.05.1677	Henning, Meister Tobias Cast, Anna Catharina
22.05.1677	Schlothauer, Hans Heer, Anna
12.06.1677	Grim, Claus Zincke, Margretha, Henrich Witwe
23.??.1677	Gleimius, herr Johannes, Pfarrer, itziger Döll, Martha Elisabeth
27.11.1677	Grim, Christoph Langelotz, Elisabeth
04.12.1677	Klocker, Meister Philipp ...?, Martha Elisabeth, aus Sontra
23.01.1678	Hahn, Hans Jost Bachmann, Maria

06.05.1678	Wünche, Meister Henrich Jacob Mehlis, Martha	
03.06.1678	Schilling, Christoph Henning, Regina, aus Frieda	
04.06.1678	Daniel, Conrad Sander, Elisabeth	
10.07.1678	Ebeling, Hermann Zentgraf, Elisabeth	
22.10.1678	Uckermann, Herr George Christoph Hast, Anna Elisabeth	
12.11.1678	Rexrod, Meister Hans Wilhelm Heysing, Anna Martha, V/M: Herr Timotheus	
04.12.1678	Sänger, Hans John, Elisabeth	
14.01.1679	Wascke ?, David Stadeler, Sybilla	
06.03.1679	Leopold, Martin Wolkenstein, Martha Elisabeth	
06.05.1679	Herr, Johannes Arnold, Catharina	
20.05.1679	Setzepfand, Hans Herting, Martha Elisabeth	
17.06.1679	Daniel, Herr Andreas Werneburg, Anna Christina	
08.07.1679	Weymar, Michael Helmrecht, Eva	
15.07.1679	Stick, Christoph Imming, Anna Gertrud	
02.12.1679	Junge, Hans Jacob, Dorothea Elisabeth	
27.01.1680	Hartman, Conrad Helmrecht, Eva, V/M: Johannes	
04.05.1680	Rauschenberg, Christoph Weiser, Dorothea Elisabeth	
08.06.1680	Manß, Johannes Daniel, Catharina Salome	

29.06.1680	Kolman, Jacob Ihlert, Martha Elisabeth
21.09.1680	Gl...?, Herr, Licentiat Uckermann, Anna Catharina
26.10.1680	Kannengießer, Herr Anton Henrich Walter, Martha Elisabeth
23.11.1680	Knierim, Johannes, V/M: Jost, gew. Schafmeister allhier Hose, Anna, V/M: Hans, Bürger
??.??.1680	...?, ...? Gumpel, Catharina, aus Wichmannshausen, V/M: Hans
03.02.1681	Krehan, Cyriacus, aus Aue Becker, Anna Margretha, V/M: Herr Nicolaus seel.
22.02.1681	...?, Hans Martin, aus Neukirchen Jacob, Anna, V/M: Christoph seel.
24.02.1681	Helle, Jost Junker, Anna Sabina, V/M: Hans
13.04.1681	Volckmar, Johannes Wagner, Martha, V/M: Valten
28.04.1681	Schocke, Hans Schröter, Elisabeth, V/M: Jacob seel.
14.06.1681	Herting, Hans, Schneider Sandrock, Anna Margretha, V/M: Christian, Schneider
21.06.1681	Walter, Herr Johann Philip Uckermann, Anna Dorothea
19.07.1681	Stuppach, Hans Jacob Morgenthal, Anna Christina, aus Döringsdorf, V/M: Hans der ältere
23.08.1681	Backe, Johann Jacob Lange, Maria Elisabeth, V/M: Wilhelm
08.11.1681	Rothe, Hans, aus Rambach Schocke, Eva, V/M: Christoph seel.
??.??.1681	...?, ...? John, Anna, V/M: Hans
12.01.1682	Langius, Laurentz Mehlis, Juliana, V/M: Johannes seel.

Wanfried Kernstadt 1650 bis 1830   71

21.02.1682	Backe, Hans Henrich Grüner, Anna Dorothea, aus Eschwege
01.03.1682	…?, Ludwig Junge, Eva, V/M: Michael
25.04.1682	Luley, Hans George Münch, Elisabeth, V/M: Conrad seel.
16.05.1682	Koch, Hans Becker, Juliana
20.06.1682	Imming, Christoph Gläntzer, geb. Noll, Barbara, Curt von Völkershausen bürtig, aus Altenburschla, V/M: Hans, Schultheiß seel.
04.07.1682	Schabacker, Andreas Albrecht, Anna Catharina
19.09.1682	Wetzel, Herr Henrich, Pfarrer zu Burschla und Heldra Uckermann, Catharina Elisabeth
09.09.1682	Raub, George, aus Eichsfeld/Amts Bodungen Setzepfand, Elisabeth
26.01.1683	Kaufmann, Cyriacus, aus Hoheneiche, V/M: Hans Imming, Anna Catharina, V/M: Hans Wilhelm seel. B.: Nach abgelegter Buße
??.??.1683	Daniel, Engelhard, Schäfer ?, V/M: …? Albrecht, Elisabeth, V/M: Hans, seel. …?
03.07.1683	Heistermann, Jost Sänger, Elisabeth, V/M: Jacob, Fährmann
10.08.1683	Giese, Herr David, Obristleutnant Volckmar, Anna Barbara, V/M: …? seel.
20.08.1683	Heuckerod, Ludwig, Schütze Sünder, Anna Maria, aus Bischofshausen/Amt Witzenhausen, V/M: Hans
16.01.1684	Hubenach ?, Meister Johann Philipp, aus Eschwege Mohn, Anna Maria, V/M: Hans seel.
12.02.1684	Setzepfand, Caspar, V/M: Ludwig Rexrod, Martha Elisabeth, V/M: Joachim seel.
??.02.1684	Jacob, Hans Henrich, Metzgermeister Schindewolf, geb. Gerlach, Martha, Adam Witwe

08.04.1684	Werneburg, Meister Nicolaus Gerlach, Anna, Meister Martin Witwe
22.04.1684	Ackermann, Meister Johannes Jacob, Anna Catharina
13.05.1684	Ebeling, Hermann Wagner, Catharina, V/M: Valten
27.05.1684	Weyser, Johannes Helmrecht, Elisabeth, V/M: Johannes seel.
23.09.1684	Correus, Johann Bernhard, Seilermeister, aus Witzenhausen Schock, Elisabeth
18.11.1684	Marggraf, Henrich Dorfsheiligen, Anna Christina, V/M: Hans Wilm
20.01.1685	Motz, Johannes, Sattler Herting, Anna Maria, V/M: Hans seel.
20.01.1685	Horstmeyer, David, Töpfermeister Aßmann, Martha, V/M: Lorentz seel.
03.02.1685	Werner, Johann Daniel, Soldat, aus Zierenberg Weber ?, Maria, V/M: ...?
12.05.1685	Wernerburg, Herr Hans der ältere I...hausen ?, Anna Catharina, aus Allendorf, V/M: Herr Johannes, seel. gew. Brunnenbaumeister ?
08.06.1685	Mensing, Hans Geilfuß, Catharina, des Gärtnermeister allhier Sebastian Witwe
07.07.1685	Simon, Curt Larbich, Dorothea, V/M: Johannes, seel. gew. Schulmeister im Amt Sontra
12.07.1685	Bleymann, von, Herr Philipp Bernhard Keudel, von, geb. von Hundelshausen, Frau Christina Amelia, Witwe
28.07.1685	Sand, Herr Jacob, Stadtschreiber Rübenkamm, geb. Rexrod, Elisabeth, Witwe
10.11.1685	Rupprecht, Meister Christoph Herting, Catharina, V/M: Hans seel.
01.12.1685	Mensing, Nicolaus Hartmann, Elisabeth, V/M: Jacob seel.

02.12.1685	Ohrschell, Bastian, aus Mühlhausen, V/M: Meister Samuel seel.
	Grimm, Martha Elisabeth, V/M: Hans
12.01.1686	Schröter, Meister Nicolaus
	Hartmann, Eva, V/M: Hans
14.01.1686	Schmidt, Johann Andreas, aus Borken
	Schlese, Anna Elisabeth, V/M: Hans
09.02.1686	Backe, Timotheus
	Langius, Anna Catharina, V/M: Bernd
23.02.1686	Schocke, Christian
	Schröter, Eva, V/M: Jacob seel.
15.04.1686	Jacob alias Junker, Jacob
	Mensing, Anna Gertrud, V/M: Hans
21.04.1686	Pape, Henrich, aus Trendelburg, aus dem Amt
	Arnold, Anna Catharina, V/M: Urban seel.
27.05.1686	Boppenhausen, George Michael
	Daube ?, Anna Margretha
09.06.1686	Siland, Johann Christoph
	...?, Elisabeth
22.06.1686	Schabacker, Christoph
	Heistermann, geb. Sänger, Elisabeth, Jost Witwe, V/M: Jacob
05.10.1686	Corb...?, Hans, Schuhmacher
	Volckmar, Anna Catharina, V/M: Hans, Seilermeister
19.10.1686	Müller, Henrich, Schloßer, aus Eschwege
	Schütze, Martha, V/M: Meister Caspar seel.
16.11.1686	Schabacker, Hermann
	Helmrecht, Dorothea Elisabeth
23.11.1686	Knobel, Herr Johann Philipp, Pfarrer zu Altenburschla, aus Altenburschla
	Dölle, Anna Gertrud, V/M: Herr Johann Jacob, Bürgermeister
11.01.1687	Sänger, Christian
	Albrecht, Anna Gertrud, V/M: Hans seel.
18.01.1687	Zincke, Balthasar
	Hartmann, Martha, V/M: Hans
03.02.1687	Schabacker, Justus
	Schleser, Catharina, V/M: Hans

??.02.1687	Giese ?, Jost ? …?, Catharina
14.02.1687	Schwantz, Hans Henrich Koch, Salome, V/M: Elias
15.04.1687	Mangold, Johannes Mühlmann, Evsa, V/M: Wilhelm seel.
16.02.1687	Setzepfand, Caspar Albrecht, Anna Maria, V/M: Hans seel.
04.04.1687	Rexrod, Henrich Schmidt, Anna, V/M: Christoph
19.04.1687	Dorfsheiliger, Meister Hans Wilhelm Daniel, Martha Elisabeth, V/M: Hans George
24.05.1687	Rettcher ?, Johannes, aus Trendelburg, aus dem Amt Fischer, Margretha, V/M: Claus seel.
07.06.1687	Hillemann, Christoph Koch, Dorothea, V/M: Elias
14.06.1687	Jacob, Martin, V/M: Christoph Hartleib, Margretha, aus Volkeroda im Eichsfeld
21.06.1687	Daniel, Hans, V/M: Hans der ältere hinterm Marstall Rexrod, Anna, V/M: Joachim seel.
05.07.1687	Bleyert, Gregorius Corräus, Anna Catharina, aus Witzenhausen, V/M: Andreas seel.
09.09.1687	Helmrecht, Andreas Speckhardt, Anna, Hans Dieterich Witwe
27.09.1687	Curräus, Johann Bernhard Werner, Martha
04.10.1687	…?, …? Völcke, Catharina, aus Reichensachsen, V/M: Johannes seel.
15.11.1687	Wiegand, Johannes, aus Grebendorf Knierim, Christina, V/M: Richard seel.
22.11.1687	Wagner, Herr Lt., aus Allendorf Walter, Anna Margretha, V/M: Herr B.
01.12.1687	Dörffler, Herr Johannes, Musicant Faber, Anna Christina, V/M: Ludwig
17.01.1688	Henning, Jacob Helle, Anna Sabina, Jost Witwe

Wanfried Kernstadt 1650 bis 1830	75

26.01.1688	Benterod ?, Hans Münch, Martha, V/M: Conrad seel.
28.02.1688	Witzel, Andreas, aus Heldra Hose, Martha Elisabeth, V/M: Hans seel.
17.05.1688	Märtin ?, Henrich, Dragoner, aus Soest in Westfalen, V/M: Wilhelm, Schäfer Münch, Elisabeth, V/M: Conrad seel.
17.05.1688	Wurst, Michael, Schmied und Dragoner Zentgraf, Dorothea, V/M: Hans seel.
21.05.1688	Schreiber, Johannes, aus Renda Siland, Martha, V/M: Christoph
20.07.1688	Marggraf, Conrad Sander, Anna Catharina, V/M: Herr Bernhard B.: Nach abgelegter Buße
06.11.1688	Beyert, Timotheus, V/M: Meister George Rexrod, Anna Maria, V/M: Meister Otto Philipp
15.11.1688	Zindel, Conrad, Raschmacher, aus Eschwege, V/M: George, Bürger Gries, Dorothea, V/M: Meister Christian
04.12.1688	Schocke, Hans Christoph Jäner ??, Anna Catharina, V/M: Meister Hans
05.02.1689	Gundermann, Nicolaus Pfeiffenberg, Charlotte, aus Morschen, V/M: Herr Johann Thomas, bestellter Leutnant fürstl. hess. Soldateska
14.02.1689	Keyser, Hans Wilhelm Weißenstein, Maria, V/M: Hans Martin ?
16.04.1689	Langius, Hans Werner Daniel, Margretha, V/M: Hans
16.04.1689	Zicke, Nicolaus Hörselmann, Anna Christina, aus Eisenach, V/M: Adam, Gastgeber
22.04.1689	Heuckerod, Hans, der lahme Grise, Anna Catharina, V/M: Meister Christian
23.04.1689	Körber, Meister Johannes …?, Anna Sabina, V/M: Ludwig

02.07.1689	Walter, Herr Friedrich Kr...?, Sophia Elisabeth, V/M: B.
12.11.1689	Helwig, Meister Johannes Kaufmann, Gela, aus Hoheneiche, V/M: Henrich
13.11.1689	Henning, Thomas, Zimmermeister, aus Reichensachsen Helwig, Barbara, V/M: Meister Johannes
13.11.1689	Walter, Herr, Amtmann Heinius, Rachel, aus Schmalkalden, V/M: Herr Inspector
26.11.1689	Brück, Joahnn Christoph, Schönfärber, aus Sontra Dorfsheiliger, Anna Barbara, V/M: Hans Wilhelm
08.01.1690	Haase, Johann Christoph Jacob, Eva B.: Nach getaner Buße
14.01.1690	Viehmann, Johann George, Pfarrer zu Röhrda, aus Röhrda Wiederhold, Maria Elisabeth, aus Kassel
06.02.1690	Mehlis, Adam Macke, geb. Schäffer, Elisabeth, Christoph Witwe
11.02.1690	
12.02.1690	Giese, Herr Hans Werner Langius, geb. Mehlis, Juliana, Lorentz Witwe
25.02.1690	Krause, Johannes, aus Treffurt Wagner, Elisabeth, V/M: Conrad seel.
06.05.1690	Isert, Johannes Stuppavh, Catharina, V/M: Henrich seel.
22.05.1690	Reinhart, Meister vJohann, aus Sontra Langius, Anna, V/M: Herr Johann Werner
29.05.1690	Meisterlin, Herr Johann Carl ...?, Anna Gertrud, V/M: Herr Hans seel.
07.06.1690	Rose, Johannes, Schuster und Bürger, aus Eschwege Sander, Maria, V/M: Herr Gerhard
24.08.1690	Wiskemann, Herr Wilhelm, Praeceptor der Schule zu St.Goar und Pfarrer zu ...? Meisterlin, Louisa Catharina

Wanfried Kernstadt 1650 bis 1830

20.10.1690	Kellner, Johannes, Bader Müller, Elisabeth, Henrich Witwe B.: Nach abgelegter Buße
04.11.1690	Helwig, Peter Koch, Anna, V/M: Peter seel.
11.11.1690	Rexrod, Meister Johannes Gutjahr, Anna Elisabeth, V/M: Herr Johann Christian
28.04.1691	Borngräber, Timotheus Albrecht, Elisabeth, V/M: Hermann seel.
28.04.1691	Schäffer, George Waldschmidt, Elisabeth, V/M: Johannes
??.05.1691	Paul, Henrich, Wachtmeister, aus Eschwege Illert, Margaretha, V/M: Meister Nicolaus seel.
12.05.1691	Heysing, Timotheus Gise, Margaretha Elisabeth, V/M: Herr Hans Werner
23.07.1691	Gundermann, Johannes Schlothauer, Eva, V/M: Hans seel.
24.11.1691	Mohr, Jacob Volckmar, Anna Elisabeth
25.11.1691	Wescke, George …?, Anna Catharina, V/M: …?, seel.
16.02.1692	Wagner, Jacob Hötzel, Margaretha, V/M: Johannes
02.06.1692	Müller, Johann Conrad, Kammerscribent, fürstl. allhier Walter, Elisabeth, Herr Jacob seel. Witwe
21.06.1692	Schabacker, Jost Bachmann, Anna Margaretha, V/M: Christoph
14.07.1692	Schabacker, Christoph Dietzel, Dorothea, aus Altenburschla, V/M: Jonas
19.07.1692	Uckermann, Herr Jost Christoph De…?, Susanna, aus Frankfurt
23.08.1692	Altbrand, Conrad, Landknecht Arnold, Elisabeth, aus Altenburschla, V/M: Nicolaus
25.08.1692	Schabacker, George Wilhelm Dietzel, Margaretha, aus Altenburschla, V/M: Donat seel.

13.09.1692	Walter, Herr Christoph, Pfarrer zu Kleinalmerode, aus Kleinalmerode Laubinger, Anna Catharina, aus Witzenhausen, V/M: Herr Oberschultze seel.
25.10.1692	Schreiber, Meister Justus Henrich, aus Eschwege Keyser, Anna Catharina, V/M: Meister Hans seel.
27.02.1693	Meyer, Ernestus, Kaufmannsdiener zu Langensalza, aus Braunschweigischen, aus dem Kannengießer, Anna Catharina, aus Kassel B.: Nach abgelegter Buße
20.06.1693	Jacob, Meister Christoph Lorentz, Anna, aus Altenburschla, V/M: Martin
04.07.1693	Brandt, Herr Johann George, Philosophiae und S.S.Theologiae Doctor und Philosophiae Proffessor bei der Universität Marburg und Witwer, aus Marburg Brandignier, Susanna, aus Renar in der Schweiz, V/M: Herr Daniel, seel. gew. Advocatus und Notarius B.: So bei Herrn Just Christoph Ackermann …?
12.07.1693	Hille, Meister Conrad Rothe, Gertrud, aus Großburschla, V/M: Henrich seel.
31.10.1693	…?, …? Haffermaaß, N., aus Herleshausen in Thüringen in der Herrschaft Weißenfels, V/M: N.
08.11.1693	Jähnich, Meister Johann Henrich Winckelmann, Anna Maria, V/M: Herr Friedrich
20.01.1694	Schabacker, Jost Borngräber, Anna Martha, aus Reichensachsen, V/M: Martin seel.
12.11.1694	Hartmann, Hans Heuckerod, Anna Catharina, Hans Witwe
27.11.1694	Sander, Wilhelm Gutjahr, Martha Elisabeth
28.11.1694	Heufahr ?, Johannes, Schuhmacher, aus Wenings ? im …ischen ? Volckmar, Anna Elisabeth, V/M: Meister Henrich seel.
03.12.1694	Klinge, Hans George Becker, Margaretha, des Werrmüller Andreas Witwe

12.02.1695	Börner, Hans Henrich, aus Völkershausen, V/M: Aßmann
	Rexrod, Eva, V/M: Conrad
16.07.1695	Dietzel, Meister George
	Schrötter, Anna Catharina, V/M: Michael seel.
16.10.1695	Langius, Herr Christoph, sonst adeliger ...? zu ...? Stifts Paderborn, aus Hersfeld
	Walter, Catharina Elisabeth, V/M: Herr Jacob seel.
03.12.1695	Hose, Johannes
	Münche, Margretha, V/M: Conrad seel.
20.12.1695	Werneburg, Johann Ludwig
	Illert, Catharina, V/M: Meister Nicolaus seel.
07.01.1696	Müller, Johannes
	Zimmermann, Eva
04.02.1696	Aßmann, Hans
	Walter, Maria Elisabeth, aus außm ...?
11.02.1696	Beyerod, Hans
	Noll, Anna Gertrud, aus Altenburschla, V/M: Ewald
12.02.1696	Stück, Lorentz
	, Catharina, aus Bartloff im Eichsfeld
26.03.1696	Clemens, Hans Wilhelm
	...?, Anna Elisabeth, Andreas Witwe
??.??.1696	...?, ...?
	Eisenberg, Catharina, aus Witzenhausen, V/M: Jacob, Schwarzfärbermeister und Bürger seel.
07.07.1696	Uckermann, Herr Jacob Wilhelm
	Thalmann ?, Johanna, aus Frankfurt, V/M: Herr Johann Daniel, seel. gew. Bürger und vornehmer Kauf und Handelsmann
03.11.1696	Beyert, Johann Bernhard
	Ebeling, Elisabeth, V/M: Hermann
04.11.1696	Wescke, Friedrich
	Schabacker, Anna, V/M: Jacob seel.
19.11.1696	Erbrod, Johannes, aus Ermschwerd
	Schabacker, Anna Catharina, V/M: Christoph seel.
01.12.1696	Dietzel, Henrich Jacob
	Throm ?, Juliana, V/M: Hans seel.

06.01.1697	Krommahr ?, Johann Philipp, Bäckermeister und Bürger Imming, Dorothea Elisabeth, V/M: Hans Wilhelm
29.01.1697	Heim, Johannes, aus Diedorf im Eichsfeld, V/M: Martin Rexrodt, Anna Elisabeth, V/M: Conrad seel.
07.02.1697	Sichter ?, Albert, Dragoner unter Hauptmann Blum ...? Regiment, aus Die...burg ? im Nassauischen, V/M: Meister Henrich, Hammerschmied , Öltcher ?, aus Anna Clara, V/M: Herr George, Bürger und Handelsmann
09.02.1697	Herting, Hans Henrich, Metzgermeister, V/M: Hans seel. Romhild ?, Anna Barbara, aus Hersfeld, V/M: Hans George seel. gew. Musicant
23.02.1697	Koch, Friedrich, Weißbinder, V/M: Elias seel. Hägerbaum, Anna Elisabeth, V/M: Herr Eberhard, seel. gew. Vogt des hohen Stifts Schild...?
27.04.1697	Herwig, Jacob, V/M: Fritz Neusüß, Anna, aus Aue, V/M: Jacob seel.
27.04.1697	Crollius, Herr Johannes Laurentius, S.S.Theologiae Professor, Paedagogens...? und Administrator der Universität Marburg, aus Marburg Dölle, Anna Margaretha, V/M: Herr Johann Jacob, Bürgermeister und ...mann ?
??.05.1697	Gundermann, Hieronymus, aus Eschwege, V/M: Henrich, Bürger und Lohgerbermeister Gutjahr, Elisabeth, V/M: Herr Johann Christian, Bürgermeister und Metzger
19.05.1697	Fischer, Jacob Etzrod, Catharina, V/M: Johannes, Bürger und ...?
31.05.1697	Eisert, Johannes, Bäckermeister Helwig, Anna Gela, Meister Hans Witwe
03.06.1697	Hose ?, Adam, Leineweber, aus Völkershausen Sandrock, Elisabeth, V/M: Christian, Schneidermeister
22.06.1697	Richter, Herr Johann Andreas, aus Quedlinburg, V/M: Herr Friedrich, Bürger und Salzhändler Winckelmann, Anna Margaretha, V/M: Herr Friedrich, Bürger und Handelsmann

Wanfried Kernstadt 1650 bis 1830

19.07.1697	Sander, Conrad, V/M: Herr Gerhardt, seel. gew. Ratsverwandter und Kirchenältester
	Faber, Martha Elisabeth, V/M: Herr Ludwig, Cantor emeritus
19.10.1697	Wiskemann, Herr Johann Christian, Cantor allhier, aus Eschwege, V/M: Herr Magister Michael, Pfarrer zu Eschwege seel.
	Zincke ?, Anna Christina, V/M: Herr Johann, Bürgermeisterv und Handelsmann
03.02.1698	Langius, Johann Werner, Bürger
	Gundermann, Anna Elisabeth, V/M: Caspar, Bürger
22.02.1698	Funcke, Johann Jacob, V/M: Johann George, Bürger
	Drechsler, Margaretha, aus Witzenhausen, V/M: Eckhard, Bürger und Zimmermeister seel.
03.03.1698	Spieß, Sebastain, aus Grafenhausen im Breisgau, V/M: Sebastian seel.
	Tuschscherer, Dorothea Elisabeth, V/M: Herr Bartholomäus, seel. gew. Cornet unter der Landmilitz
04.03.1698	Schütze, Nicolaus, aus Altenburschla
	Kaufmann, Anna Catharina, Christoph Witwe
14.03.1698	Weske, George, Bürger
	Meles, Catharina, V/M: Johannes seel.
15.03.1698	Benteroth, George, V/M: Johannes, Bürger und Schiffer seel.
	Neusüß, Anna Margaretha, aus Aue, V/M: Jacob seel.
15.03.1698	Jacob, Johann Ludwig, V/M: Johann Henrich, Bürger und Metzgermeister seel.
	Dorfsheiliger, Martha Elisabeth, des Bürger und Metzgermeister Johann Wilhelm Witwe
17.03.1698	Herwig, Caspar, V/M: Friedrich, Bürger seel.
	Windemuth, Barbara, aus Frankershausen, V/M: Johannes, Schäfer seel.
24.05.1698	Bange, Johann George, V/M: Balthasar, Bürger und Schreiner seel.
	Trautwein, Anna Martha, V/M: Christoph, Bürger seel.
03.10.1698	Gleim, Johann Christoph, Schulmeister, teutscher allhier, aus Eschwege, V/M: Balthasar, Bürger und Bäckermeister seel.
	Stuppach, Anna Martha, V/M: Johann Jacob, Bürger und Soodförster seel.

01.11.1698	Holtzapfel, Johann Henrich, aus Schwebda, V/M: Johannes Schnurr, Anna Elisabeth, V/M: Lampert, Bürger und Schmiedemeister
11.01.1699	Clemens, Wilhelm, Bürger Gerlach, Eva Magdalena, aus Bebendorf, V/M: Johann Werner B.: Waren beide papistisch
28.02.1699	Frantz, Caspar Johann, aus Witzenhausen, V/M: Caspar, Bürger und Bildmacher seel. Luley, Elisabeth, des Raschmacher Johann George Witwe
12.05.1699	Schabacker, Hermann, Schiffer und Bürger Beumler, Catharina Elisabeth, aus Allendorf, V/M: Cyriacus, Zimmermann seel.
30.10.1699	Kaufmann, Liborius, Schiffer und Bürger Dölle, Ottilia, aus Eschwege, V/M: Conrad, Bürger und Lohgerber seel.
16.11.1699	Schütze, George, aus Altenburschla, V/M: Johannes Schröter, Eva, des Schmied Nicolaus Witwe
15.02.1700	Trautwein, Lorentz, V/M: Christoph, Bürger seel. Witzel, Martha Elisabeth, Andreas Witwe, aus Heldra
26.04.1700	Pieter, Anthon, Soldat unter Capitain Udams Compagnie, aus St. Goar, V/M: Christian, Bürger und Schneider Dietzel, Anna Elisabeth, V/M: Johannes, Bürger und Schneider seel. B.: Nach abgelegter Buße
04.05.1700	Lorentz, Martin, aus Altenburschla, V/M: Johannes Beck, Catharina, aus Wendehausen (Wenghausen) im Eichsfeld, V/M: Adam
11.05.1700	Kohler, George Leonhart, V/M: Herr George, Leutnant unter der hessischen Landmilitz Poppenhausen, Anna Christina, V/M: George Michael, Bürger und Handelsmann
12.05.1700	…?, Nicolaus, Wagner und Bürger, aus Treffurt Hartmann, Catharina, V/M: Johannes, Bürger
08.06.1700	Neusüß, Nicolaus, aus Aue, V/M: Angelus seel. Benteroth, Dorothea Elisabeth, V/M: Johannes, Schiffer und Bürger seel.

Wanfried Kernstadt 1650 bis 1830   83

29.06.1700	Wagner, Peter, aus Oetmannshausen, V/M: Johannes, Kirchensenior
	Engel, Anna Margaretha, aus Großenbrüchter, V/M: Christian Ludwig
22.07.1700	Schabacker, Justus, Bürger
	Brand, Anna Martha, aus Reichensachsen, V/M: Valentin, Bäcker seel.
28.09.1700	Schäffer, Conrad, aus Eschwege, V/M: Johannes, Bürger und Bäcker seel.
	Heising, Anna Christina, V/M: Herr Timotheus, Kirchensenior und Ratsverwandter seel.
16.11.1700	Schocke, Johann Michael, V/M: Conrad, Bürger und Bäckermeister seel.
	Daniel, Martha Elisabeth, V/M: George, Schiffer und Bürger
23.11.1700	Leister, Nicolaus, aus Wendehausen im Eichsfeld, V/M: Nicolaus
	Schwantz, Anna Magdalena, V/M: Meister Hans Henrich, keudelischer Meyer und Bürger
24.11.1700	Lorentz, Johannes, Bürger
	Kepler, Angela Dorothea, aus Wilbich im Eichsfeld, V/M: Johann Henrich seel.
29.12.1700	Eichenberg, Valentin, aus Witzenhausen, V/M: Henrich, Bürger und Färbermeister sele.
	Dietzel, Anna Catharina, des Schneidermeister und Schulmeister George Witwe
25.01.1701	Lieberknecht, Nicolaus, aus Eschwege, V/M: Reinhardt, Bürger und Schiffer
	Sander, Catharina Margaretha, V/M: Herr Gerhard, Ratsverwandter und Kirchensenior seel.
03.02.1701	Knierim, Conrad, aus Eschwege, V/M: Johannes, Bürger seel.
	Hille, Dorothea Maria, V/M: Gregorius, Bürger und Ziegler seel.
13.02.1701	Jacob, George, Müller und Bürger
	Wagner, Anna Elisabeth, V/M: Conrad, Bürger und Schmiedemeister seel.
15.02.1701	Throm, Johannes, V/M: Johannes, Bürger und Schiffer seel.
	Stuppach, Martha Elisabeth, V/M: Johann Jacob, Bürger und Soodförster seel.

29.03.1701	Schuchart, Herr Jacob, aus Mecklar im Rotenburgischen, V/M: Herr Nicolaus, gewesener Pfarrer
	Langius, Anna Martha, V/M: Herr Johann Werner, Ratsverwandter und Kirchensenior seel.
	B.: Nach abgelegter Buße
05.04.1701	Braun, Johann Henrich, aus Sontra, V/M: Laurentius, Bürger und Schneidermeister seel.
	Hille, Dorothea, des Bürger und Weißbindermeister Christoph Witwe
19.04.1701	Grimm, Jacob, V/M: Christoph, Bürger
	Reinhart, Anna Catharina, aus reichensachsen, V/M: Johannes
03.05.1701	Hartmann, Christoph, Bürger
	Eißert, Anna Gela, des Bürger und Bäckermeister Johannes Witwe
09.05.1701	Daniel, Johann Philipp, V/M: George Andreas, Bürger und Schlachtvogt
	Gutjahr, Sabina Christina, V/M: Herr Christian, Bürgermeister
	B.: Nach abgelegter Buße
31.05.1701	Daniel, Johann Christoph, V/M: Herr Johann George, Bürger und Ratsverwandter
	Sander, Anna Sophia, V/M: Herr Wilhelm, Bürger und Apotheker
02.08.1701	Börner, Johann Henrich, Bürger
	Asmann, Anna Christina, aus Röhrda, V/M: balthasar seel.
20.11.1701	Kompenhans, Herr Simon, Zollverwalter allhier
	Plicken ?, Anna Catharina, aus Witzenhausen, V/M: Herr Johannes, Pfarrer und Metropolitan seel.
24.11.1701	Herting, Justus Diederich
	Saur, Agnetha, aus Aue, V/M: Jacob seel.
01.12.1701	Sander, Justus Gabriel, V/M: Herr Wilhelm, Apotheker und Bürger
	Künnemann, Anna Martha, V/M: Herr Otto, seel. gew. Pfarrer zu Vaake und Veckerhagen
14.02.1702	Späht, Meister Johannes, V/M: Johannes, Bürger
	Becker, Anna Dorothea, V/M: Johann Henrich, Bürger und Kleinschmiedemeister

09.03.1702	Hillemann, Johann George, V/M: Gregorius, Zieglermeister und Bürger seel. Macke, Margretha Elisabeth, V/M: Christoph, Bürger seel.
18.04.1702	Gutjahr, Herr Johann Christian, Bürgermeister Cronimus, Anna Margaretha, des Bürger und Bäckermeister Johann Philipp Witwe
19.04.1702	Wiegand, Johannes, Zieglermeister und Bürger Schade, Anna Juliana, aus Reichensachsen, V/M: Jacob seel.
26.05.1702	Sander, Conrad, Schiffer und Bürger Weißenstein, Anna Catharina, V/M: Johann George, Bürger und Schreinermeister seel.
18.07.1702	Gerlach, Johann Philipp, V/M: Nicolaus, Bürger und Schiffer seel. Daniel, Anna Christina, V/M: Meister Hans, Bürger und Schiffer seel.
07.11.1702	Wall, Johann Wilhelm, V/M: Friedrich Wilhelm, Bürger und Maurermeister seel. Nickel, Anna Elisabeth, aus Uttershausen/Amt Homberg, V/M: Johannes, Ackermann
23.11.1702	Funcke, Johann Jacob, Leinewebermeister und Bürger Weimar, Amelia, V/M: Michael, Bürger und Leinewebermeister seel.
28.11.1702	Schocke, Meister Johann Christoph, V/M: Johannes, Bürger und Bäckermeister seel. Sänger, Eva Catharina, V/M: Jacob, Bürger und Schneidermeister seel.
30.01.1703	Melis, George Witzel, Anna, aus Rambach, V/M: Michael, Schulmeister zu Weißenborn seel.
24.04.1703	Stackemann, Johann Hermann, aus Rinteln, V/M: Johannes, Bürger Throm, Maria Juliana, V/M: Johannes, Bürger und Schiffer seel.
20.06.1703	Langius, Henrich Wilhelm, V/M: Wilhelm Bernhard, Bürger seel. Uckermann, Kunigunda Juliana, V/M: George Christoph, Bürger
23.11.1703	Oppermann, Johann Henrich, aus Göttingen, V/M: Jeremias, Bader Müller, Anna Catharina, V/M: Henrich, Bader seel. B.: Nach abgelegter Buße

14.12.1703	Beyerot, Melchior, V/M: George, Bürger und Metzgermeister seel. Stuppach, Kunigunda, V/M: Johann Jacob, Bürger und Förster seel.
28.02.1704	Krug, Johannes, Grenadier unter Obrist Sack, aus Ifta, V/M: Balthasar Daniel, Catharina Elisabeth, V/M: Hans, Schiffer und Bürger seel. B.: Nach abgelegter Buße
10.03.1704	Imgarten, Herr Ludwig Diederich, Sergeant unter Major von Staff, aus Lützensömmern in Thüringen, V/M: Nicolaus seel. Koppen, Regina Catharina, aus Ansbach, V/M: Herr Johann George, Hof und Stadtmusicus
02.05.1704	Langius, Herr Johann Philipp, Kirchencollector, V/M: Herr Johann Werner, Ratsverwandter, Kirchensenior und Kirchencollector seel. Kompenhans, Anna Catharina, des fürstl. Zollverwalter Simon Witwe
20.05.1704	Hillemann, Johann Christian, V/M: Conrad, Bürger und Böttnermeister seel. Weißenstein, Anna Elisabeth, V/M: Johann George, Bürger und Schreinermeister seel.
15.07.1704	Rexroth, Meister Johann Philipp, V/M: Herr Otto Philipp, Ratsverwandter und Kirchenältester Daniel, Anna Christina, V/M: Herr George Andreas, Bürger, Schiffer und Schlachtvogt
06.11.1704	Gauler, Herr Otto Hubald, Licentiat und Advocat beider Rechte, aus Allendorf, V/M: Herr Johann Hubold, Bürgermeister seel. Kannengießer, Anna Maria, aus Mühlhausen, V/M: Herr Anthon Henrich, Kauf und Handelsmann
04.12.1704	Heße, Simon, aus Lengenfeld auf dem Eichsfeld, V/M: Joseph Croll, Martha Elisabeth, V/M: Herr Johann George seel.
03.02.1705	Amelung, Johann Ludwig, aus Allendorf, V/M: Engelhard, Bürger und Wagnermeister Hose, Anna Margaretha, des Bürger und Wagner Johannes Witwe
10.02.1705	Schilling, Johannes, aus Hasselbach, V/M: Michael seel. Herting, Catharina Elisabeth, V/M: Andreas Henrich, Bürger seel.

Wanfried Kernstadt 1650 bis 1830

21.04.1705	Daniel, George Andreas, Schlachtvogt und Bürger
Knauf, Elisabeth, V/M: Paul, Bürger und Schneidermeister seel.
25.06.1705	Scheffer, George, Bürger
Daube, Anna Christina, V/M: Herr Johannes, Acciseschreiber und Bürger seel.
28.07.1705	Gundermann, Conrad, Bäckermeister und Bürger, V/M: Henrich Wilhelm, Bürger und Bäckermeister seel.
Wiskemann, Catharina Elisabeth, aus Eschwege, V/M: Herr Magister Michael, Pfarrer bei der Altstädter Gemeinde
03.08.1705	Siland, Johannes, Schuhmachermeister und Bürger
Kaufmann, Catharina Elisabeth, des Bürger Johannes Witwe, aus Heiligenstadt
23.10.1705	Dorfheiliger, Johann Christian, Bader zu Reichensachsen, aus Wanfried, V/M: Johann Wilhelm, Bürger und Schwarzfärbermeister
Faber, Anna Margaretha, V/M: Herr Ludwig, Cantor und Praeceptor seel.
10.11.1705	Dietzel, Johann Jacob, aus Altenburschla, V/M: Conrad
Roht, Sabina Elisabeth, V/M: Johannes, Bürger
01.12.1705	Scheffer, Johannes, V/M: George, Bürger
Raub, Juliana, V/M: George, Bürger
21.03.1706	Bühl, Herr Johannes, Garde du Corps von seiner hochfürstl. Durchlaucht zu Kassel unter des Herrn Obristleutnant von Haxthausen
Hebel, Maria Elisabeth, V/M: Herr Johann Adam, Fähnrich bei der Landmilitz
26.01.1706	Eichenberg, Johannes, aus Oberrieden, V/M: Johannes
Wagner, Margaretha, V/M: Conrad, Bürger und Hufschmiedemeister seel.
23.02.1706	Casselmann, Johann Christian, Bürger
Heuckeroth, Martha, aus Altenburschla, V/M: Andreas
04.05.1706	Uckermann, Herr Johann Jacob, V/M: Herr Just Christoph, Ratsverwandter und Kirchenältester seel.
Schlepe, Anna Martha, des Kaufmann und Handelsmann Herrn Christoph Witwe

16.06.1706	Horstmeyer, Johann Henrich, V/M: Henrich, Bürger und Töpfermeister seel. Knauf, Anna Catharina, V/M: Paul, Bürger und Schneidermeister seel.
03.08.1706	Gundermann, Johannes, Bürger Herwig, Eva, aus Herleshausen, V/M: Christoph
26.10.1706	Gunram, Meister Johann Jacob, V/M: Caspar, Bürger und Leinewebermeister seel. Daniel, Catharina Elisabeth, V/M: Herr George Andreas, Bürger und Schlachtvogt
26.11.1706	Wicht, Johann Christian, V/M: Johannes, Stadtdiener Lorbeer, Magdalena, V/M: Johann Bernhard, Landknecht
30.11.1706	Daniel, Johann Jacob, V/M: George, Bürger und Schiffer Poppenhausen, Anna Margaretha, V/M: Herr George Michael, Bürger und Gastgeber
18.01.1707	Meurer, Johann George, Metzgermeister und Bürger, aus Salzungen, V/M: Michael, Bürger und Metzgermeister seel. Kohlmann, Anna Christina, V/M: Jacob, Bürger und Schustermeister
28.04.1707	Sander, Wilhelm, Schiffer und Bürger Noll, Margaretha, aus Altenburschla, V/M: Christoph
31.05.1707	Saurmann, Herr Hermann Ludwig, Kauf und Handelsmann und Bürger, aus Münden, V/M: Herr Johannes, Kauf und Handelsmann Gundelach, Elisabeth, V/M: Herr Engelhard. seel. gew. Bergmeister auf dem Eisenberge
09.06.1707	Heuckeroth, Liborius, V/M: Johann Valentin, Bürger Mollenhauer, Anna Catharina, aus Altenburschla, V/M: Barthold
05.07.1707	Schwabe, Johann Balthasar, Nadlermeister, aus Eisenach, V/M: Benjamin, Bürger und Nadlermeister Becker, Margretha Elisabeth, V/M: Johann Henrich, Bürger und Kleinschmiedemeister
29.09.1707	Hennecke, Johann Jacob, Müllermeister und Bürger Thorey, Anna Gertrud, aus Allendorf, V/M: George, Bürger und Weinführer seel.

25.11.1707	Herting, Johannes, Schneidermeister und Bürger Baldewein, Anna Sabina, aus Schwebda, V/M: Johann George, Schneider seel.
22.02.1708	Gebauer, Herr Burckhard, Stadtmusicus allhier, aus Craula im Gothaischen, V/M: Johann Nicolaus, Gerichtsschöpfe und Mitältester Rhomfeld, Maria Elisabeth, des Stadtmusicus Herr Johann Henrich Witwe
10.04.1708	Bubenheim, Johann Conrad, Soldat unter der Compagnie des Major Feetz vom Wartenslebischen Regiment, aus Mosheim/Amt Homberg, V/M: Johann Conrad seel. Hartmann, Anna Martha, V/M: Johann Hermann, Bürger und Wagnermeister seel.
24.07.1708	Diede, Johann Jacob, aus Eschwege, V/M: Herr Balthasar, Burggraf Setzepfand, Judith, V/M: Johann Christoph, Bürger
23.10.1708	Schabacker, Johann Christian, V/M: George Wilhelm, Bürger und Schiffer Dorfheiliger, Anna Elisabeth, V/M: Johann Wilhelm, Bürger und Schwarzfärbermeister
04.12.1708	Sänger (Senger), Johann Wilhelm, V/M: Johannes, Bürger und Schiffer Schocke, Catharina Elisabeth, V/M: Nicolaus, Bürger und Schustermeister
14.02.1709	Degenhard, Johann George, aus Ziegenhagen/Amt Witzenhausen, V/M: Johann George, Müller bei Ziegenhagen Jacob, Anna, V/M: George, Bürger und Müller
18.02.1709	Hopfe, Johannes, aus Altenburschla, V/M: Johannes, Leineweber Wünche, Anna Magdalena, V/M: Herr Henrich Jacob, Bürgermeister
19.02.1709	Langius, Johann Werner, V/M: Laurentius, Bürger und Schneidermeister seel. Rexroth, Anna Gertrud, V/M: Johann Wilhelm, Bürger und Metzgermeister seel.
20.02.1709	Scharff, Johannes, aus Hubenrode/Amt Witzenhausen, V/M: Valentin, Schäfer Weßcke, Christina, V/M: David, Bürger

21.02.1709	Pfister, Johannes, aus Langehain, V/M: Caspar seel. Jhartmann, Anna Elisabeth, V/M: Christoph, Bürger seel.
30.04.1709	Opitius, Herr Johann Leonhard, Chirurgus, aus Kempten, V/M: Herr Constantinus, seel. gew. Kauf und Handelsmann wie auch Assessor des Stadtgerichts in der freien Reichsstadt Kempten Schwantz, Anna Margaretha, V/M: Meister Johann Henrich, keudelischer Meyer und Bürger
07.05.1709	Fischer, Meister Johann Christoph, V/M: Meister Jacob, Bürger und Förster seel. Schocke, Anna Catharina, V/M: Conrad, Bürger und Bäcker seel.
27.06.1709	Schultze, Jacob Wilhelm, aus Freida, V/M: Johannes Schocke, Anna Clara, V/M: Conrad, Bürger und Bäckermeister seel.
03.07.1709	Hennecke, Johann Jacob, Müllermeister und Bürger Groß, Dorothea, aus Reichensachsen, V/M: Herr Jacob, Schulmeister seel.
03.07.1709	Heising, Timotheus, Bäckermeister und Bürger Rexroth, Anna Elisabeth, V/M: Johann Wilhelm, Bürger und Metzgermeister seel.
18.07.1709	Melis, Adam, Schustermeister und Bürger Hartmann, Anna Catharina, des Bürger und Ackermann Johannes Witwe
22.08.1709	Böttner, Wilhelm Moritz, aus Rotenburg, V/M: Johannes, Bürger und Weißgerbermeister Marggraf, Anna Barbara, V/M: Henrich, Bürger und Schmiedemeister seel.
21.01.1710	Rauschenberg, Christian, V/M: Martin, Bürger und Leinewebermeister seel. Senger, Maria, V/M: Jacob, Bürger und Schneidermeister seel.
13.03.1710	Corräus, Meister Johann Christian, V/M: Johann Bernhard, Bürger und Seilermeister Heising, Anna Elisabeth, V/M: Conrad, Bürger und Fenstermachermeister seel.
25.03.1710	Wehnert, Caspar George, Sergeant unter Prinz George Regiment bei der Compagnie des Herrn Capitan de Caton, aus Kassel, V/M: Johann Christoph, Bürger und Schneider Hebel, Anna Elisabeth, V/M: Johann Adam, Fähnrich bei der Landmilitz seel.

02.05.1710	Kompenhans, Antonius, Lohgerbermeister und Bürger
	Benetroth, Martha, des Bürger Johannes Witwe
06.05.1710	Büchner, Johannes, aus Großburschla, V/M: Melchior, Handelsmann
	Geise, Martha Elisabeth, V/M: Herr Johann Werner, Ratsverwandter und Kirchensenior
12.06.1710	Beermann, Herr Henrich Werner, J.U.Licentiatus und hochfürstl. hessen-rheinfelsischer Amtmann allhier, aus Eschwege, V/M: Herr Henrich, seel. gew. Stadtschultheiß
	Gleim, Catharina Elisabeth, V/M: Herr Johannes, hiesiger Pfarrer
19.06.1710	Lautemann, Herr Johann Andreas Peter, Acciser und Zollschreiber, hochfürstl. hessen-casselischer allhier, aus Eiterhagen/Amt Kassel, V/M: Herr Johann Christoph, Pfarrer seel.
	Schnurr, Elisabeth, V/M: Lampert, Bürger und Schmiedemeister seel.
04.11.1710	Rexroth, Johannes, Metzgermeister und Bürger
	Senger, Anna, V/M: Johannes, Bürger und Schiffer
11.11.1710	Senger, Johann Christoph, V/M: Jacob, Bürger und Schneidermeister seel.
	Wünche, Martha Elisabeth, V/M: Herr Henrich Jacob, Bürgermeister
27.11.1710	Heer, Meister Johann Henrich, V/M: Johannes, Bürger seel.
	Schocke, Anna Christina, V/M: Nicolaus, Bürger und Schuster seel.
02.12.1710	Daniel, Meister Johann George, V/M: Christoph, Bürger und Schustermeister seel.
	Herting, Anna Margaretha, V/M: Johann Jacob, Bürger und Schustermeister, itzo Dragoner unter der hessischen Militz
13.01.1711	Lieberknecht, Nicolaus, Schiffer und Bürger
	Senger, Catharina Elisabeth, V/M: Christian, Bürger und Schiffbauermeister seel.
22.01.1711	Casselmann, Johann Martin, aus Allendorf, V/M: Johann George, Bürger und Schiffer
	Jacob, Anna Elisabeth, des Bürger und Müller George Witwe
27.01.1711	Dorfheilige, Johann Christian, Bader und Bürger
	Kleinschmidt, Anna Maria, aus Großburschla, V/M: Martin seel.

10.02.1711	Daniel, Johann Christoph, V/M: Conrad, Bürger und Schiffers eel.
	Schocke, Anna Catharina, V/M: Nicolaus, Bürger und Schustermeister seel.
14.04.1711	Gunram, Johann Christoph, Schulmeister allhier, V/M: Caspar, Bürger und Leineweber seel.
	Motz, Elisabeth, V/M: Johannes, Bürger und Sattlermeister
17.04.1711	Rautenhausen, Valentin, aus Treffurt, V/M: Johannes, Bürger seel.
	Heuckenroth, Elisabeth, V/M: Johann Valentin, Bürger
	B.: Nach abgelegter Buße
07.05.1711	Schnurr, Johannes, V/M: Lampert, Bürger und Schmiedemeister seel.
	Quentel, Sabina Elisabeth, aus Eschwege, V/M: Herr Reinhard, Ratsverwandter und Schmied seel.
12.05.1711	Helle, Quirinus, aus Aue, V/M: Johannes, Schreinermeister
	Luley, Anna Margaretha, V/M: Johann George, Bürger und Raschmachermeister seel.
15.05.1711	Herwig, Johannes, V/M: Friedrich, Bürger seel.
	Mosebach, Christina, aus Aue, V/M: Johannes seel.
09.06.1711	Hillemann, Johann Christoph, V/M: Conrad, Bürger und Böttnermeisters eel.
	Grimm, Martha Elisabeth, V/M: Christoph, Bürger
29.06.1711	Sander, Herr Conrad, Cantor und Praeceptor bei hiesiger Unterschule
	Wünche, Anna Maria, V/M: Herr Henrich Jacob, Bürgermeister
30.06.1711	Daniel, Meister George, V/M: Jacob, Bürger und Schuhmachermeister
	Eckhart, Anna Elisabeth, V/M: Johann George, Bürger und Böttnermeister
07.09.1711	Rauschenberg, Christoph, Leineweber und Bürger
	Markgraf, Christina Elisabeth, des Bürger und Schmiedemeister Henrich Witwe
08.09.1711	Wintzenberg, Johannes, Bürger
	Schill, Anna Margretha, aus Langenhain, V/M: Jacob

17.11.1711	Schröter, Meister Tobias, V/M: Michael, Bürger und Handelsmann seel. Sander, Margaretha Catharina, V/M: Herr Wilhelm, Apotheker und Bürger
17.11.1711	Holtzapfel, Johannes, aus Witzenhausen, V/M: Christoph, Bürger und Schuhmachermeister Rauschenberg, Maria Elisabeth, V/M: Christoph, Bürger und Leineweber
01.12.1711	Grimm, Johann George, V/M: Christoph, Bürger Keyser, Ottilia, aus Frieda, V/M: Herr Johann George, Schulmeister seel.
19.01.1712	Cronnymus, Meister Johann Henrich, V/M: Herr Johann Martin, Kirchenältester und Bäcker seel. Dorfheilige, Maria Elisabeth, V/M: Johann Wilhelm, Bürger und Metzgermeister seel.
02.02.1712	Hopfe, Johann Jacob, aus Altenburschla, V/M: Johannes Raub, Anna Margaretha, V/M: George, Bürger
16.02.1712	Hillemann, Johann Werner, V/M: Christoph, Bürger und Weißbinder seel. Hahn, Anna Margretha, V/M: Johann Just, Bürger und Leineweber
12.04.1712	Daniel, George Andreas, V/M: Conrad, Bürger und Schiffer seel. Schabacker, Dorothea Elisabeth, V/M: Andreas, Bürger und Schiffer
03.05.1712	Siland, Johann Henrich, V/M: Johannes, Bürger und Schuhmacher Bleyer, Dorothea Elisabeth, V/M: Gregorius, Bürger und Schreinermeister seel.
24.05.1712	Luley, Johann Jacob, V/M: Johann George, Bürger und Raschmachermeister seel. Koch, Anna Sophia, V/M: Johannes, Bürger und Braumeister
28.06.1712	Speck, Meister Johannes, aus Kammerbach, V/M: George seel. Daniel, Anna Christina, V/M: Engelhard, Bürger und Schuhmachermeister

06.10.1712	Caspar, Herr George Christian, aus Allendorf, V/M: Johann Wilhelm, Bürger Köhler, Anna Christina, des gewesenen Garde du Corps von seiner hochfürstl. Durchlaucht zu Kassel wie auch Bürger Herr George Leonhard Witwe
08.11.1712	Körber, Meister Johann Ludwig, V/M: Johannes, Bürger und Schuhmachermeister Vollmann, Anna Margaretha, V/M: Zacharias, Bürger und Schneidermeister
22.11.1712	Senger, Meister Johannes, V/M: Jacob, Bürger und Schneidermeister Motz, Anna Dorothea, V/M: Johannes, Bürger und Sattlermeister
02.02.1713	Schwinde, Johann Philipp, V/M: Henrich Wilhelm, Bürger und Soodförster Rimbach, Elisabeth, aus Nnesselröden, V/M: Jacob B.: Nach abgelegter Buße
07.02.1713	Herold, Johannes, aus Hildebrandshausen, V/M: Conrad Knierim, Maria Justina, V/M: Johannes, Bürger
07.03.1713	Simon, Johann Martin, aus Schwebda, V/M: Cornelius, Gerichtsschöpfe Dörfler, Anna Clara, V/M: Herr Johannes, Stadtmusicus allhier wie auch hernach zu Schmalkalden seel.
27.04.1713	Jordan, Laurentius, Schuhmachermeister und Bürger, aus Mühlhausen, V/M: Johann George, Tusch und Raschmachermeister seel. Daniel, Anna Elisabeth, des Bürger und Schuhmachermeisterge Witwe
16.05.1713	Siland, Johann Jacob, V/M: Johannes, Bürger und Schiffer Schabacker, Catharina Elisabeth, V/M: Andreas, Bürger und Schiffer
22.06.1713	Senger, Johann Christoph, Fährmann und Bürger Werneburg, Catharina Elisabeth, V/M: Nicolaus, Bürger und Hutmachermeister
05.12.1713	Heer, Meister Johannes, aus Waldkappel, V/M: Conrad, Bürger und Schuhmachermeister Herting, Martha Elisabeth, V/M: Johann Jacob, Bürger und Schuhmachermeister seel.

Wanfried Kernstadt 1650 bis 1830 95

05.12.1713	Uckermann, Herr Gerhard Wilhelm, V/M: Herr George Christoph, Bürger und Handelsmann seel.
	Kellner, Magdalena Elisabeth, aus Waldkappel, V/M: Herr Johannes, Bürger und Gasthalter
06.12.1713	Köhler, Johann George, V/M: Nicolaus, Bürger und Wagner seel.
	Schwantz, Anna Christina, V/M: Johann Henrich, seel. gew. keudelischer Meyer und Bürger
06.02.1714	Kohlmann, Meister Johann Andreas, V/M: Jacob, Bürger und Schuhmachermeister
	Throm, Anna Margretha, V/M: Johannes, Bürger und Schiffer seel.
15.02.1714	Wescke, Just, V/M: George, Bürger seel.
	Heitze ?, Margaretha, V/M: Johannes, Bürger seel.
20.02.1714	Forell, Herr Johann Henrich, Capitainleutnant -casselischen Diensten, V/M: Herr Johann Henrich, Major in hochfürstl. isenburgischen Diensten
	Reichart, Elisabeth, V/M: Herr Johann Christoph, Capitain bei der hess. Lamdmilitz
10.04.1714	Zindel, Johann Friedrich, V/M: Conrad, Bürger, Tuch und Raschmachermeister seel.
	Senger, Anna Catharina, V/M: Johannes, Bürger und Schiffer
11.04.1714	Fritsch, Johann Henrich, aus Diedorf, V/M: George
	Setzepfand, Dorothea Elisabeth, V/M: Johannes, Bürger und Schiffer
19.04.1714	Corräus, Johann Christian, Seilermeister und Bürger
	Rexroth, Martha Elisabeth, V/M: Johann Wilhelm, Bürger und Metzgermeister seel.
24.04.1714	Müller, Meister Johann Christoph, V/M: Herr Henrich, Bürger und Chirurgus seel.
	Schabacker, Anna Christina, V/M: Hermann, Bürger und Schiffer
05.06.1714	Krehan, Oo Philipp, V/M: Cyriacus, Bürger und Schneidermeister
	Bader, Maria Barbara, aus Gotha, V/M: Johann George, Bürger und Weißbäckermeister seel.
14.06.1714	Jacob, Johannes, V/M: Martin, Bürger und Schiffer
	Borngräber, Dorothea Elisabeth, aus Eschwege, V/M: Johann Valentin, Bürger und Schuhmachermeister seel.

12.07.1714	Hose, Johann Jacob, V/M: Johannes, Bürger seel.
	Ebeling, Dorothea, V/M: Hermann, Bürger
21.06.1714	Müller, Johann George
	Melis, ...?, V/M: Johannes, Bürger
26.07.1714	Witzel, Meister Johannes, aus Heldra, V/M: Andreas seel.
	Schocke, Catharina Juliana, V/M: Johannes Bürger und Müller seel.
20.11.1714	Weßke, David, Bürger
	Mensing, Anna Maria, V/M: Johannes, Bürger seel.
06.12.1714	Werneburg, Johann Conrad, V/M: Herr Nicolaus, Ratsverwandter und Hutmachermeister
	Rexroth, Maria Elisabeth, V/M: Herr Johannes, Ratsverwandter und Metzger
17.01.1715	Jacob, Diederich, aus Aue, V/M: Cyriacus seel.
	Schnurr, Clara Catharina, V/M: Meister Lampert, Bürger und Schmiedemeister seel.
30.01.1715	Roht, Johann Valentin, V/M: Johannes, Bürger
	Knierim, Catharina Elisabeth, V/M: Johannes, Bürger
31.01.1715	Heuckeroth, Johannes, V/M: Ludwig, Bürger seel.
	Sachse, Elisabeth, aus Heldra, V/M: Johannes seel.
12.02.1715	Ruprecht, Meister Johann Paul, aus Treffurt, V/M: Herr Johann Jacob, hochfürstl. hess. Bürgermeister seel.
	Jacob, Anna Margaretha, V/M: Herr Johann Christoph, Bürgermeister
19.02.1715	Nold, Johannes, aus Oberweißenborn im Fuldischen, V/M: Johannes
	Weßke, Anna Elisabeth, V/M: David, Bürger
21.02.1715	Asmann, Urbanus, V/M: Laurentius, Bürger
	Ruprecht, Anna Gertrud, V/M: Johannes, Bürger und ...färbermeister ? seel.
28.02.1715	Thomas, Johannes, aus Allendorf, V/M: Just, Bürger seel.
	Schabacker, Elisabeth, V/M: Just, Bürger
24.04.1715	Asmann, Laurentius, Bürger
	Ehrich, Dorothea, aus Reichensachsen, V/M: Henrich seel.

19.05.1715	Kellner, Herr Justus Henrich, Kaufmann, aus Waldkappel, V/M: Herr Caspar, Bürgermeister und Handelsmann seel. Grandidier, Susanna Maria aria, aus Kassel, V/M: Herr Moses, Kaufmann und Kirchenältester seel.
15.07.1715	Müller, Herr Johann Henrich, Leutnant bei Graf Döhnhoff Regiment Beermann, Catharina Elisabeth, des hochfürstl. Amtmann Herr Henrich Werner Witwe
??.09.1715	Ackermann, Johannes, Braumeister und Bürger Schwantz, Salome, des Bürger und Schneidermeister Johann Henrich Witwe
12.11.1715	Demant, Christoph, Reuter beim Leibregiment hochfürstl. hess. Cavallerie, aus Wolfhagen, V/M: Johann Conrad, Kirchendiener Otto, Anna Barbara, V/M: Johann Jacob, Bürger und Leineweber
28.11.1715	Kellner, Herr Johann Christoph, V/M: Herr Johannes, Chirurgus und Bürger seel. Werneburg, Anna Christina, V/M: Johann Ludwig, Bürger und Schiffer
05.12.1715	Horstmeyer, Simon, V/M: Henrich, Bürger und Töpfermeister seel. Eichenberg, Anna Barbara, aus Bischhausen/Amt Witzenhausen, V/M: Zacharias seel.
14.01.1716	Hallbrück, Johann Gerhard, aus Treysa, V/M: Johann Christian, Bürger Gutjahr, Dorothea Elisabeth, V/M: Herr Johann Christian, Bürgermeister seel.
23.01.1716	Werner, Johannes, V/M: Daniel, Bürger seel. Edeling, Maria Elisabeth, aus Treffurt, V/M: Wendel, Bürger seel.
23.04.1716	Schocke, Meister Johann Christoph, V/M: Christian, Bürger und Bäckermeister seel. Daniel, Anna Margaretha, V/M: Engelhard, Bürger und Schuhmachermeister seel.
08.06.1716	Frohn, Herr Johann Christian, Medicinae practicus, aus Mühlhausen, V/M: Herr Johann Adolph, seel. gew. Doctoris theologiae und Superintendent Gleim, Catharina Louise, V/M: Herr Johannes, hiesiger Pfarrer

11.06.1716	Pfingst, Johannes, Soldat von Graf Döhnhoff Regiment, aus Frankenberg, V/M: Jacob, Bürger seel.
	Weßke, Margaretha, V/M: David, Bürger seel.
16.06.1716	Meyer, Johannes, Soldat von Graf Döhnhoff Regiment, aus Mecholn, V/M: Johannes, Bürger und Maurermeister
	Heitze, Gertrud, V/M: Johannes, Bürger seel.
28.06.1716	Jacob, George, Soldat von Graf Döhnhoff Regiment, V/M: Jacob, Bürger
	Grimm, Catharina Elisabeth, V/M: Christoph, Bürger
24.08.1716	Gerhardt, Philipp, Soldat vom Kettlarischen Regiment, aus Niederelsungen, V/M: Reinhardt
	Schabacker, Magdalena, V/M: Hermann, Bürger und Schiffer
10.11.1716	Senger, Johannes, V/M: Christian, Bürger und Schiffbauermeister seel.
	Motz, Martha Elisabeth, V/M: Johannes, Bürger und Sattlermeister seel
01.12.1716	Poppenhausen, Herr Jacob Wilhelm, V/M: Herr George Michael, Handelsmann
	Jacob, Martha Elisabeth, V/M: Herr Johann Christoph, …?
08.12.1716	Heinicken, Herr Johann Friedrich, Gardereuter unter hochfürstl. Durchlaucht
	Langius, Eleonora, V/M: Herr Johann Werner, Ratsverwandter und Kirchencollector seel.
06.04.1717	Schabacker, Hermann
	Wescke, Anna Maria, des Bürger David Witwe
20.04.1717	Imcke, Johann Christian, Feldscheerer unter der hess. Militz Baron Kettlers Regiment
	Poppenhausen, Anna Sophia, V/M: George Michael
25.05.1717	Schabacker, Johann Just, V/M: Andreas
	Borngräber, Anna Elisabeth, V/M: Timotheus
12.06.1717	Eubach, Andreas, Soldat
	Caster ?, Susanna Regina, des Büchsenspanners Witwe
06.07.1717	Stuppach, Jacob, V/M: Herr Jacob seel.
	Hahn, Elisabeth, V/M: Herr Jost
22.07.1717	Rausch ?, Friedrich, aus Werben ?, V/M: Herr Joachim, …?
	Kohlmann, Anna Margretha

22.07.1717	Heiße, Jost Friedrich, V/M: Valentin, Müller Schmerbach, Anna Dorothea, aus Freida, V/M: Nicolaus B.: Zu Frieda cop.
21.09.1717	Uckermann, Johann Hermann, V/M: Herr George Christoph seel. Werneburg, Maria Elisabeth, Conrad Witwe
21.09.1717	Eckhard, Johann Christoph, V/M: Meister Johann George Corräus, Martha Catharina, V/M: Meister Johann Bernhard seel.
24.10.1717	Setzepfand, Andreas, V/M: Caspar seel. Gutberle, Elisabeth, aus Gudensberg, V/M: Johannes, Bürger B.: 1te Procl., die Hochzeit zu Gudensberg
09.12.1717	Daniel, Christian, V/M: George seel. Wünche, Dorothea Elisabeth, V/M: Herr Henrich
03.02.1718	Schocke, Christian, Bäckermeister und Bürger Jacob, Martha Elisabeth, aus Solz, V/M: Herr Johannes, seel. gew. Schuldiener
10.03.1718	Walter, Herr Nicolaus Wilhelm, Reservatenrat, hochfürstl. hess. Keudel, von, geb. von Cornberg, Anna Dorothea
1718	Rauschenberg, Johann Christoph, V/M: Christoph, Bürger und Leinewebermeister Kümmel, Catharina Elisabeth, aus Spangenberg, V/M: Herr Johannes, seel. gew. Stadtmusicus B.: Procl. 01., 08.,15.05., cop. zu Spangenberg
21.07.1718	Eichenberg, Johannes, Schmiedemeister und Bürger Borngräber, Anna Margaretha, V/M: Timotheus
16.17.18. post Trin.1718	Uckermann, Justus Christoph, V/M: Herr George Christoph sele. Seelig, Anna Martha, aus Hersfeld, V/M: Johannes, Schneidermeister B.: Cop. zu Hersfeld
24.11.1718	Herting, Johann George, V/M: Meister Peter Ernst …?, Anna Barbara, V/M: Jacob
03.01.1719	Schwantz, Otto Philipp, V/M: Henrich, Schuhmacher seel. Zindel, Anna Catharina, Meister Johann Friedrich Witwe
15.01.1719	Schröter, Johann George, Maurer, aus Großen…? im Brandenburgischen, V/M: Reinhard, Braumeister Klinge, Anna Maria, V/M: Hans George B.: Procl., die Cop. ist an einem andern Ort geschehen

31.01.1719	Langius, Herr Johann Lorentz, V/M: Herr Johann Werner, Ratsverwandter seel.
	Walter, Rahel, V/M: Herr Johann Friedrich, Ratsverwandter seel.
23.02.1719	Benderoth, Johann Martin, V/M: Johannes, Bürger und Schiffer seel.
	Rötger, Anna Maria, V/M: Henrich, Werrmüller
04.05.1719	Schabacker, Johann Adam, V/M: George Wilhelm, Bürger und …?
	Schabacker, Anna Elisabeth, Johann Jost Witwe
01.06.1719	Werneburg, Johann Christian, V/M: Herr Nicolaus, Ratsverwandter und Kirchensenior
	Uckermann, Catharina Elisabeth, V/M: Herr Jacob Wilhelm, Ratsverwandter
06.06.1719	Marggraf, Johann Henrich, V/M: Conrad, Bürger und Schmied seel.
	Mensing, Anna Gertrud, V/M: Nicolaus, Bürger und Schiffer ?
1719	Becker, Herr Johann Nicolaus, Orgelmacher, V/M: Herr Otto Philipp, Stadtschreiber seel.
	Wender, Dorothea Elisabeth, aus Mühlhausen, V/M: Herr Johann Friedrich, Bürger und Orgelmacher
	B.: Procl., sind zu Mühlhausen cop.
22.06.1719	Grieß, Johann Christian, Schiffer, aus Allendorf, V/M: George, Bürger und schiffer
	Clemens, Elisabeth, V/M: Wilhelm, Bürger
2., 3., 4. Sonntag post Trin.1719	Siebert, Johann Caspar, aus Stadthosbach, V/M: Conrad
	Hillemann, Anna Christina, V/M: Conrad, Bürger
	B.: Procl., zu Mühlhausen cop.
24.07.1719	Weske, Johann Michael, V/M: Friederich
	Schabacker, Anna Maria, V/M: Andreas, Schiffer
25.07.1719	Hildebrand, Herr Johann Hermann, aus Rotenburg, V/M: Herr Johannes, Ratsverwandter
	Reicherd ?, Anna Catharina, V/M: Herr Johann Christoph, Capitain unter der Landmilitz
21.11.1719	Benderoth, Liborius, Färber, V/M: Johannes seel.
	Nickel, Barbara Elisabeth, aus Allendorf, V/M: Constantin, Bürger und Schiffer

14.12.1719	Motz, Johann Christoph, V/M: Johannes seel. Wiegand, Anna Maria, V/M: Herr Johann George, fürstl. hess. Pächter
24.01.1720	Sander, Johann Christian, Bäckermeister, V/M: Herr Conrad, Cantor Daniel, Juliana, V/M: Herr George Andreas, Schlachtvogt seel.
30.01.1720	Motz, Johann Martin, aus Großburschla, V/M: Nicolaus Rexrodt, Agnetha, V/M: Henrich, Bürger
15.02.1720	Schultze, Philipp, aus Frieda, V/M: Johannes Wagner, Anna Elisabeth, V/M: Peter seel.
??.04.1720	Ditzel, Martin, aus Altenburschla, V/M: Herr Jacob Schabacker, Juliana, V/M: Christoph
??.04.1720	Daniel, Christoph, Schuster, V/M: Jacob seel. Bach, Anna Barbara, aus Herda ?, V/M: Johannes
05.04.1720	Stachmann, Herr Johann Hermann, Soodförster, hess. cass. allhier Wünche, Anna Elisabeth, V/M: her Christoph Henrich
11.04.1720	Ort, Johannes, Tuchmacher, aus Wolfhagen, V/M: Jacob seel. Daniel, Catharina Margaretha, V/M: Conrad seel.
02.04.1720	Moor, Christoph, aus Schnellmannshausen, V/M: Martin seel. Schabacker, Dorothea Elisabeth, V/M: Hermann, Schiffer
16.04.1720	Giese, Herr Johann Henrich, Stadtkämmerer, V/M: Johann Werner, Kirchensenior und Ratsverwandter Wagner, Anna Elisabeth, V/M: Herr Jacob, Kirchensenior und Ratsverwandter
18.07.1720	Schödde, Christoph Philipp, Pfarrer zu Remsfeld/Amt Homberg, aus Allendorf, V/M: Herr Johann Martin, Ratsverwandter und Kaufmann Langius, Anna Sophia, aus Warburg in Westfalen, V/M: Herr Johann Christoph, seel. gew. hochherrl....? Amts und Gerichtsverwalter
19.07.1720	Röddiger, Johannes, Bürger und Witwer Riese, Anna Elisabeth, Christoph Witwe, aus Altenburschla
??.11.1720	Hallung, Ernst Henrich, Schneider, V/M: Herr Caspar, adel. buttlarischer Verwalter seel. Köthe (Keth), Anna Martha, aus Rotenburg, V/M: Conrad, Schuster

26.11.1720	Fischer, George Friedrich, Metzgermeister, aus Mülverstedt, V/M: Herr Friedrich, seel. gew. adel. hopfgartischer Richter Jacob, Anna Margaretha, V/M: George seel.
10.01.1721	Wünche, Herr Johann Jacob, Schlachtvogt, V/M: Herr Henrich Jacob, Ratsverwandter Luley, Anna Sophia, V/M: Johann George, Bürger und Rachmachermeister
15.01.1721	Moor, George, Knopfmacher und Bürger, V/M: Jacob, Böttner seel. Jacob, Juliana, V/M: Martin, Schiffer
14.02.1721	Heise, Vitus, V/M: Valentin, Kratzmüller Poppenhausen, Maria, V/M: Herr George Michael
12.06.1721	Fischer, Johann Conrad, Schuster und Bürger, V/M: Jacob seel. Haße, Catharina Elisabeth, V/M: Johann Christoph, Schuster
17.06.1721	Deiß, Johannes, Pfeiffer unter ihro Durchlaucht von Philippsthal Regiment ...?, Dorothea B.: Nach abgelegter Buße
17.08.1721	Heuckeroth, Johannes, Bürger und Witwer Ritz, Kunigunda, aus Weißenborn, V/M: Johannes
23.10.1721	Herwig, Caspar, Bürger und Witwer Schröter, Anna Catharina, aus Katharinenberg, V/M: Johann Christoph seel.
06.11.1721	Schende, Johann Christoph, Bürger und ...meister ? Köhler, Anna Barbara, aus Treffurt, V/M: George seel.
02.12.1721	Vollmann, Wilhelm, Schneidermeister, V/M: Zacharias Becker, Catharina Elisabeth, V/M: Timotheus
05.02.1722	Heise, Valentin, Kratzmüller König, Elisabeth, aus Heldra, V/M: Hans George seel.
07.04.1722	Herting, Johann Christoph, Schuster, V/M: Andreas Henrich seel. Heer, Anna Christina, Henrich Witwe
23.04.1722	Schabacker, Hermann, Witwer Rauschenberg, Maria, Christian Witwe
28.05.1722	Herber, Johann Michael, aus Wölfis im Gothaischen, V/M: Valentin seel. Holtzapfel, Anna Elisabeth, Johann Henrich Witwe

Wanfried Kernstadt 1650 bis 1830   103

02.06.1722	Börner, Johann Henrich, Schuster, V/M: Henrich Sänger, Anna Christina, V/M: Christian seel.
28.06.1722	Lorentz, Nicolaus Wilhelm, V/M: Johannes Börner, Anna Elisabeth, V/M: Henrich
02.07.1722	Haußer, Gottfried, Gefreiter unter ihro Durchlaucht von Hessen-Philippsthal Regiment, aus Marburg Beierod, Anna Maria, V/M: Johannes, Metzger und Bürger B.: Nach abgelegter Buße
13.08.1722	Beyerod, Philipp, Metzger, V/M: Johannes Marggraf, Martha Elisabeth, V/M: Conrad seel.
27.10.1722	Kohlmann, Timotheus, V/M: Jacob, Schuster Motz, Catharina Elisabeth, V/M: Johannes, Sattler seel.
17.11.1722	Wagner, Johann Jacob, Bäckermeister, V/M: Jacob, Ratsverwandter und Kirchensenior Rexrod, Sabina Christina, V/M: Herr Johannes, Ratsverwandter
14.01.1723	Pauli, Herr Hermann George, Sergeant unter ihro Durchlaucht von Philippsthal regiment, aus Rotenberg in Westfalen, V/M: Herr Johann Henrich, Bürger und Büchsenmacher ? Sander, Martha Elisabeth, V/M: Herr Jacob, Stadtschreiber seel.
19.01.1723	Seiler ??, Johann Henrich, V/M: Timotheus, Bürger und Drechslermeister Romhild, Sybilla Elisabeth, V/M: Herr Johann Henrich, Stadtmusicus seel.
31.01.1723	Rodemann, Herr Nicolaus Henrich, Leutnant unter von Philippsthalischen Regiment, V/M: Herr Johann Wilhelm, seel. gew. ….? Amtmann im Stift Paderborn Uckermann, Susanna Catharina, V/M: Herr Jacob Wilhelm, ratsverwandter
02.02.1723	Ludeman, Herr Johannes, Capitain unter Philippsthalischen Regiment, aus Kassel, V/M: Herr Augustus, seel. gew. Kaufmann, erst in Hamburg, dann in Kassel Uckermann, Margaretha Elisabeth, V/M: Herr Johann Jacob, Kaufmann
03.05.1723	…?, Johannes, Witwer und …meister ? Magold, Elisabeth, V/M: Johannes seel.

16.06.1723	Brill, Herr Johann George, Rector in Sontra, aus Eschwege, V/M: Herr Johann George, Kaufmann K...?, Maria Elisabeth, aus Altenburschla, V/M: Herr Johann Philipp, Pfarrer seel.
17.06.1723	Wiederhold, Herr Arnold Henrich, Kaufmann dahier, aus Münden, V/M: Herr Christoph Henrich, Kaufmann und Ratsverwandter Walter, Anna Marie, V/M: Herr Johann Freidrich, Gastgeber und Ratsverwandter seel.
17.06.1723	Wiegand, Jacob, Bürger dahier, aus Asbach bei Allendorf, V/M: Liborius seel. Borngräber, Anna Christina, V/M: Martin, Bürger seel.
15.07.1723	Dietrich, Bernhard Walrabe, Sattler dahier, aus Schwebda, V/M: Johannes seel. Throm, Anna Margaretha, V/M: Johannes, Bürger seel.
05.08.1723	Rexrod, Henrich Wilhelm, Metzgermeister und Bürger, V/M: Meister Hans Wilhelm seel. Geise, Dorothea Elisabeth, V/M: Jost
19.08.1723	Andreas, George, Soldat unter dem Philippsthalischen Regiment, aus Ziegenhain, V/M: Werner Zindel, Bernhardina Francisca, V/M: Bürger seel.
05.10.1723	Hase, Johann Wilhelm, Schustermeister, V/M: Johann Christoph, Schustermeister Schabacker, Judith, V/M: Andreas, Schiffer
21.10.1723	Meisterlin, Johann Carl, Diaconus in Lichtenau, V/M: Carl, Reservatencommisarius seel. Croll, Maria Anna, aus Marburg, V/M: Herr Johann Laurentz, seel. gew. Doctoris und Orofessor Theologiae in Marburg
21.10.1723	Trümper, Johann Henrich, Schiffmann, aus Eschwege Hie...?, Elisabeth, V/M: Johann Martin, Bäckermeister und Kirchenältester seel.
??.04.1724	Schlepe ?, Augustus Bartholomäus, V/M: Herr Balrius ?, Anna Elisabeth, aus Frankenberg, V/M: Caspar, Bürger B.: In Frankenberg cop.

07.07.1724	Landgrebe, Johann Andreas, aus Widdershausen, V/M: Johannes seel. Setzepfand, Dorothea Elisabeth B.: Welche von ihrem desertirten Ehemann absolvirt und losgesprochen worden
11.07.1724	Fernau ?, Henrich Philipp, Witwer und Bürger, aus Treffurt Bange, Catharina Elisabeth, V/M: Johann George, Bürger und Schreinermeister
31.07.1724	Thon, Herr Johann George, Schuldiener und Witwer, aus Frankershausen Poppenhausen, Margaretha Elisabeth, V/M: Herr George Michael
28.11.1724	Koch, Johann Friederich, Strumpfwirker allhier, V/M: Johannes, ...meister ? seel. Schla...?, Barbara Elisabeth, V/M: Herr Christoph, Kaufmann seel.
27.12.1724	Streckert, Elias, aus Germerode, V/M: Johann Henrich, Wirt seel. Heising, Martha Elisabeth, V/M: Timotheus, Bürger und Bäckermeister
1724	Kraft, Tile, Soldat unter Prinz Maximilian Regiment, aus Lu...? in Westfalen, V/M: Augustin Hohmann, Dorothea Maria, aus Tiefenort, V/M: Christian, Schäfer B.: Zu Tiefenort cop.
1724	Schwabe, Balthasar, Nadlermeister, Bürger und Witwer Hahn, Anna Barbara, aus Pferdsdorf, V/M: Johann Adam seel.
18.01.1725	Schabacker, Johann Christian, V/M: Andreas, Bürger und Schiffmann Röddiger, Anna Elisabeth, V/M: Henrich, Werrmüller
30.01.1725	Sänger, Johann Henrich, V/M: Johann Christian, Schiffbauermeister seel. Cronimus, Anna Marie, V/M: Hans Martin, Bäckermeister seel.
08.02.1725	Weske, Johann Dieterich, V/M: George Kompenhans, Anna Maria, V/M: Antonius, Lohgerber
02.04.1725	Gabel, Conrad, Soldat unter Prinz Maximilian Regiment, aus Hersfeld, V/M: Christoph, Bürger Jacob, Maria Juliana, V/M: Jacob, Bürger

11.05.1725	Matthias, Friedrich, Soldat unter Prinz Maximilian Regiment und Witwer
	Wintzenberg, Justina, V/M: Johannes, Bürger seel.
18.06.1725	Sander, Johann Jacob, V/M: Wilhelm, Schiffer
	Lieberknecht, Margaretha Elisabeth, aus Eschwege, V/M: Johannes, Schiffer seel.
	B.: Zu Eschwege cop.
31.07.1725	Kühlthau, Johann George, Soldat unter Prinz Maximilian Regiment, aus Hersfeld, V/M: Philipp, Bürger
	Arnold, Anna Christina, V/M: Jacob, Schneidermeister
29.09.1725	Werneburg, Meister...?, aus Falken, V/M: Adam
	Schocke, Catharina Elisabeth, V/M: Meister Michael
10.01.1726	Große, Henrich, Soldat unter Prinz Maximilian Regiment, V/M: Johann Balthasar, gew. Koch bei ihro Durchlaucht zu Idstein
	Heiße ?, Catharina Elisabeth, V/M: Hans Wilhelm, Schustermeister
21.02.1726	Börner, Johann Henrich, Witwer
	Corräus, Elisabeth, V/M: Johann Bernd seel.
28.02.1726	Schlägel, Johann Jacob, Corporal unter Prinz Maximilian Regiment des Herrn Capitain Beck ? Compagnie
	Beyerod, Martha Elisabeth, V/M: Meister Timotheus
	B.: Nach abgelegter Buße
07.03.1726	Schlepe, Herr Johannes, Kaufmann, V/M: Herr Christoph, Handelsmann seel.
	Langius, Johanna Elisabeth, V/M: Herr Johann Philipp, Bürgermeister
12.03.1726	Schröter, Johannes, Schiffer, V/M: Christoph seel.
	Storch, Anna Martha, aus Sontra, V/M: Johannes, Bäcker
16.05.1726	Schocke, Meister Michael, Witwer
	Dietzel, Juliana, Meister Henrich Witwe
24.06.1726	Ficher, Conrad, Bäckermeister, V/M: Jacob, gew. herrschaftl. Förster
	Horstmeyer, Anna Christina, V/M: Herr Henrich
25.06.1726	Zindel, Johann Christian, V/M: Conrad
	Heincke ??, Elisabeth, V/M: Balthasar

Wanfried Kernstadt 1650 bis 1830

??.07.1726	Ewalt, Herr George Friederich, Verwalter, boyneburgischer zu Jestädt, aus Creuzburg, V/M: Johann Friedrich, Bürger Winkelmann, Anna Christina, V/M: Herr Friedrich seel. B.: Zu Jestädt cop.
18.09.1726	Müller, Johannes, Soldat unter Prinz Maximilian Regiment des Herrn Capitain Br...? Compagnie, aus Diemerode, V/M: Johannes Hemling, Catharina, V/M: Henrich B.: Nach abgelegter Buße
29.09./06. und 13.10.1726	Knierim, Johann George, Bürger, aus Kassel Herting, Margaretha Elisabeth, V/M: Johannes, Schneider B.: Procl., zu Kassel cop.
12.11.1726	Schocke, Johann Christian, V/M: Meister Michael Vollmann, Martha Elisabeth, V/M: Meister Zacharias
06.12.1726	Hüttenmüller, Johann George, Organist bei den Herrn von Bodungen zu Martinfeld, aus Treffurt, V/M: George, gew. Bürger Moor, Anna Elisabeth, V/M: Jacob seel.
05.12.1726	Wescke, Peter, Schustermeister Clemens, Margaretha Elisabeth, V/M: Johann Wilhelm
09.01.1727	Beyerodt, Benjamin, V/M: Bernd Hille, Anna Martha, V/M: Michel
23.01.1727	Helwig, George Leonhard, Schuhknecht und Bürger, V/M: Christoph, gew. Soldat unter der hessischen Militz Jacob, Martha Elisabeth, V/M: Martin, Bürger
06.02.1727	Stück, Andreas, Bäckermeister Cronimus, Anna Margaretha, V/M: Meister Hans Martin
29.04.1727	Bachmann, Conrad, Soldat unter Prinz Maximilian Regiment unter der Leibcompagnie des Herrn Capitain Voss, aus Harle/Amt Felsberg, V/M: Daniel seel. Hennig, Dorothea Elisabeth, V/M: Jacob
01.05.1727	Schultze, Philipp, Witwer Sust, Elisabeth, aus Völkershausen, V/M: Johannes seel.
06.05.1727	Hofmann, Nicolaus, Soldat unter Prinz Maximilian Regiment unter der Leibcopagnie, aus Sontra Lotze, Anna Catharina, aus Sorga bei Hersfeld, V/M: Johannes seel.

06.05.1727	Umbach, Andreas, Soldat unterm Leibregiment, aus Deute/Amt Felsberg, V/M: Johannes Wintzenberg, Anna Catharina, V/M: Johannes seel.
07.05.1727	Schlutz ?, Martin, Corporal von der Leibcompagnie Prinz Maximilian Regiment Bäsing, des Gefreiten Simon Witwe
13.05.1727	Becker, Johann Christoph, Soldat unter Prinz Maximilian Regiment, aus Treffurt, V/M: Herr Johannes, Capitain ...? seel. Bode, Anna Maria, aus Wiesenfeld, V/M: Johannes seel.
10.06.1727	Zincke, Johannes, V/M: Balthasar Koch, Elisabeth, V/M: Friedrich
17.06.1727	Wagner, George, Tambour unter Prinz Maximilian Regiment des Herr Capitain Br...? Compagnie Hillemann, Maria Elisabeth, V/M: Christoph seel.
10.07.1727	Frantz, Johann Martin, Kaufmann in Eschwege, aus Wanfried, V/M: Johann Caspar ? Richard, Anna Gertrud, Hermann ? Witwe, aus Eschwege
23.07.1727	Eckhard, Johann Christoph, Witwer Schneider ?, Maria Elisabeth, V/M: Christoph
07.08.1727	Wagner, Christian, Soldat unter Prinz Maximilian Regiment, aus Prag in Böhmen Sandrock (Sandtrog), Margaretha Elisabeth, V/M: Christian, Bürger seel.
12.08.1727	Weber, Herr Henrich Albrecht, Amtmann, hessen-rheinfelsischer allhier ...?, Catharina Elisabeth, aus Sontra, V/M: Herr George, hessen-rheinfelsischer Rat und Amtmann
30.09.1727	Fischer, Sinn ??, Gefreiter unter Prinz Maximilian Regiment Asmann, Anna Margaretha, V/M: Lorentz seel.
21.10.1727	Fritz, Herr Johann Henrich, Kaufmann und Witwer, aus Schwarzenau Kaufmann, Anna Elisabeth, Herr Johann hermann Witwe
02.12.1727	Schocke, Johann George, V/M: Herr Jost Christoph, Kirchensenior Jacob, Anna Elisabeth, V/M: Herr Johann Christoph, Bürgermeister

15.01.1728	Dilling, Herr Philipp Henrich, Leutnant unter Prinz Maximilian Regiment Ludemann, Margaretha Elisabeth, Herr Capitain Johannes Witwe
15.01.1728	Schocke, Meister Conrad, Witwer Corräus, Margretha Magdalena, V/M: Meister Bernd seel.
03.02.1728	Schaffrot, Herr Johann Daniel, Unteroffizier unter Prinz Maximilian Regiment Schlepe, Anna Magdalena, V/M: Herr ...? Ludwig ?
12.02.1728	Zimmermann, Nicolaus, Soldat unter Prinz Maximilian Regiment Schabacker, Anna Elisabeth, V/M: Christoph
31.03.1728	Herting, Johann Christoph, V/M: Dieterich Beyerodt, Martha Elisabeth, V/M: Bernd
06.04.1728	Koch, Herr Johann Friedrich, Bürger und Witwer Sippel, Anna Sophia, V/M: Herr Hector
06.04.1728	Albrecht, Johann Melchior, aus Hoheneiche, V/M: Conrad, gew. Müller ...?, Elisabeth, V/M: Valentin, Bürger und Müller
15.04.1728	Hofmann, Conrad, Soldat unter Prinz Maximilian Regiment Hartmann, Martha Elisabeth, V/M: Conrad
21.04.1728	Winkler, Hans George, Soldat unter Prinz Maximilian Regiment, aus Schweins ? in Schlesien Daniel, Anna Maria, V/M: Conrad B.: Nach abgelegter Buße
22.04.1728	Jäger, Herr Johann Friedrich, Sergeant unter Prinz Maximilian Regiment Schuchard, Jacobina Maria, aus Schwarzenborn, V/M: Herr Jacob, Bürgermeister
11.07.1728	Hillemann, Nicolaus, V/M: Christoph Träncketrog, Anna Barbara, aus Witzenhausen, V/M: Johann Wilhelm, gew. ...?
02.08.1728	Rupert, Johann Henrich, aus Bergheim im Waldeckischen, V/M: Johannes seel. Kaiser ?, Martha Elisabeth, V/M: ...? Wilhelm seel. B.: Der sich aber ...? Rupau genennet hat

in der Woche nach dem 13.Sonntag Trinitatis1728	Wagner, Herr Johannes, Theologiae Candidatus, V/M: Conrad, Schmied seel. Reichard oder Reifhard ?, Ottilie, aus Frauenborn ?, V/M: George, Gerichtsschöpfe
??.09.1728	Marggraf, Johann Christian, V/M: Conrad seel. Rehbein, Anna Martha, aus Kassel, V/M: Johann Henrich, Tuchwirker ?
29.11.1728	Rexrod, Meister Timotheus, V/M: Herr Johannes Jacob, Anna Catharina, V/M: Herr Johann Christoph
06.01.1729	Schäfer, Johann Jacob Wigand, Martha, V/M: Johannes seel.
18.01.1729	Helwig, George Leonhard, Witwer Schocke, Anna Elisabeth, V/M: Hans George, Bürger und Schuster seel.
20.02.1729	Heinemann, Hermann Friedrich, Soldat untzer Prinz Maximilian Regiment, aus Eschwege Marggraf, Eva Elisabeth, V/M: Conrad seel. B.: Nach abgelegter Buße
??.05.1729	Degenhard, Johann Henrich, ...? Faber, Elisabeth, aus Rambach, V/M: Balthasar
09.06.1729	Grimm, Hans George, Witwer Krug, Anna Elisabeth, aus Altenburschla, V/M: Hans George
??.06.1729	Kaiser, Johann Christoph, V/M: Hans Wilhelm seel. Hartmann, Anna Gertrud, aus Kassel, V/M: Johannes
23.06.1729	Arnold, Johann Henrich, Schneider, V/M: Meister Jacob Casselmann, Maria Elisabeth, V/M: Johann Christian
31.07.1729	Melis, Christian, V/M: Henrich Müller, Anna Elisabeth, aus Wilbich, V/M: Reinhard seel. B.: Zu Wilbich cop.
30.08.1729	Harting, Johann Nicolaus, Schreinergeselle, aus Gotha, V/M: Emmerich, Schuster ...?, Anna Elisabeth, V/M: Johannes, Schiffer seel.
01.11.1729	Daniel, Johann Christoph, V/M: Philipp Bachmann, Dorothea Elisabeth, aus Frieda, V/M: Johannes
03.11.1729	Kom ?, Herr Jacob, Witwer Herting, Agnesa, Dieterich Witwe

15.11.1729	Leiser ?, Friedrich, V/M: Nicolaus
	Köhler, Anna Catharina, V/M: Nicolaus seel.
Anfang Dezember1729	Uckermann, George Wilhelm, V/M: George Christoph seel.
	Würtzler, Anna Catharina, aus Waldkappel, V/M: Herr Andreas, Bürger
29.12.1729	Krug, Johann Christoph, V/M: Johannes
	...?, Margaretha Elisabeth, V/M: Johann Christian seel.
24.01.1730	Wäscherfeld, Johann Friedrich, Gefreiter unter curhannöverischen Truppen ...? Regiment
	Herting, Maria Gertrud, V/M: Meister Johannes
14.02.1730	Casselmann, Nicolaus, V/M: Johann Christian seel.
	Daniel, Clara Susanna, V/M: Christoph
17.07.1730	Degenhard, Johann Peter, V/M: Johann George, Müller
	Bücker, Martha Elisabeth, aus Oberrieden, V/M: Johannes
25.07.1730	Eckhardt, Johann Henrich, Tambour unter Prinz Maximilian Regiment Herr Obrist von Seifferd Compagnie
	Oppermann, Catharina Elisabeth, V/M: Johann Henrich
11.10.1730	Eysert, Johann Jacob, V/M: Johannes
	Kaufmann, Martha Elisabeth, Andreas Witwe, aus Grandenborn
26.10.1730	Rühl, Herr Ernst Friedrich, Feldscheerer unter Prinz Maximilian Regiment Herr Capitain von Langer Compagnie
	...?, ...?, V/M: Burckhart, hiesiger Stadtmusicus
26.10.1730	Jacob, Martin, V/M: Christoph
	Paul, Anna Catharina, V/M: Herr Conrad seel.
22.01.1731	Moor, George, Knopfmachermeister und Witwer
	Sänger, Martha Elisabeth, des Schiffbauer Johannes Witwe
03.02.1731	Beyerod, Herr Johann Wilhelm, V/M: Johannes, Metzgermeister und Bürger
	Koch, Anna Catharina, aus Dörna ?, V/M: Nicolaus
13.02.1731	Bange, Johann Henrich, V/M: Hans George
	Junge, Eva Elisabeth, aus Altenburschla, V/M: Johannes
15.02.1731	Stange, George, Soldat unter Prinz Maximilian Regiment Herr Obrist von Kifferditz Compagnie
	Adler, Catharina Elisabeth, aus Schönhagen im Eichsfeld

die ersten Tage in der Osterwoche, ca . 27./28.03.1731	Kaufhold, Moritz, Leineweber, aus Kleinalmerode, V/M: Johannes Altbrand, Maria Elisabeth, V/M: Conrad
17.04.1731	Heuckeroth, Johann Valentin, Soldat unter Prinz Maximilian Regiment Herr Obrist von Seifferditz Compagnie Oppermann, Anna Christina, V/M: Liborius, Bürger
19.04.1731	Pfort, Conrad, Soldat unter Prinz Maximilian Regiment Herr Obrist von Seifferditz Compagnie ...?, ...?, V/M: Anton, Capitain de Armes unter Prinz Maximilian Regiment Herr Obrist von Seifferditz Compagnie
07.07.1731	Meuser, Eckhard, Gefreiter unter Prinz Maximilian Regiment Capitain von Stein Compagnie Spelenberg, Anna Maria, aus ...? im Sachsen-Meiningischen, V/M: George seel.
06.09.1731	Feuring ?, Hermann Gottfried, Soldat unter Prinz Maximilian Regiment zu Fuß Fischer, Anna Margaretha, V/M: Jacob seel.
06.11.1731	Klopman, Johannes, Soldat, dimittierter von Prinz Maximilian Regiment, aus Niederelsungen/Amt Zierenberg Jacob, Dorothea Elisabeth, V/M: Jacob B.: Nach abgelegter Buße
06.11.1731	Eisert, Meister Nicolaus Wilhelm, V/M: Herr Johannes ...?, Maria Elisabeth, V/M: Jacob
08.11.1731	Götze, Johann Conrad, Soldat, dimittierter, aus Unterrieden Körber, Johanna Sabina, V/M: Johannes B.: Nach abgelegter Buße
20.111731	Oppermann, Johann Jacob, V/M: Liborius Fischer, Catharina Elisabeth, V/M: Meister Johann Christoph
in der Woche nach dem 26. Sonntag post Trin.1731	Neusüß, Johann Jacob, V/M: Nicolaus, Bürger Weisenbach, Anna Christina, Johann Henrich Witwe, aus Este ?
27.11.1731	Schilling, Timotheus, V/M: Johannes seel. Steinmetz, Anna Elisabeth, aus Frieda, V/M: Siebald ?
27.11.1731	Eckmann, Nicolaus, Soldat, dimittierter, aus Oberrieden, V/M: Johann Henrich Wi...?, Anna Christina, V/M: Christian

06.12.1731	Hupfeld, Christian, Soldat, dimittierter vom verschuerischen Regiment, aus Laudenbach, V/M: Johannes
	Schocke, Catharina Elisabeth, V/M: Meister Christian seel.
27.12.1731	Münch, Johann Jacob, Soldat von Prinz Maximilian Regiment, aus Gellershausen im Waldeckischen, V/M: Daniel, gew. Grebe
	, Margretha Susanna, aus Darmstadt, V/M: Johann Simon, gewesener Stadtsoldat ?
29.01.1732	Backer, Valentin, aus Rommers im Fuldischen, V/M: Caspar seel.
	Asmann, Juliana, V/M: Lorentz, gew. Schweinehirte dahier
in der Woche nach dem 27.01.1732	Bange, Johann Nicolaus, aus Sooden bei Allendorf, V/M: George Christian, Fenstermacher seel.
	Dietzel, Anna Christina, V/M: Johannes, Bürger seel.
31.01.1732	Luley, Johannes, V/M: Hans George, Bürger und Raschmacher seel.
	Zincke, Martha Elisabeth, V/M: Balthasar seel.
05.02.1732	Sander, Nicolaus, V/M: Herr Nicolaus, gew. Kirchensenior
	Jacob, Anna Margaretha, V/M: Ludwig, Bürger und Metzgermeister
21.02.1732	Zimmermann, Nicolaus, Witwer
	Lorentz, Dorothea Elisabeth, V/M: Johannes
13.05.1732	Schuchardt, Johann Christoph, V/M: Nicolaus
	Reiffard, Magdalena, aus ...?, V/M: Johann Henrich, Schmied
26.06.1732	Arnold, Johannes, aus Altenburschla, V/M: Martin
	Zincke, Kunigunda Juliana, V/M: Balthasar seel.
10.06.1732	H...?, Hans Jacob, Witwer
	Weske, Dorothea Elisabeth, V/M: George
zu Ende Juni1732	Ackermann, Hans George, Witwer, V/M: Bischofferode
	Schlend ?, Anna Catharina, V/M: Johannes
10.07.1732	Dalemp ?, Jacob Dieterich, aus Wichdorf/Amt Gudensberg, V/M: Henrich
	Schabacker, Anna Elisabeth, V/M: Jost seel.
24.07.1732	Schäffer, Jacob Wilhelm, V/M: Meister Johannes, ...macher ?
	Neusüß, Anna Dorothea, V/M: Nicolaus, Bürger
23.10.1732	Gebaur, Burckhard, Stadtacciser und Witwer
	Brach, Anna Sidonia, des Organisten Herrn Friedrich Witwe, aus Mühlhausen

20.11.1732	Kraußhaar, Johannes, aus Oberkalbach, V/M: Johannes seel.
	Benetrod, Catharina Elisabeth, V/M: Johannes, Bürger seel.
25.11.1732	Hopfe, Johann Jacob, Bäcker, V/M: Johannes seel.
	Schäffer, Margaretha Magdalena, des Bäckermeister Conrad Witwe
10.02.1733	Hartmann, George, V/M: Andreas, Schreiner
	Müller, Elisabeth, V/M: Caspar
07.05.1733	Senger, Johann Wilhelm, Schuhmacher, V/M: Christian seel.
	Eckhard oder Eisert ?, Martha Elisabeth, V/M: Johannes seel.
18.06.1733	Lorentz, Johann Bernd, V/M: Johannes
	Beyerod, Dorothea, V/M: Bernd
23.06.1733	Eckmann, Nicolaus, Witwer
	Hoßbach, Dorothea Elisabeth, aus Großburschla, V/M: Johannes seel.
28.06.1733	Schleevogt, Nicolaus Jacob, aus Legefeld im Weimarischen, V/M: Hans George seel.
	Schlepe, Anna Elisabeth, V/M: Herr Ludwig ?
	B.: Nach abgelegter Buße
im Juli 1733	Altbrand, Johann Jacob, V/M: Conrad seel.
	Sporleder, Elisabeth, aus Kassel, V/M: Eckhard, Leineweber seel.
25.08.1733	Schröter, Johann Nicolaus, Schlosser, aus Abterode, V/M: Engelhard seel.
	Schwalm, Anna Dorothea, V/M: Meister Balthasar, Spenalmacher ?
07.01.1734	Daniel, Johann George, V/M: Herr George Andreas, Schlachtvogt seel.
	Uckermann, Anna Elisabeth, V/M: Herr Jacob Wilhelm, Ratsverwandter
19.01.1734	Beyerodt, Johann hermann, Metzgermeister und Bürger, V/M: Melchior, Bürger und Metzgermeister sele.
	Rexrod, Anna Catharina, V/M: Herr Johannes, Ratsverwandter
16.02.1734	Daniel, Johann Ludwig, V/M: Herr George Andreas, Schlachtvogt seel.
	Luley, Catharina Elisabeth, V/M: Herr Johannes seel.
02.03.1734	Casselmann, Nicolaus Wilhelm, Schiffer und Witwer
	Sänger, Anna Maria, Johann Henrich Witwe

Wanfried Kernstadt 1650 bis 1830   115

11.03.1734	Herwig, George Leonhard, Schuhmachermeister und Witwer Herting, Juliana, V/M: Henrich seel.
14.03.1734	Fischer, Meister Johann Christoph, V/M: Johann Christoph Schmidt, Anna Gelasia, aus Großburschla, V/M: Caspar
27.05.1734	Schultze, Jacob Wilhelm, Bürger und Witwer Jacob, Anna Maria, V/M: Jacob
18.08.1734	Eckhard, George Bernhard ?, V/M: Johann George Daniel, Anna Christina, V/M: Philipp
im Juli1734	Sieland, Johann Henrich, Witwer Jörge, Anna Gertrud, aus Solz, V/M: Johannes B.: Nur procl., in Solz cop.
12.10.1734	Rode, Lucas, aus Allendorf, V/M: Liborius, Bürger und Schmied Cronimus, Maria Christina, V/M: Johann Henrich, Bäckermeister
02.11.1734	Huth, Herr George, Commercienrat zu Sachsen-Weimar, aus Mengershausen, V/M: Herr Nicolaus, Kirchenältester und Gerichtsherr Meisterlin, Johanna Philippina, V/M: Herr Julius ?, seel. gew. fürstl. rotenburgischer Rat
18.11.1734	Herting, Johann Conrad, V/M: Johannes seel. Eckmann, Catharina Elisabeth, aus Rieden, V/M: Johann Henrich B.: Nach abgelegter Buße wegen eines unehelichen Kindes
23.11.1734	Eißert, Meister Johann Wilhelm, V/M: Meister Johannes Lieberknecht, Anna Christina, V/M: Nicolaus
14.12.1734	Rohrbach, Johann Henrich, Sergeant von der Garde zu Fuß Walter, Johanna Sabina, Julius Witwe B.: So er geschwängert. Nach abgelegter Buße
in der Woche nach Dorotheam. 4. Epiph.1735	Arnold, Johann Peter, Hofschneider, aus Eschwege, V/M: Meister Jacob Wolf, Catharina Elisabeth, aus Eschwege, V/M: Johann Caspar, Schneidermeister
07.06.1735	Holtzapfel, Andreas, Schneidermeister und Bürger, V/M: Johann Henrich Jacob, Eva Elisabeth, V/M: Meister Ludwig
01.11.1735	Degenhard, Johann Melchior, V/M: Meister Johann George, Bürger und ...müller ? Beyerod, Catharina Elisabeth, V/M: Herr Johannes, Ratsverwandter

24.01.1736	Müller, Johann George, V/M: Caspar, Bürger
	Wolfgang, Anna Catharina, aus Völkershausen, V/M: Johannes
26.01.1736	Schocke, Jacob, aus Wendehausen, V/M: Timotheus
	Gunnermann, Catharina Elisabeth, V/M: Johannes, Bürger seel.
03.04.1736	Schultze, Johann Christoph, V/M: Jacob Wilhelm
	Schabacker, Elisabeth, V/M: Christian
26.04.1736	Rautenhausen, Simon, V/M: Valentin
	Herting, Dorothea Elisabeth, aus Freida, V/M: Conrad
	B.: Nach abgelegter Buße
24.11.1735	Gille, Herr Engelhard, aus Allendorf
	…?, Anna Christina, V/M: Herr Johann Jacob, Kaufmann
22.05.1736	Heine ?, Johann Caspar, Witwer, aus … Weimar ?
	Ca…?, Beata …? Caroline, aus Weimar, V/M: Herr Christian Lorentz, Bürger seel.
31.05.1736	Lieberknecht, Jacob Wilhelm, V/M: Herr Nicolaus, Ratsverwandter
	Casselmann, Catharina, V/M: Johann Christian, Bürger und Schiffer seel.
22.11.1736	Melis, Johann Gerhard, V/M: Henrich, Maurermeister
	Daniel, Anna Margaretha, V/M: Jacob, Schiffer seel.
27.11.1736	Schocke, Johann Christoph, Bäckermeister, V/M: Michael, Bürger und Bäckermeister
	Throm, Kunigunda, V/M: Johannes, Metzger seel.
31.01.1737	Hausen, Johann Henrich, Soldat, dimittierter, aus Neuenhain/Amt Borken, V/M: Johann Henrich seel.
	Schäfer, Martha Elisabeth, V/M: George, Bürger seel.
26.02.1737	Henckel ?, Herr Johann Henrich, Sergeant unter der Garde zu Fuß
	Schröter, Susanna Catharina, V/M: Tobias, Bürger und Bäckermeister
07.03.1737	Oppermann, Johann Christian, V/M: Liborius
	Silber, Anna Gertrud, V/M: Herr Andreas, Sergeant
13.06.1737	Oppermann, Liborius, Witwer
	…?, Justina Marie, V/M: Johann George seel.
18.06.1737	Sandrock, Justus, aus Wipperode, V/M: Johann Jacob seel.
	Hillemann, Catharina Elisabeth, V/M: Christoph, Schuhmachermeister

Wanfried Kernstadt 1650 bis 1830 117

05.11.1737	Herber, Johann Michael, Witwer Stück, Eva Elisabeth, V/M: Lorentz seel.
07.11.1737	Walter, George, Witwer Trebing, Anna Catharina, Conrad Witwe, aus Röhrda
12.11.1737	...?, Johannes, Gefreiter unter Prinz Maximilian Regiment des Herrn von Langen Compagnie Eckmann, Dorothea Elisabeth, des Soldat unter obigen Regiment Johann Nicolaus Witwe
03.12.1737	Daniel, Johann Justus, V/M: Andreas, Bürger und Schiffer Beyerod, Anna Martha, V/M: Bernd, Bürger und Braumeister
16.01.1738	Kürschner, Bernhard, Soldat, dimittierter unter Prinz Maximilian Regiment Sänger, Martha Elisabeth, V/M: Johannes seel. B.: Nach abgelegter Buße wegen eines unehelichen Kindes
30.01.1738	Beyerod, Philipp, V/M: Bernd, Bürger und Braumeister Eichenberg, Catharina Elisabeth, V/M: Johannes, Bürger und Schmiedemeister
30.01.1738	Pfarr, Johann Henrich, Corporal unter Prinz Maximilian Regiment Groß, Elisabeth Margaretha, V/M: Johannes, Schuhmachermeister B.: Nach abgenommener Buße
11.02.1738	Rexrod, Johann Wilhelm, Metzgermeister und Bürger Holtzapfel, Elisabeth, V/M: Johann Henrich, Bürger seel.
25.02.1738	Morgenthal, Johann Adam, V/M: Conrad, ...? Pächter dahier Kölner, Anna Catharina, V/M: Herr Johann Christoph, Chirurgus
08.04.1738	Eckhardt, Johannes, Witwer und dimittierter Soldat von Prinz Maximilian Regiment Rexrod, Martha, V/M: Henrich
10.06.1738	Röddiger, Johann Henrich, V/M: Henrich, Werrmüller seel. Koch, Anna Catharina, aus Laudenbach, V/M: Andreas, Müller
05.08.1738	Kobold, Johannes, aus Frieda, V/M: Henrich Corräus, Elisabeth, V/M: Johann Christian
14.08.1738	Wiskemann, Herr Johann Carl, Feldscheerer unter Prinz Maximilian Regiment Herr Hauptmann von Langen Compagnie, aus Abterode, V/M: Herr Christoph, Pfarrer seel. Lautemann, Anna Christina, V/M: Herr Johann Andreas Peter, fürstl. hess. Acciser und Ratsverwandter

18.11.1738	Reinbold, Johann George, Soldat, dimittierter, aus Kerstenhausen, V/M: Johannes
	...?, Barbara Catharina, V/M: Johannes, Nagelschmiedemeister
27.11.1738	Asmann, Urban, Witwer
	Gries ?, Martha Elisabeth, V/M: Jacob seel.
27.11.1738	Uckermann, Herr Bernhard Lüder, Kaufmann, V/M: Herr Johann Jacob, Kaufmann
	...?, Marie Catharina, aus Kassel, V/M: Herr Johann George, Kaufmann
02.12.1738	Sänger, Johann Conrad, V/M: Johann Wilhelm, Schiffer
	Siland, Marie Elisabeth, V/M: Johannes, Schiffer
30.12.1738	Schultze, Jacob Wilhelm, Witwer
	Stiedenroth, Anna Margaretha, aus Frieda, V/M: Johannes seel.
17.02.1739	Joseph, Herr Johannes, Verwalter, capellanischer, aus Lüderbach
	S...?, Catharina Elisabeth, V/M: Herr Christoph, Kirchensenior
	B.: Nach abgelegter Buße
14.04.1739	Heer, Johann Christoph, Schuhmachermeister, V/M: Johannes, Schuster seel.
	Ruprecht, Anna Elisabeth, V/M: Herr Johann Paul, Bürger und Obermeister der Schwarz und Schönfärber
21.04.1739	Caspar, Christian, aus Allendorf an der Lumda, V/M: Hieronymus, Bürger
	Schröter, Catharina Sophia, V/M: Meister Tobias
05.05.1739	Hofmann, Conrad, Bürger und Witwer
	...?, Anna Christina, aus Weißenborn, V/M: Samuel seel.
26.05.1739	Heinemann, Johann Jacob, aus Eschwege, V/M: Johann Bernd, Metzgermeister
	Hilke, Anna Sophia, V/M: Meister Christoph
12.11.1739	Hillemann, Christoph, Schuhmachermeister und Witwer
	Vollmann, Anna Maria, V/M: Zacharias, Schneidermeister seel.
12.11.1739	Wiegand, Jacob, Witwer
	...?, Anna Christina, aus Völkershausen, V/M: Johann Justus
29.11.1739	Rilcke, Johann Christoph, V/M: Herr Johann Christoph, gew. ...Jäger ...?
	...?, Martha Elisabeth, V/M: Herr Johann ...?, Ratsverwandter ?

16.02.1740	Jordan, Johann Christian, V/M: Lorentz, Schuhmachermeister Heinberger, Anna Sybilla, aus Frankfurt, V/M: Johann Henrich, Schuhmachermeister
25.02.1740	Riemann, Johann Ludwig, Witwer, aus Reichensachsen Hentze, Catharina Marie, V/M: Johann Jacob
17.05.1740	Buchner ?, Johann Henrich, V/M: Herr Johann Justus Beyerod, Elisabeth, V/M: Meister Melchior seel.
02.06.1740	Stephan, Anton, V/M: Meister Johannes Herwig, Martha Elisabeth, V/M: Johannes seel. B.: Nach abgenommener Buße
07.06.1740	Schabacker, Johann Henrich, V/M: Jost seel. Eichenberg, Clara Catharina, V/M: Meister Valentin
16.08.1740	Eichenberg, Gottfried, V/M: Meister Valentin Eberhard, Margretha Elisabeth, V/M: Jost Peter
21.10.1740	Hartmann, Johann Christian, Drechslermeister und Bürger, aus Eschwege, V/M: Herr Johann Hermann, seel. gew. Soodförster ? Clermond, Anna Margaretha, aus Eschwege, V/M: Johann George, Bürger und Wollentuchmachermeister B.: Zu Eschwege cop.
08.11.1740	Sander, Herr Johann Philipp, Organist dahier, V/M: Herr Johann Conrad, Cantor Jacob, Salome, V/M: Herr Johann Christoph seel.
23.11.1740	Hillemann, Johann Christoph, Knopfmacher, V/M: Johann Christian, Böttner Schmackeberg, Anna Elisabeth, aus Frankenhausen/Thüringen, V/M: Jacob, Bürger und Knopfmachermeister B.: Zu Frankenhausen cop.
02.03.1741	Sänger, Johann Christoph, Knopfmachermeister, V/M: Johannes, Schneider seel. Riel, Anna Catharina, aus Eschwege, V/M: Johannes, Bürger und Knopfmachermeister
13.04.1741	Kanngießer, Herr Damian, Rector dahier, aus Grebenstein, V/M: Herr Johann Henrich, Ratsverwandter und Kirchensenior Graff, Anna Catharina, aus Grebenstein, V/M: Herr Johann Henrich, Rector seel.

25.05.1741	Becker, Herr Theophilus Christianus, Juris ...? practicus und hochadel. Richter, V/M: Herr Johann George, Licentiat Leutner, Margaretha Helena, V/M: Herr Franciscus, Obristwachtmeister unter Prinz Maxcimilian Regiment
21.09.1741	Ewald, Herr Johann Philip, Pfarrer zu Rengshausen, aus Rotenburg, V/M: Herr Justus, seel. gew. Hofmeister und Ratsverwandter Uckermann, Anna Catharina, V/M: Herr Johann Jacob, Kaufmann
28.09.1741	Ewald, Herr George Friedrich, aus Eschwege, V/M: Herr Christian, gew. Küchenschreiber Hofmann, Anna Maria, aus Sontra, V/M: Herr Johann Christoph, Bürgermeister
19.10.1741	Beyerodt, Johann Christoph, Metzgermeister, V/M: Melchior seel. Geiße, Margaretha Elisabeth, V/M: Herr Johann Henrich, Bürgermeister seel.
31.10.1741	Lieberknecht, Johannes, V/M: Herr Nicolaus Wilhelm, Ratsverwandter Kölner, Johann Maria, V/M: Herr Johann Christoph, Chirurgus
21.11.1741	Lappe, Burckhard, Witwer Lorentz, Anna Elisabeth, aus Altenburschla, V/M: Johannes
16.01.1742	Krug, Johannes, Witwer ...?, Anna Barbara, aus Frieda, V/M: Christian
23.01.1742	Degenhard, Johann George, Sattlermeister und Bürger Gundekraft ?, Anna Maria, aus Ziegenhain, V/M: Johann Bernd seel. B.: Nach abgelegter Buße
23.01.1742	Melis, Caspar, Bürger und Witwer Dilling, Anna Martha, aus Weißenborn, V/M: George seel.
01.02.1742	S...?, Johann Conrad, unter der Garde zu Fuß Mütterling, Charlotte Sophia, aus Schwebda B.: Nach abgelegter Buße
03.04.1742	Rüge, Johann Jacob, V/M: Bernd, Müller Luley, Juliane, V/M: Herr Johann Jacob
12.04.1742	Arnold, Meister Johannes, V/M: Johann Jacob Eberhard, Elisabeth, V/M: Jost Peter

Wanfried Kernstadt 1650 bis 1830　　　　　　　　　　　　　　　　　　　　　　　121

24.04.1742	Hillemann, Johann Werner, V/M: Johann George, Schuhmacher Körber, Anna Maria, V/M: Ludwig, Schuhmacher
24.04.1742	Fischer, Simon, Witwer Oppermann, Susanna Regina, V/M: Johann Henrich, Bäcker seel.
30.05.1742	Rüge, Herr Philipp Christoph, Contributions...cepter ?, V/M: Johann Bernd, Bürger Ruprecht, Catharina Elisabeth, V/M: Herr Johann Paul
30.05.1742	Neusüß, Johann George, V/M: Nicolaus, Bürger Becker, Catharina Elisabeth, aus Schwebda, V/M: Johann Henrich
15.06.1742	Röddiger, Conrad Gerlach, Elisabeth, V/M: Philipp B.: Nach abgelegter Buße
20.07.1742	Söder, Caspar, aus Dohrenbach, V/M: Augustin seel. Stuppach, Margaretha Elisabeth, V/M: Hans Jacob
24.07.1742	Bange, Johann Henrich, Schreiner Sänger, Elisabeth, V/M: Johann Wilhelm, Schiffer
23.08.1742	Zindel, Christian, Witwer Heer, Eva Elisabeth, V/M: Johannes, Schuhmachermeister
11.09.1742	Eckhardt, Leonhard, Witwer und ...? Gerlach, Anna Catharina, V/M: Philipp, Bürger und Schiffer
01.11.1742	Hillemann, Johannes, V/M: Meister Johann George, Schuhmacher ...?, Anna Christina, V/M: Johann Friedrich seel.
06.11.1742	Daniel, Johann Christoph, V/M: George Andreas, Bürger und Schiffer Rübenkamm, Kunigunda Juliana, V/M: Herr Carl August, Bürgermeister
20.11.1742	Sänger, Johann Christian, V/M: Johann Christoph, Bürger und Schiffer seel. Geil ?, Juliana, V/M: Herr Johann Henrich, Bürgermeister seel.
22.11.1742	Neusüß, Elias, V/M: Gerhard, Zimmermann Heise, Anna Sabina, V/M: Jost
04.12.1742	Hillemann, Johann Henrich, Weißbinder, V/M: Johann Werner, ...? Marggraf, Eva Elisabeth, V/M: Henrich, Schmied

05.02.1743	Schultze, Christoph, Witwer Sandrock, Anna Elisabeth, aus Wipperode, V/M: Johann Jacob seel.
05.02.1743	Müller, George, aus Heldra, V/M: Ludwig seel. Melis, Martha Elisabeth, V/M: George seel.
14.02.1743	Stephan, Johann Jacob, V/M: Johannes Degenhard, Dorothea Elisabeth, V/M: Herr Johann George
07.03.1743	Daniel, Johann Christoph, Schiffer, V/M: George, Schiffer Benderot, Catharina Elisabeth, V/M: Liborius
02.05.1743	Koch, Herr Johann Friedrich, Ratsverwandter und Witwer Daniel, Martha Elisabeth, V/M: Herr George Andreas, gew. Schlachtvogt
14.05.1743	...?, Christoph Friedrich, Bäckermeister, V/M: Meister Johann Henrich ...?, Martha Elisabeth, V/M: Johann Henrich, Bäcker
04.06.1743	Helwig, Christoph, aus Frieda, V/M: George ...?, Maria Elisabeth, V/M: Christoph
11.07.1743	Siland, Justus, V/M: Johann Jacob Grieße, Anna Gertrud, V/M: Johann Christian
11.07.1743	Hohnstein, Herr Johann Arnold, Kaufmann dahier, V/M: Herr Johann Henrich, Conductor in der Nieß ? Uckermann, Barbara Christina, V/M: Herr Johann Frantz, Feldscheerer seel.
1743	Böhm, Jacob, Witwer, aus Eschwege Asmann, Margaretha, V/M: Lorentz B.: Zu Eschwege cop.
1743	Moor, Johann George, Knopfmacher und Bürger in Mühlhausen, aus Wanfried, V/M: Johann George, Ratsverwandter dahier Abel...?, Barbara, aus Mühlhausen, V/M: Johann Gottfried, Bürger und Tuchmacher B.: In Mühlhausen cop.
30.07.1743	Sander, Johann Christian, Schuhmacher ? und Witwer Herwig, Anna Christina, V/M: Jacob seel.
15.08.1743	Schäfer, Johannes, Witwer Hei...? oder Hentze ?, Dorothea Elisabeth. Jacob Witwe
??.09.1743	Böttner, Johann Valentin, V/M: Ludwig ...?, Anna Catharina, aus Hörsel ?, V/M: Johann George

Wanfried Kernstadt 1650 bis 1830   123

08.10.1743	Daniel, Johann Christoph, Schiffer und Witwer Fischbach, Anna Catharina, aus Weißenborn, V/M: David seel.
05.11.1743	Daniel, Henrich, V/M: Christian, Schiffer Thomas, Maria Elisabeth, V/M: Johannes, Schiffer
26.11.1743	Heuckeroth, Jacob, V/M: Liborius, Schreiner Jacob, Anna Elisabeth, V/M: George, Bürger
05.12.1743	Meisterlin, Herr Friedrich …? Christian, V/M: Herr Johann Carl, Reservatencommisarius seel. …?, Anna …?, V/M: George
06.12.1743	Meisterlin, Herr Henrich Philipp, Juris Advocatus Bu…?, Johanna Elisabeth, aus Sontra, V/M: Herr Johann George, seel. gew.
07.01.1744	Scherberg, Daniel, Soldat unter Prinz Maximilian Regiment Capitain …? Compagnie Demant, Magdalena, V/M: Christoph B.: Nach abgelegter Buße
28.05.1744	Sänger, Johann Henrich, …?, V/M: Johannes seel. Werneburg, Johanna Elisabeth, V/M: Johann Christian seel.
16.07.1744	Rodemann, Herr Nicolaus Henrich, Capitain unter der Landmilitz Frölig, Christina Catharina, des Herrn Capitain unter der Landmilitz Witwe
18.08.1744	Jacob, Christoph, Schneidermeister, V/M: Dieterich seel. Friuf, Maria Catharina, V/M: Nicolaus, Soldat unter Prinz Maximilian Regiment
19.11.1744	Lautemann, Herr Arnold Henrich, V/M: Herr Peter Motz ?, Sophia Elisabeth, V/M: Herr Johann Caspar, Verwalter dahier
03.12.1744	Thomas, Johann Christian, V/M: Johannes, Schiffer Hopfe, Maria Elisabeth, V/M: Johann Jacob, Bürger
12.01.1745	Daniel, Johann Christian, V/M: George Lüder, Schiffer Hallung, Anna Catharina, V/M: Ernst Henrich, Schneidermeister
14.01.1745	Caspar, Johann Wilhelm, V/M: Meister George Christian Storch, Christina, aus Sontra, V/M: Meister Johannes
19.01.1745	Holtzapfel, Johann Valentin, Witwer Dietzel, Martha Elisabeth, aus Altenburschla, V/M: Johannes
04.02.1745	Müller, Caspar, Witwer Melis, Dorothea Margaretha, V/M: Henrich

09.02.1745	Beck, Johann Jacob, aus Wendehausen, V/M: Johannes
	Meier, Maria Margaretha, V/M: Johannes, Soldat
10.06.1745	Hesse, Johann Lorentz, V/M: Johannes, hiesiger Schafmeister
	Leister, Anna Sophia, V/M: Nicolaus, Schuhmacher
17.06.1745	Haupt, Herr Johann Balthasar, Kaufmann dahier, aus Allendorf, V/M: Herr Balthasar
	Schleger, Anna Catharina, V/M: Johannes, Kaufmann dahier
29.07.1745	Langius, Henrich ...?, Schreiner, V/M: Henrich Wilhelm
	Lorentz, Anna Christina, V/M: Nicolaus Wilhelm
28.10.1745	Lorentz, Nicolaus Wilhelm, Witwer
	Nolte, Anna Sabina, aus Großburschla, V/M: Johann Hermann
28.10.1745	Daniel, Johann Christian, Schuster, V/M: Johann George, Schustermeister
	K...?, Catharina Elisabeth, aus ...?, V/M: Johannes seel.
04.11.1745	Schultze, Christoph, Bürger und Witwer
	Schultze, Anna Margaretha, V/M: Philipp
25.11.1745	Wiegand, Jacob, Witwer
	Stiederoth, Anna Christina, aus Freda, V/M: Balthasar seel.
??.01.1746	Gundler, Sebald, Steinhauer und Bürger, aus Mühlhausen, V/M: George, Bürger und Steinhauermeister
	Andres, Anna Dorothea, V/M: George, gew. Corporal unter der hess. Militz, Prinz von Philippsthal Regiment ?
	B.: Zu Mühlhausen cop.
10.02.1746	Langius, Johann Werner, ...?, V/M: Henrich Wilhelm
	Schweitzer, Maria Catharina, aus Treysa, V/M: Johannes, Metzgermeister
31.05.1746	Roth, Johannes, V/M: Valentin seel.
	Treßler ?, Anna Barbara, aus Langula, V/M: Hartmann seel.
21.07.1746	Scäfer, Jacob, Schuhmacher, aus Eschwege, V/M: Reinhard, Schuhmachermeister
	Eckhard, Anna Christina, V/M: Christoph, Bürger
01.09.1746	Grieß, Johann Christian, Schiffer, V/M: Johann Christian, Schiffer
	Thomas, Catharina Elisabeth, V/M: Johannes, Schiffer
01.10.1746	Richart, Adam, aus Schnellmannshausen, V/M: Caspar
	Rautenhausen, Anna Sophia, V/M: Valentin
	B.: Zu Reichensachsen cop.

27.10.1746	Hollstein, Herr Johann Friedrich, Apotheker dahier, aus Buttelstedt im Weimarischen, V/M: Herr Christoph Günther, Apotheker Sander, ...? Clara, V/M: Herr Johann ...?, Apotheker dahier
29.11.1746	Körber, Johann Christoph, Schuhmachermeister, V/M: Johann Ludwig, Schuhmachermeister Schwantz, Dorothea Elisabeth, V/M: Herr Otto Philipp, Schuhmachermeister seel.
01.12.1746	Fischer, Henrich Andreas, Schuhmachermeister, aus ...?, V/M: Conrad, Schuhmachermeister seel. Gunram, Elisabeth, V/M: Herr Johann Christoph, Schuldiener seel.
2.Advent1746	Jordan, Meister Johann Leonhard, V/M: Herr Lorentz Steinhäuser, Anna Elisabeth, aus Völkershausen, V/M: Johann Nicolaus
27.12.1746	Werneburg, Meister Nicolaus Wilhelm, V/M: Herr Johann Christian Vollmann, Martha Elisabeth, V/M: ...?, Schuhmachermeister
29.12.1746	Würschmidt, Johann Christoph, V/M: Johann Jacob seel. Schwi...?, Angela Dorothea, V/M: Philipp, Bürger
02.02.1747	Beermann, Herr Johann Michael, Richter, V/M: Herr Henrich Werner, gew. Amtmann dahier Niberlias ?, Friederica Louisa, V/M: Herr Johannes, rotenburgischer Förster dahier
04.04.1747	Wagner, Johann Jacob, Bäckermeister Dietzel, Eva Dorothea, aus Altenburschla, V/M: Johannes, Bäckermeister
??.04.1747	Damm, Caspar, Müller, aus Kassel, aus dem Drahthaus bei, V/M: Henrich Eichenberg, Anna Catharina, V/M: Johannes, Hufschmied B.: Zu Riede cop.
27.04.1747	Sänger, Johann Christoph, Knopfmachermeister und Bürger, aus Allendorf, V/M: Johannes, seel. gew. Bürger und Schiffer dahier Gerlach ?, Dorothea Elisabeth, aus Allendorf, V/M: George Christian, ...macher ? B.: Zu Allendorf cop.

20.04.1747	Uckermann, Herr Johann Jacob, Kaufmann, V/M: Herr Johann Jacob, Kauf und Handelsmann Thon, Catharina Elisabeth, aus Cornberg, V/M: Herr Johannes, hochfürstl. Verwalter B.: Zu Cornberg cop.
??.06.1747	...?, Johann Paul, V/M: Herr Johann George, Soodförster seel. Werner ?, Catharina Elisabeth, aus Rotenburg, V/M: Christoph seel.
20.07.1747	Rexrod, Johann Lorentz, Metzger, V/M: Philipp seel. Büchner, Anna Gertrud, V/M: Justus
Dom. 10. post Trin.1747	Hu...?, Gebhard, Witwer, aus Eschwege Wintzenberg, Juliana, V/M: Johannes seel.
28.09.1747	Simon, Hans Henrich ?, Witwer Stück, Angela Dorothea, V/M: Lorentz seel.
14.11.1747	Sänger, Nicolaus Wilhelm, Schiffer ...?, Anna Margaretha, V/M: Johann Henrich
16.11.1747	Knabe, Johannes, Schneidermeister, aus Treffurt, V/M: Christoph, Bürger ...?, Anna Catharina, V/M: Jacob, Zeugmachermeister
28.11.1747	Köhler, Johann Christian, V/M: Johann George, Wagnermeister Kohlmann, Anna Elisabeth, V/M: Andreas, Schuhmachermeister
04.01.1748	Schultze, Johann Jacob, V/M: Jacob Wilhelm Poppenhausen, Johanna Elisabeth, V/M: Herr Jacob Wilhelm, Gastwirt
13.02.1748	Jacob, Johannes, Schustermeister, V/M: Johann Jacob, Schustermeister Schocke, Eva Catharina, V/M: Johann Christoph seel.
05.03.1748	Marggraf, Johann George, V/M: Johann Henrich, Hufschmied Ludwig, Anna Sophia Elisabeth, V/M: Nicolaus, Bürger
??.05.1748	Rüge ?, Johann Jacob, Witwer Kellner, Magdalena Elisabeth, aus Waldkappel, V/M: Engelhard, Bürgermeister B.: Zu Waldkappel cop.
30.05.1748	Degenhard, Johann Melchior, Witwer Roth, Martha Elisabeth, V/M: Valentin seel.

Wanfried Kernstadt 1650 bis 1830

??.05.1748	Merten, Nicolaus, aus Frieda, V/M: Friedrich seel. Schmerbach, Orthia Elisabeth, V/M: Herr Carl, Landgraf Christian Verwalter auf hiesigem fürstl. Hause B.: Zu Frieda cop.
18.07.1748	Roth, George Henrich, V/M: Valentin seel. Poth ?, Maria Christina, V/M: Johann Jacob
25.07.1748	Hopfe, Johann George, V/M: Johann Jacob Grieß, Catharina Elisabeth, V/M: Johann Christian
13.08.1748	Zindel, Christian, Witwer Bartel, Catharina Elisabeth, V/M: Herr Wilhelm, seel. gew. Wachtmeister unter der hess. Cavallerie
29.08.1748	Kohlmann, Johann Hermann, Schustermeister, V/M: Meister Andreas Sänger, Catharina Elisabeth, V/M: Johannes seel.
24.10.1748	Hillemann, Johannes, Schuhmachermeister und Witwer Junker, Martha Elisabeth, V/M: Johann Christian
??.11.1748	Frießleben, Leonhard, V/M: Johann Henrich, Kostmeyer der hochadel. ….? Güter Arnold, Anna Christina, V/M: Jacob, Schneidermeister seel.
21.11.1748	Harmes, Herr Wilhelm Anton, Kaufmann, aus Bremen, V/M: Herr Johannes, seel. gew. Elterman ? Rüppel, Dorothea Elisabeth, aus Großalmerode, V/M: Herr Philipp, Acciseschreiber und Kaufmann
28.11.1748	Helwig, Christoph, Bürger und Witwer Schabacker, Anna Christina, V/M: Andreas, Bürger und Schuster
27.12.1748	Rautenhausen, Simon, Witwer Oppermann, Anna Gertrud, Christian Witwe, V/M: Christian
14.01.1749	Beck, Adam, aus Netra, V/M: Justus Weske, Dorothea Elisabeth, V/M: Johann Michael B.: Nach abgelegter Buße
21.01.1749	Hörselmann, Justus, aus Herda, V/M: Johann George Siebert, Eva Elisabeth, V/M: Jost, Invalide in hess. Infanterie ?
23.01.1749	Schabacker, Johann Henrich, Witwer Wagner, Anna Elisabeth, des …? Johann George Witwe
23.01.1749	Thomas, Johann Christian, Schuster und Witwer Marggraf, Eleonora Charlotte, V/M: Henrich, Hufschmied

28.01.1749	Müller, Henrich Christoph, aus Treffurt, V/M: Johann George seel. Hillemann, Maria Elisabeth, V/M: Johann Werner, Raschmachermeister
20.02.1749	Herting, Meister Johann Christoph, Witwer Sippel, Anna Barbara, aus Dens, V/M: Herr Johann Conrad, Schuldiener
25.02.1749	Vollmann, Johann Henrich, V/M: Wilhelm, Bürger und Schneidermeister Daniel, Anna Sophia, V/M: Johann Christoph B.: Nach abgelegter Buße
10.04.1749	Stamm ?, Johannes, Invaliden Soldat Hillemann, Anna Regina, V/M: Christian
08.05.1749	Schmidt, Johann Samuel, Schuhmacher, aus Gotha, V/M: Johann Caspar, Stadtsoldat Körber, Johanna Sabina, V/M: Johann Ludwig, Bürger und Schuhmacher
26.06.1749	Schäfer, Jacob Wilhelm, Witwer Kliebisch, Sabina Elisabeth, aus Großburschla, V/M: George seel.
01.07.1749	Schultze, Jacob, Witwer Hille, Florentina Christina, aus Altenburschla, V/M: Christian
30.09.1749	Heer, Johann Michael, Soldat unter Prinz Maximilian Regiment Schneider ?, Anna Martha, des Soldat Johann George Witwe
??.09.1749	Gerke, Johannes, Soldat, dimittierter von der hess. Infanterie …?, Anna Justina, V/M: Johann …? seel.
20.09.1749	Albrecht, Johann Jacob, Soldat, dimittierter Neuber, Martha Elisabeth, aus Grandenborn, V/M: Herr Johann Henrich seel.
26.10.1749	Gotthard ?, Wilhelm Ludwig Lappe, Anna Sophia, V/M: Burckhard B.: Des Bräutigams Vater hat geheißen Peter Gotthard ?, bürtig aus Mehlen, die Mutter hat geheißen Elisabeth …? Eschwege, wo sie der Peter geheiratet, der Bräutigam ist geboren in Rosbach ?, von dort ist er kommen im 10ten Jahr seines Alters, darauf ist er als Schneider in die Lehre kommen, danach ist er in den Krieg gezogen worden

21.10.1749	Lampman, Hermann, Soldat unter Prinz Maximilian Regiment Daniel, Elisabeth, V/M: Johann George, Schuhmachermeister
28.10.1749	Frühauf, Johann Reinhard, Soldat, dimittierter von Prinz Maximilian Regiment Heuckeroth, Catharina Elisabeth, V/M: Johannes seel.
06.11.1749	Schreiber, David, Gefreiter unter Prinz Maximilian Regiment Neusüß, Anna Christina, V/M: Nicolaus seel.
11.11.1749	Kohlmann ?, Valentin, Soldat unter Prinz Maximilian Regiment Stückrath, Anna Catharina, V/M: Johann Conrad seel.
13.11.1749	Hesse, Johann Lorentz, Witwer Müller, Martha Elisabeth, V/M: Meister Christoph
27.11.1749	Rüge, Johann Jacob, Bürger und Witwer Fernau, Martha Elisabeth, aus Treffurt, V/M: Henrich Philipp, Bürger
04.12.1749	Thomas, Conrad, aus Falken ?, V/M: Adam Helwig, Anna Christina, V/M: George seel.
30.12.1749	Schneider, Philipp, Soldat unter Prinz Maximilian Regiment Daniel, Dorothea Elisabeth, V/M: George, Schustermeister
30.12.1749	Rees, Johannes, Soldat unter Prinz Maximilian Regiment Daniel, Catharina Elisabeth, V/M: Andreas, Schuster
15.01.1750	Hopfe, Johann Jacob, Bäckermeister und Witwer Beyerod, Anna Christina, V/M: Melchior, Metzgermeister seel.
20.01.1750	Schultze, Wilhelm, Witwer Speck, Anna Margaretha, V/M: Johannes, Schuster seel.
27.01.1750	W...?, Herr Henrich Gottfried, ...? Schäfer, Sabine, aus Aue, V/M: Henrich Wilhelm seel.
05.02.1750	Grieß, Nicolaus, Schiffer und Bürger, V/M: Christian, Schiffer Sceffer, Margaretha Elisabeth, V/M: Meister Conrad seel.
12.02.1750	Roth, Johann Bernd, V/M: Valentin Schultze, Anna Catharina, V/M: Philipp
18.02.1750	Reufurth, von, Herr Christian, Fähndrich bei Prinz Maximilian Regiment ...?, von, Juliana Agnetha Augustina, V/M: Herr Friedrich
31.03.1750	Moor, Johannes, Soldat, dimittierter ...?, Martha Elisabeth, V/M: Martin seel.

02.04.1750	Buttlar, Johann Conrad, Soldat, dimittierter von Prinz Maximilian Regiment ...?, Martha Elisabeth, V/M: Martin
21.05.1750	Haupt, Johann Balthasar, Kaufmann und Witwer Arend, Friederica Theresia Elisabeth, aus Mühlhausen, V/M: Herr Christian Ludwig, Postmeister
16.07.1750	...?, Johann Philipp, Soldat, dimittierter ...?, Anna Catharina, V/M: Christoph, Sattlermeister
27.08.1750	Dietzel, Johann Friedrich, V/M: Martin Fischer, Eva Catharina, V/M: Conrad, Schustermeister
15.10.1750	Rexrod, Henrich, Metzgermeister, V/M: Meister Philipp seel. Beyerod, Anna Christina, V/M: Meister Philipp
10.11.1750	Werkmeister, Conrad, aus Waldkappel, V/M: Volckmar Schwantz ?, Catharina Elisabeth, V/M: Meister Philipp
03.12.1750	Clemens, Martin, Soldat unter Prinz Maximilian Regiment Erblerod ?, Dorothea Elisabeth, V/M: Johannes
05.01.1751	Dietzel, Johann Bernd, Soldat, V/M: Johann Bernd, Martin Sohn Rupert, Maria Dorothea B.: Nach abgelegter Buße
05.01.1751	Knierim, Johann Barthold, aus Bischhausen, V/M: Henrich Eckhard, Sabina Christiane, V/M: Johann Christoph, Bürger
12.01.1751	Götze, Conrad, Witwer Hohmeiser, Anna Catharina, aus Schwebda, V/M: Nicolaus
14.01.1751	Schmidt, Herr Christian, aus Lengenfeld, Mühlhausischen Gebiets, V/M: Christian, Tuchmachermeister Albrecht, Martha Elisabeth, Melchior Witwe
09.02.1751	Duder, George, aus Aue, V/M: Dieterich Backhaus, Anna Elisabeth, V/M: Johannes
25.02.1751	Hohmann, Wilhelm, Bürger, hiesiger, aus Creuzburg, V/M: Philipp seel. Benderoth, Anna Gertrud, V/M: Martin, Bürger
09.03.1751	Schmoll, Herr Johann Hermann, Soodförster, königl. dahier und Witwer Schmerbach, Anna Elisabeth, aus Frieda, V/M: Zacharias
26.06.1751	Umbach, Andreas, Witwer Heiße, Barbara Elisabeth

Wanfried Kernstadt 1650 bis 1830   131

16.07.1751	Schurgelberg, Henrich, Corporal unter Prinz Maximilian Regiment Gerlach, Anna Dorothea
22.07.1751	Kohlmann, Johann Hermann Schocke, Eva Catharina, V/M: Johann George
17.08.1751	Oppermann, Christian Corräus, Anna Elisabeth, V/M: Meister Christian, gew. Bürger
19.08.1751	...?, Johann Michael Hillemann, Catharina Elisabeth, V/M: Johann George seel.
07.10.1751	Luckhard, Johannes, aus ...schönau? Amt Schönstett Schwabe, ...?, V/M: Johann Balthasar seel.
25.11.1751	Dar...?, Johann Jacob Rexrod, ...?
30.11.1751	Köhler, Johann Christian Bange, Catharina Elisabeth
17.02.1752	...?, Christian Melchior Sch...?, Anna Margretha
24.02.1752	Ding...?, Johann Henrich Müller, Anna Christina
04.04.1752	Schultze, Christoph Stephan, Anna ...?
25.05.1752	Ruprecht, Herr Johann George Koch, Anna Sophia
19.07.1752	Thon, Herr Moritz Christian, Sergeant Hi...?, Agnes
27.07.1752	Appold, Johann Christoph Ruprecht, Magdalena
12.10.1752	Rexrod, Timotheus Rübekam, Christina
19.10.1752	Neusüß, Elias Heise, Anna ...?
??.??.1752	Börner, Johann Christoph Schocke, Catharina ...?
??.??.1752	Heer, Conrad ...?, Martha Elisabeth

??.??.1753	Sänger, Johann Henrich	
	...?, Elisabeth	
??.??.1752	Büchner, Johann Jacob	
	Zindel, Anna Catharina	
??.??.1753	Mothes, Christoph	
	Büchner, Juliana	
??.??.1753	Nolsung ??, George Wilhelm	
	...?, Anna Christina	
??.??.1753	Benderoth, Johann Conrad	
	Neusüß, Anna Catharina, Witwe	
??.??.1753	Röhig, Johann Henrich, Soldat unter Prinz Maximilian Regiment	
	H...?, Elisabeth, V/M: Johann Henrich	
??.??.1753	Werneburg, Johann Christoph	
	Rexrod, Sophia	
??.??.1753	Hieronymus, Nicolaus Wilhelm	
	Schocke, Anna Dorothea	
??.??.1753	Söder, Johann Caspar	
	Schwabe, Anna Margretha	
??.??.1753	Schreiber, Christian, Musquetier unter Prinz Maximilian Regiment	
	...?, Anna Margretha	
??.??.1753	Klopmann, Johannes	
	...?, Anna Christina	
	B.: Nach abgenommener Buße	
11.10.1753	Weh...?, Johann Jacob, Musquetier	
	Schocke, Juliana	
19.11.1753	Mohr, Johannes	
	Gumpel, Margaretha Elisabeth	
22.11.1753	Wünch, Johann Martin	
	Arnold, Maria Elisabeth	
10.01.1754	Schmerbach, Wilhelm	
	Beyerod, Anna Margretha	
24.01.1754	Schabacker, Johann Christian	
	Marggraf, Maria Elisabeth	
04.06.1754	Dude, Johann Jacob	
	Feyung, Anna Margretha, Gottfried Witwe	

Wanfried Kernstadt 1650 bis 1830

08.09.1754	Roth, Johannes	
	Gerlach, Anna Elisabeth	
24.11.1754	Poppenhausen, Johann Paul	
	Ratschenborn ??, Maria Elisabeth	
	B.: Nach abgelegter Buße	
20.02.1755	Geilfuß, Johannes	
	Wünche, Anna Magdalena	
??.04.1755	Schmoll, Meister Johannes	
	Kompenhans, Anna Maria, aus Eschwege	
??.04.1755	Mothes, Timotheus	
	Heuckerod, Margretha Elisabeth	
22.04.1755	Werneburg, Johann Christoph	
	Fischer, Anna Christina	
14.05.1755	Schocke, Johann Jacob	
	Schmidt, Juditha, aus Großburschla	
17.07.1755	Uckermann, Herr Johann Christian, Amtmann, hochfürstl.	
	Grau, Catharina Juliana, aus Germerode, V/M: Amtmann	
31.08.1755	Wenderoth, Johann Jacob	
	Crantz, Anna Margretha	
05.10.1755	Lorentz, Johann George	
	Nolde, Anna Catharina, aus Großburschla	
07.10.1755	Fischer, Johann Caspar, Musquetier unter Prinz Carl Regiment	
	Hauptmann von Hendel Compagnie	
	Hoffmann, Anna Elisabeth	
16.10.1755	Hartusch, Henrich Burckhard	
	Fangaux ?, Christina	
27.11.1755	Stückrad, Johannes	
	Arnold, Maria Elisabeth	
15.01.1756	Vollmann, Johann Friedrich	
	Degenhard, Anna Catharina, aus Ziegenberge	
12.02.1756	Noll, Johann Wilhelm	
	Wilhelm, Anna Elisabeth, aus Hambach	
05.03.1756	Eichenberg, Johann Henrich	
	Schäffer, Anna Catharina, aus Frieda	
04.04.1756	Schmerbach, Carle	
	Reiffurth, Dorothea Elisabeth, aus Bischhausen	

17.06.1756	Wünch, Martin Ahl ?, Sophia Maria
01.07.1756	Keßler, Johann Gottfried, aus Buttstädt Hillemann, Catharina Elisabeth
05.10.1756	Schocke, Johann George Knierim, Anna Dorothea, aus Bischhausen
14.04.1757	Rodemann, Herr Jacob Friedrich, Steuercommisarius, fürstl. hessen-casselischer Zielfelder, Catharina Louisa, aus Kassel
22.05.1757	Keudel, von, Herr Wilhelm Friedrich, Fähnrich, gew. unterm Fürstenbergischen Regiment Rheinfurth, von, Florentina Louisa
12.06.1757	Krug, Johannes Heuser, Anna Elisabeth
27.03.1758	Simon, Johann Henrich Müller, Anna Barbara
16.05.1758	Hofmann, Conrad ...?, Anna Martha, aus ...?
01.10.1758	Stoffel, Johann Justus, Witwer Heckeroth, Anna Maria, aus Kirchhosbach
16.11.1758	Oppermann, Johann Christian Haupt ?, Maria Ernestina
21.11.1758	Löber, Johann Gotthilf, Chirurgus, aus Creuzburg Kühltau, Anna Christina, V/M: Johann George
01.02.1759	Giese, Johann Jacob Schabacker, Ulrica Elisabeth
29.04.1759	Schmerbach, Carl, Verwalter Stimmer, Anna Elisabeth, Witwe
17.05.1759	Beck, Johann Peter Spilner, Susanna Elisabeth, Witwe, aus Eschwege
06.06.1759	Schmerbach, Matthäus Pfeil, Anna Margretha, aus Harmuthsachsen
28.06.1759	Schreiber, Johann David, Invaliden Soldat Scharff, Maria Elisabeth
26.07.1759	Sander, Herr Johann Philipp, Organist und Schlachtvogt Weske, Catharina Elisabeth

Wanfried Kernstadt 1650 bis 1830

26.07.1759	Daniel, Christian, Schiffer Schülbe, Anna Christina
29.07.1759	Gottsleben, Johann Nicolaus Becker, Anna Sophia
06.12.1759	Koch, Herr Johann George, Kaufmann Ruprecht, Clara Juditha
11.03.1760	Schocke, Johann Jacob Reiß, Anna Margretha, aus Vach
16.05.1760	Arnold, Johann Hermann Beyerod, Anna Magdalena
20.07.1760	Simon, Johann Henrich Heuckerod, Magdalena
27.07.1760	Simon, Christoph Schellhase, Anna Catharina, aus Völkershausen
02.10.1760	Hagenpruck?, Herr Henrich Philipp Bernhard, Medicinae practicus Becker, Elisabeth Susanna
26.03.1761	Rexrod, Meister Johann Hermann Beyerod, Juliana
19.04.1761	Methe, Herr Johann Jacob? Hille, Frau
24.05.1761	Wagner, Johann George, aus Schnellmannshausen Mothes, Anna Dorothea
28.05.1761	Koch, Johannes Hell, Agnesa
07.06.1761	Quentel, Johann Peter Umbach, Barbara Elisabeth
18.06.1761	Möller, Johann Christoph Speck, Margretha Elisabeth
03.08.1761	Rexerod, Johann Paul Sander, Eva Elisabeth
25.08.1761	Witzel, George Henrich, aus Creuzburg ...?, Anna, aus Böddiger
25.08.1761	Lindner, Johann Valentin, Inavliden Sergeant Börner, Catharina Elisabeth

08.10.1761	Schwabe, Herr Johann Friedrich, Musicus, aus Langensalza, V/M: Herr Balthasar, gew. Stadtmusicus
	Hillemann, Barbara Elisabeth, V/M: Johann Nicolaus, Bürger
??.??.1761	Herting, Johann Bernhard, Böttner und Bürger, V/M: Johann Christoph, Bürger und Böttnermeister
	Senger, Elisabeth, V/M: Johann George, Bürger und Schiffbauer seel.
04.02.1762	Denicke, Johann David Benignus, Apotheker, kunsterfahrener, aus Arnstadt
	Ahl, Maria Margaretha, V/M: Herr Johann Christian, medicinae Practicus seel.
12.03.1762	Gring, Herr Matthias, vom königl. französischen Corps de l Armee des Ouvriers, aus Köln am Rhein, V/M: Johannes
	Opfermann, Catharina Elisabeth, V/M: Johann Jacob, Bürger und Schiffer
22.04.1762	Grieß, Johann Henrich, V/M: Johann Christian, Schiffer und Bürger seel.
	Daniel, Martha Elisabeth, V/M: Herr Justus, Ratsverwandter und Schiffer
13.05.1762	Wangemann, Johann Martin, Chirurgus, neuangesessener allhier, aus Kindelbrück in Sachsen, V/M: Herr Johann Martin, Cantor
	Ha...?, Dorothea Elisabeth, V/M: Bürger und Schuhmachermeister seel.
11.07.1762	Senger, Nicolaus Wilhelm, Schuhmacher, V/M: Johann Wilhelm, Bürger und Schuhmacher
	Zindel (Zinngel), Anna Margretha, aus Germerode, V/M: Johann Christian, Leinewebermeister seel.
15.08.1762	Mehlis, Caspar, Tagelöhner und Bürger
	Schmoll, Anna Elisabeth, des Soodförster Johann Hermann Witwe
30.11.1762	Caspar, Christian, Bürger und Witwer
	Gerlach, Anna Catharina, aus Schwebda, V/M: Andreas seel.
19.12.1762	Rödiger, Johann Jacob, V/M: Conrad, Müller in der Werrmühle (unehelich)
	Zimmermann, Dorothea Elisabeth, V/M: Nicolaus, Müllermeister
	B.: Nach abgenommener Buße

Wanfried Kernstadt 1650 bis 1830

11.01.1763	Vogt, Herr Johann Christoph, Gärtner, kunsterfahrener in Diensten Herrn Hofcammerrath Uckermann allhier, aus Altengottern in Kursachsen, V/M: Johann George Ludwig, Maria Margaretha, V/M: Johann Nicolaus, Bürger seel.
01.02.1763	Bachmann, Johann Friedrich, aus Möhra im Sachsen-Meiningischen, V/M: Nicolaus Krug, Anna Catharina, V/M: Christoph, Bürger
13.02.1763	Schilling, Johann George, Soldat, verabsch. von den Garnisonsregimentern Sander, Anna Maria, V/M: Johann Jacob, Fährmann B.: Nach abgenommener Buße
??.04.1763	Kehm, Johann Martin, Musquetier bei hier in Garnison liegenden Erbprinz Regiment Obristleutnant Goßen Theobald, Anna Barbara, aus Steinau an der Straße
05.04.1763	Todenwarth, von und zu, Herr Friedrich Wolff, Hauptmann bei hess. Prinz Friedrich Dragonerregiment, aus Schmalkalden, bei bürtig Uckermann, Martha Rosina, V/M: Herr Bernhard Lüder, hessen-rheinfelsischer Titular Hofcammerrath und Kaufmann
12.04.1763	Uckermann, Herr Timotheus, Gastwirt zum Schwan, V/M: Johann Hermann, Bürgermeister seel. Ahl, Dorothea Sophia, V/M: Herr Johann Christian, medicinae practicus
31.05.1763	Crollius, Herr Philipp Conrad, Pfarrer zu Harle und Rhünda/Amt felsberg, aus Harle Haupt, Anna Catharina, V/M: Herr Johann Balthasar, Bürger und Kaufmann
30.06.1763	Steube, Stephan, Schmiedemeister und Bürger allhier, aus Heldra, V/M: Johannes, Ackermann seel. Werneburg, Maria Christina, V/M: Basilius, Bürger und Schmiedemeister seel.
10.07.1763	Peiter, Gottfried, Grenadiersoldat unter hierin Garnison liegenden Erbpriz Regiment Hopph, Dorothea Elisabeth, aus Eschwege
20.07.1763	Stichtenoth, Johann Wilhelm, 20 Jahre, Metzgermeister und Bürger allhier, aus Hedemünden, V/M: Andreas, Verwalter und Mühlmeister Daniel, Anna Catharina, V/M: Christian, Bürger und Schiffer

15.08.1763	Dönicke, Herr Johann david Benignus, Apotheker und Witwer Schleichhard, Augusta Sophia, aus Weißensee im Cursächsischen, V/M: Henrich Christoph, Bürger und Bäckermeister
18.08.1763	Dilling, Herr Wilhelm Andreas, Postmeister, hochfürstl. hessencasselischer dahier, V/M: Philipp Henrich, Capitän unter den hessischen Truppen und Commandant zu Friedewald seel. Ewald, Martha Christina, aus Schwebda, V/M: Herr Johann Philipp, Pfarrer zu Schwebda und Aue
08.09.1763	Sieberth, Herr Johannes, Wachtmeister, verabsch, vom hess. Cavallerieregiment des Generalmajor von Heister, aus Frommershausen, V/M: Justus Zincke, Anna Christina, V/M: Johannes, Bürger und Fährmann seel.
06.10.1763	Stückrath, Johannes, Schiffer, Bürger und Witwer Herting, Anna Elisabeth, V/M: Johann Christoph, Kirchensenior, Bürger und Böttner
09.10.1763	Daniel, Johann Christian, Schuhmacher, Bürger und Witwer Duder, Anna Elisabeth, des Bürger und Tagelöhner George Witwe
16.10.1763	Backhausen, Johannes, Invalidensoldat in Gnadengehalt stehender und gew, Husar, V/M: Johannes seel. Bach, Dorothea Elisabeth, aus Frieda, V/M: Lorentz, Schneidermeister
09.11.1763	Richter, Johannes, Soldat bei Erbprinz Regiment hess. Infanterie Obristleutnant von Goßen Comapgnie, aus Unterrieden, V/M: Nicolaus, Siebmacher Hohmann, geb. Bendteroth, Anna Gertrud, des Bürger und Ackermann Valentin Witwe
10.11.1763	Bendteroth, Engelhard, Färbermeister und Bürger, V/M: Liborius, Bürger und Färber seel. Arnold, Anna Maria, V/M: Johannes, Bürger und Ackermann seel.
24.11.1763	Mehlis, Jacob Wilhelm, Soldat, verabschiedeter aus hess. Diensten, V/M: Caspar, Bürger und Tagelöhner Sieland, Martha Elisabeth, V/M: Johann Henrich, Bürger und Schnurmacher seel.

24.11.1763	Werneburg, Nicolaus Wilhelm, Schmiedemeister, V/M: Basilius, Bürger und Schmiedemeister seel. Zincke, Kunigunda Juliana, V/M: Johannes, Bürger und Fuhrmann seel.
30.11.1763	Schocke, Johann Paul, Schuhmacher, V/M: Johannes, Bürger und Schuhmachermeister Beyeroth, Martha Elisabeth, V/M: Herr Johann Hermann, Metzgermeister und Bürgermeister
18.12.1763	Dörenckell, Herr Johann Henrich, 30 Jahre, Sergeant, gew. in hess. Diensten bei Generalleutnant von Gilsa Regiment und jetzt Invaliden Sergeant Caßdorff, Sophia, V/M: Herr Christian, Förster und Büchsenspanner bei Landgraf Carl von Hessen seel.
26.01.1764	Schröder, Herr Johann George, Kaufmann und Bürger allhier, aus Münden, V/M: Herr Justus Henrich, Kaufmann seel. Rüge, Barbara Elisabeth, V/M: Herr Philipp Christoph, Mitglied im Stadtrat und hochfürstl. hessen-casselischer Zollverwalter
09.02.1764	Hillmann, Johann Jacob, Schönfärber und Bürger, V/M: Johann Werner, Bürger und Raschmacher Schwantz, Anna Barbara, aus Creuzburg, wohnhaft zi Ifta, V/M: Conrad, Bürger zu Creuzburg und Schmiedemeister
16.02.1764	Koch, Herr Johann Ludwig, Strumpfwirkermeister und Bürger, V/M: Johann Friedrich, Kauf und Handelsmann, Bürgermeister Rexrodt, Martha Elisabeth, V/M: Herr Timotheus, Ratsverwandter und Kirchensenior seel.
15.04.1764	Lampmann, Johann Henrich, Invalide und Witwer Degenhard, Anna Catharina, Witwe
06.05.1764	Schmerbach, Valentin, Pächter, herrschaftl., V/M: Carl, Pächter seel. Schocke, Anna Catharina, V/M: Meister Johannes
17.05.1764	Becker, Theophilus Christianus, Bäckermeister, V/M: Johannes Beyrod, Anna Maria, V/M: Philipp, Braumeister
20.05.1764	Schernick, Michael, Grenadier beim Infanterieregiment Erbprinz zu Hessen, aus Fechenheim/Amt Hanau, V/M: Johannes seel. Schreiber, Anna Margaretha, des Soldat beim regiment Gilsa Johann Christian Witwe
13.06.1764	Burhenne (Baurhenne), Henrich Schmidt, Johanna Sabina, Samuel Witwe

28.06.1764	Würschmidt, Johann Christoph, Witwer Fischer, Anna Margretha, V/M: Conrad, Bäckermeister
19.07.1764	Schmerbach, Lorentz, Canonier, V/M: Carl, gew. Verwalter Wagner, Catharina Margretha, aus Treffurt, V/M: Daniel seel.
19.07.1764	Cornelius, Herr Adam Henrich, Kauf und Handelsmann, aus Melsungen Münscher, Wilhelmine Marie Elisabeth, V/M: Herr Pfarrer seel.
26.07.1764	Fischer, Johann Henrich, Bäckermeister Büchner, Anna Marie, V/M: Justus, Zeugmacher
19.09.1764	Zeth, Johann Martin, aus Seideroth im Hanauischen Riese, Anna Magdalena, aus aus dem Hanauischen
23.09.1764	Zincke, Friedrich Otto, Anna Martha, aus Reichensachsen, V/M: Johann George B.: Nach abgelegter Buße
12.11.1764	Kobold, Herr Johann Werner, Portraitmaler Krause, Anna Christina, V/M: Herr Pfarrer seel.
15.11.1764	Döring, Johann Michael Eckebrecht, Anna Elisabeth
15.01.1765	Rödiger, Johann Conrad , Maria Dorothea
24.01.1765	Rauschenberg, Johann Michael Eckard, Anna Christina
30.01.1765	Kuhhaupt, Jacob, Soldat Hillemann, Anna Margretha
24.02.1765	Lohn, Adam Schneider, Dorothea Elisabeth
28.02.1765	Becker, Johann Werner, Metzgermeister Beyerod, Kunigunda, V/M: Herr Bürgermeister
26.03.1765	Fleischhauer, Conrad Scharff, Anna Barbara
21.04.1765	Geilfuß, Meister Johannes, Witwer Schocke, Eva Elisabeth B.: Nach abgelegter Buße
24.04.1765	Dieterich, Meister Johann Hermann Schocke, Johanna Elisabeth

Wanfried Kernstadt 1650 bis 1830

06.06.1765	Wescke, Martin, Schuhmachermeister	
	Arnold, Anna Catharina, V/M: Henrich	
06.06.1765	Kuhn, Johannes, Grenadier	
	Fischer, Martha Elisabeth	
12.06.1765	Zimmermann, Meister Theophilus Christian	
	Teichmüller, Catharina Elisabeth	
01.08.1765	Hoffmann, Christoph	
	Bruns, Marie Elisabeth, aus Eisdorf/Amt Osterode	
11.08.1765	Röling, Johann Henrich, aus Allendorf	
	Heise, Anna Maria	
03.12.1765	Albrecht, J.C., Schreinermeister	
	Rülcke, Catharina Elisabeth	
27.12.1765	Noll, Justus	
	Schuchard, Catharina Elisabeth	
21.01.1766	Jacob, Meister Elias Jacob	
	Melis, Martha Elisabeth	
06.02.1766	Hieronymus, Johann Paul	
	Schocke, Anna Margretha, V/M: Herr Bürgermeister	
19.02.1766	Arnold, Johann Henrich	
	Morgenthal, Anna Christina	
23.03.1766	Rexerod, Meister Johann Paul	
	Rode, Anna Maria	
29.04.1766	Hallung, Johann Adam, Schiffer	
	Daniel, Elisabeth, V/M: Justus	
05.06.1766	Schröder, Meister Nicolaus	
	Degenhard, Catharina Elisabeth	
25.06.1766	Goßmann, Johannes, Soldat	
	Degenhard, Maria Elisabeth	
13.08.1766	Rexerod, Meister Andreas	
	Kohlmann, Eva Catharina	
17.09.1766	Hartmann, Meister Nicolaus	
	Körber, Christina Wilhelmina	
07.10.1766	Baldewein, Justus Henrich, Schiffer	
	Daniel, Anna Christina	
30.10.1766	Sander, Johann Christoph	
	Stück, Dorothea Elisabeth	

20.11.1766	Arnold, Johann Hermann, Metzgermeister Rexerod, Maria Christina
27.12.1766	Wescke, Meister Johann Martin Herwig, Anna Maria
24.02.1767	Lappe, Bernhard Kirscher, Anna Catharina
21.04.1767	Richter, Clemens Schäfer, Martha Elisabeth
12.05.1767	Brandau, Werner, Garde du Corps Klebe, Maria Dorothea
02.08.1767	Dörenckel, Johann Henrich, Invaliden Sergeant und Witwer Rode, Martha Christina
??.09.1767	Brand, Ludwig, Soldat von Erbprinz Regiment Boppenhausen, Anna Elisabeth B.: Nach abgelegter Buße
14.10.1767	Hartmann, Meister Johannes Kobold, Catharina Elisabeth
01.12.1767	Grose, Herr Johann Christoph Vogt, Witwe
06.12.1767	Richard, Johannes Schäfer, Anna Gertrud, aus Frieda
13.12.1767	Avemann, Andreas Eckard, Carolina
19.04.1768	Schocke, Meister Johann Paul Knabe, Anna Christina
03.07.1768	Eckard, Christoph Diedrich, Emmerentia
10.07.1768	Hase, George Leonhard Martin, Anna Maria, aus Frieda
14.07.1768	Lieberknecht, Ludwig, Bäckermeister Stiedenroth, Anna Catharina, aus Schwebda
18.11.1768	Wagner, Johann Henrich Eckard, Catharina Elisabeth B.: Nach abgelegter Buße
29.12.1768	Weider, Nicolaus, Soldat, aus Netra Hartmann, Anna Maria, V/M: Johann George

09.02.1769	Faber, Meister George Friedrich, Gattermüller Degenhard, Eva Dorothea, aus Witwe
14.04.1769	Holzapfel, Meister Andreas Köhler, Anna Christina
16.04.1769	Frölich, Meister Johann Conrad Jacob, Anna Margaretha
??.04.1769	Daniel, Friedrich, Corporal Caspar, Catharina Sophia B.: Nach abgelegter Buße
02.07.1769	Stückrad, Johann Wilhelm, Witwer Schein, Anna Catharina
06.08.1769	Bange, Nicolaus Wilhelm Eisel, Catharina Elisabeth B.: Nach abgelegter Buße
20.08.1769	Berz, Johann Bernhard, Schuhmacher Wescke, Dorothea Elisabeth
08.09.1769	Schocke, Johann Wilhelm Heinemann, Susanna Elisabeth
06.10.1769	Jacob, Elias, Schuhmachermeister Sander, Maria Elisabeth
02.11.1769	Hildebrand, Johann Bernhard Lorenz, Martha Elisabeth
26.11.1769	Schröder, Nicolaus, Schlossermeister Degenhard, Anna Dorothea
17.12.1769	Schocke, Jacob, Kuhhirte Götze, Elisabeth
21.12.1769	Börner, Basilius, aus Hildebrandshausen Schulze, Anna Maria, V/M: Christoph
29.12.1769	Immig, Johann Diedrich, aus Sooden Zindel, Anna Margretha
28.01.1770	Steube, Stephan, Schmiedemeister Hille, Martha Elisabeth, aus Altenburschla
22.02.1770	Daniel, Engelhard Gries, Anna Gertrud
25.02.1770	Herting, Johann Henrich Schröder, Anna Martha

15.03.1770	Brandau, Werner, Garde du Corps Pistor, Maria Magdalena B.: Nach abgelegter Buße
16.05.1770	Benterod, Engelhard, Färbermeister Rüger, Anna Christina, V/M: der Mittelmüller
01.07.1770	Rexerod, Johann Werner, Soldat Heer, Johanna Magdalena B.: Nach abgelegter Buße
23.09.1770	Bange, Christoph, Soldat Albrecht, Anna Maria, aus in der Kratzmühle
27.11.1770	Böhm, Johann George, Schäfer, aus Burckarderode Heße, Anna Christina, V/M: Johann Lorentz
29.11.1770	Eichler, Johann Conrad Werner, Johanna Elisabeth
23.12.1770	Werckmeister, Conrad Hörselmann (Herschelmann), Eva Elisabeth, Witwe
27.12.1770	Neusüß, George Severin, Anna Margretha, aus Frieda, V/M: Christoph
31.07.1771	Daniel, Herr Christian, Schiffer Schröder, Anna Margretha
13.09.1771	Walther, Herr Bernhard Ludwig Daniel, Juliana
29.09.1771	Hieronymus, Meister Johann Paul Walther, Clara Susanna
29.10.1771	Hanstein, von, Herr Jost Friedrich, Rittmeister, aus Bornhagen Keudel, von, Carolina Elisabeth B.: Auf dem Keudelstein cop.
21.11.1771	Schabacker, Balthasar Stephan, Anna Maria
27.12.1771	Meisterlin, Herr Carl Henrich, Witwer Wurm, von, Johanna Philippina
07.01.1772	Beck, Friedrich Wilhelm, Drechslermeister Beyerod, Martha Elisabeth
28.01.1772	Daniel, Christian junior, Schiffer Rautenhausen, Anna Margaretha

Wanfried Kernstadt 1650 bis 1830

26.05.1772	Rothe, Johann Christian, Bäckermeister Schocke, Barbara Elisabeth, V/M: Johann Christian
30.08.1772	Werneburg, Nicolaus Wilhelm, Schmiedemeister Hartmann, Dorothea Elisabeth, aus Netra
14.09.1772	Wilhelm, Ludwig, Schneider, aus Marburg Hartmann, Anna Christina, V/M: Johann George
26.11.1772	Rüge, Johann Bernhard Senger, Catharina Elisabeth
03.01.1773	Giebler, Henrich, Grenadier Barth ?, Anna Christina
21.02.1773	Dingel, Johann Henrich, Schneidermeister und Witwer Noll, Wilhelm Witwe
22.06.1773	Eichenberg, Johannes, Soldat Schilbe, Anna Barbara, aus Riedshausen
01.08.1773	Hellwig, Johann Christoph, Ziegelbrenner und Witwer Mengel, Christina Elisabeth, aus Langenhain
01.08.1773	Bernhard, Johann George, Invalide, aus Allendorf Asmann, Catharina Elisabeth, V/M: Urban
19.08.1773	Rohrbach, Johann Wilhelm Happel, Gertrud, aus Neukirchen
19.09.1773	Hille, Johannes, aus Altenburschla Gries, Maria Elisabeth
18.11.1773	Rexerod, Johann Ludwig, Metzgermeister , Dorothea Wilhelmina, V/M: hiesiger Förster
29.11.1773	Heße, Johannes, Schäfer Gottsleben, Anna Margretha, aus Schwebda
01.12.1773	Rexerod, Johann Henrich, Metzgermeister Morgenthal, Anna Elisabeth, V/M: Pächter
27.12.1773	Würschmidt, Christoph, Witwer Dorfheilig, Martha Elisabeth, aus Großburschla
13.02.1774	Daniel, Meister Johann christian, Witwer Fey, Anna Christina, Witwe
03.03.1774	Müller, Johann Caspar, Bäckermeister Hieronymus, Anna Christina
05.04.1774	Krug, Lampertus, Tagelöhner Wagner, Martha Elise

07.04.1774	Knabe, Johannes, Schneidermeister Arnold, Anna Maria
21.04.1774	Senger, Jacob, Schiffer Gries, Margretha Elisabeth
07.10.1774	Daniel, Johann Philipp, Bäckermeister Rode, Anna Sophia
09.10.1774	Vollmann, Johann Werner, Schneidermeister Hosbach, Anna Maria
16.10.1774	Beck, Johann Bernhard, Grenadier Wilhelmi, Martha Elisabeth, aus Heldra
17.11.1774	Sieland, Jacob, Schiffer Sänger, Catharina Sophia
21.11.1774	Benderoth, Johann Conrad, Fährmann und Witwer Jordan, Anna Margaretha B.: Nach abgelegter Buße
26.02.1775	Schocke, Christian Heuckerod, Catharina Elisabeth, aus Neuerode
02.04.1775	Becker, Herr Friedrich Wurm, von, Susanna Hermine
11.05.1775	Eisert, Meister Timotheus Daniel, Barbara Elisabeth
24.09.1775	Heße, Cyriacus, Schäfer Heße, Anna Sophia, V/M: Johannes
03.12.1775	Lieberknecht, Johann Christoph, Schiffer Hallung, Elisabeth, Witwe
10.12.1775	Schocke, Jacob Wilhelm Baxt, Catharina Elisabeth
11.02.1776	Schabacker, Johann George Vollmann, Catharina Elisabeth, V/M: Henrich
09.04.1776	Schocke, Johann Wilhelm, Böttnermeister und Witwer Beyerodt, Martha Christina
25.04.1776	Ludwig, Johann Henrich, Zeugmacher Schmoll, Anna Catharina
02.07.1776	Daniel, Johann Philipp, Bäckermeister Morgenthal, Anna Martha

09.07.1776	Trümper, Valentin, Schiffer, aus Eschwege, V/M: Egidius Daniel, Eleonore, V/M: Henrich, Schiffer seel.
31.10.1776	Albrecht, Clemens, Böttner Marggraf, Maria Elisabeth, V/M: Herr Bürgermeister
03.12.1776	Wilhelmi, Christian, Grenadier, aus Allendorf Degenhard, Anna Gertrud, V/M: Johann Melchior
08.12.1776	Grein, Matthias, Zimmermeister Krehbaum, Dorothea Elisabeth, aus Netra, V/M: Henrich
02.02.1777	Degenhard, Justus Hartmann, Anna Maria
22.06.1777	Hillemann, Johann Henrich, Weißbindermeister und Witwer Geilfuß, Anna Gertrud, aus Sontra
17.07.1777	Francke, Carl, Schuhmachermeister Hillemann, Anna Sophia
03.08.1777	Fischer, Johann Henrich, V/M: Müller Catharina Elisabeth B.: Beide Katholiken, auf dem Keudelstein cop.
20.11.1777	Schabacker, Balthasar Senger, Elisabeth
07.12.1777	Potje, Balthasar, Regimentstambour Hampe, Frau Anna Catharina
04.01.1778	Schabacker, George, Postknecht, aus Rambach Böttger, Anna Catharina, V/M: hiesiger Pächter
25.01.1778	Rinck, Johann Andreas, Metzgermeister, aus Rüdigershausen Hieronymus, Maria Christina
01.03.1778	Rödiger, Johann Adam, Raschmacher, aus Treffurt Hause, Anna Sabina
12.03.1778	Vaupel, Herr Johann Jacob, Conductor, hies. herrschaftl. Ruprecht, Anna Margaretha
21.04.1778	Eckhard, Christoph, Witwer Pfeil, Barbara Elisabeth, aus Völkershausen
14.05.1778	Buttlar, Johannes, Schneidermeister Lieberknecht, Maria Elisabeth
28.06.1778	Madern, Johann George, Schneidermeister Schnegelberg, Anna

12.07.1778	Hildebrand, Johann Adam, Töpfermeister und Bürger Börner, Anna Elisabeth
21.06.1787	Wünche, Johann Martin, Witwer Beck, Martha Elisabeth, Witwe
08.11.1778	Eckard, Johannes, Mühlmeister Rauschenberg, Anna Christina, Michael Witwe
23.11.1778	Simon, Johann Henrich Oppermann, Anna Sophia
27.12.1778	Lorenz, Johannes Stimmer, Maria Louisa B.: Nach abgelegter Buße
21.02.1779	Vogel, Caspar, Witwer Fischer, Anna Sabina, aus Reichensachsen
28.02.1779	Hartmann, Johann Nicolaus Caspar, Martha Elisabeth
28.02.1779	Gille, Herr Jacob Wilhelm, Kaufmann Breiding, Catharina Elisabeth, aus Witzenhausen, V/M: Herr Justus, Kaufmann
25.04.1779	Kiesner, Cyriacus, Zeugmachermeister, aus Effelder Beck, Catharina Elisabeth
11.07.1779	Neusüß (Neusiot), Jacob Arend, Martha Elisabeth, aus Völkershausen B.: Meister
04.11.1779	Eisert, Timotheus, Schuhmacher Daniel, Anna Catharina
27.04.1780	Büchner, Johann Henrich Beyerod, Anna Gertrud
13.06.1780	Schulze, Johann Gottlob, Perückenmacher, aus Löbnitz Rudloff, Dorothea Sabina, aus Eisenach
22.06.1780	Gerber, Herr Friedrich, Kaufmann Koch, Barbara Elisabeth
31.12.1780	Hörselmann, Johann Henrich, Grenadier Degenhard, Clara
11.01.1781	Rod, Christian, Bäckermeister Müller, Anna Margretha

26.01.1781	Strecker, Johann Wilhelm Frühauff, Anna Magdalena
29.04.1781	Göring, Johann Lorenz, aus Rüdigershagen Daniel, Catharina Elisabeth, aus Vacha, V/M: Johann Christoph, gew. Schulmeister
20.05.1781	Lorenz, Wilhelm Heße, Anna Maria
25.05.1781	Fleischhauer, Johann Conrad, Stadtwachtmeister und Witwer Schulze, Martha Elisabeth
13.09.1781	Schifflin, Johann Jacob, Kaufmann, aus Meiningen Meisterlin, Johanna Philippina, des in Amerika verst. Regimentsquartiermeister Witwe
18.09.1781	Backhaus, Johannes, Invalide Eckmann, Anna Christina, aus Hoheneiche
23.09.1781	Gunram, Herr Jacob Wilhelm, Güther Bestütter ? Walter, Catharina Elisabeth Charlotta
04.10.1781	Münstermann, Herr Johann George, Kaufmann Koch, Clara Judith
14.10.1781	Buttlat, Theophilus Christian Götze, Catharina Elisabeth
21.10.1781	König, Johann Henrich, Invaliden Sergeant Lindner, des Sergeant Johann Valentin Witwe
??.11.1781	Rüge, Johann Jacob Schultz, Anna Margretha
30.12.1781	Reutel, Herr N., Baumeister in den Sooden, aus Sooden Beermann, Justina Bernhardina
13.01.1782	Beck, Caspar Rod, Anna Christina
23.01.1782	Mangold, Johann Hermann Griese, Anna Gertrud
14.04.1782	Böttger, Johann Friedrich, Witwer Zinck, Anna Martha, Witwe
07.07.1782	Seebach, Adam Henrich, Schneidermeister und Witwer Schäfer, Catharina Elisabeth, Henrich Witwe
08.09.1782	Schmidt, Herr Franciscus Nicolaus, Kaufmann, aus Kassel Lieberknecht, Charlotta Albertina

10.02.1783	Grose, Herr Johann Jacob, aus Ufhofen Ruprecht, Martha Sophia
28.03.1783	Gundlach, Herr, Kaufmann Froböse, Henriette Catharina
14.05.1783	Berz, Johann Bernd, Schuhmachermeister und Witwer Börner, Maria Elisabeth, aus Völkershausen
18.05.1783	Heilemann, Johannes, Bürger Hartmann, Martha Elisabeth, Nicolaus Witwe
22.05.1783	Senger, Johann Christoph, Knopfmachermeister Fischer, Martha Elisabeth
09.08.1783	Neusüß, Johann Ludwig Becker, Catharina Elisabeth, aus Völkershausen B.: Nach abgelegter Buße
31.08.1783	Illert, Herr Johann Ernst, Wagnergeselle, aus Ebenshausen im Sachsen-Gothaischen Köhler, Anna Elisabeth
03.10.1783	Dietzel, Johann Wilhelm, aus Barchfeld Seyfried, Maria Charlotta
03.11.1783	Lohn, Johann Adam, Witwer Severin, Anna Maria, aus Frieda
03.12.1783	Daniel, Johann George, Bürger Rexrod, Anna Elisabeth
30.12.1783	Müller, Jacob Oppermann, Christina
08.01.1784	Fischer, Simon, aus Langula in der Vogtei Lappe, Eva Catharina
25.01.1784	Arnold, Johann Hermann, Bürgermeister und Witwer Kellner, Catharina Elisabeth
29.01.1784	Heer, Johann Henrich, Schuhmachermeister Hopffe, Elisabeth
12.02.1784	Wenderoth, Christoph Schulze, Anna Elisabeth
15.02.1784	Mohr, Johannes, Maurer, Bürger und Witwer Rüge, Maria Elisabeth
04.05.1784	Eisenträger, Johann George, aus Bischhausen Fey, Martha Rosina

23.05.1784	Werneburg, Meister Nicolaus Wilhelm, Witwer Rexrod, Catharina Elisabeth
31.05.1784	Schröder, Johann Nicolaus, Schlossermeister, Bürger und Witwer Zindel, Anna Dorothea
15.07.1784	Gottsleben, Johann Christoph Langius, Catharina Elisabeth
05.09.1784	Trümper, Eobanus, aus Eschwege Daniel, Anna Gertrud, des Bürger und Schiffer Engelhard Witwe
05.09.1784	Sänger, Henrich Werner, Strumpfwirkermeister Caspar, Anna Catharina
14.10.1784	Mecke, Johannes Franciscus, Böttner, aus Lamspringe im Hildesheimischen Werckmeister, Margaretha Elisabeth
05.12.1784	Lorenz, Timotheus, Grenadier vom Garnisonsregiment von Bünau Stückrad, Anna Catharina
27.12.1784	Hillemann, Samuel Wangemann, Susanna Catharina
07.04.1785	Breßler, Johann Michael Marggraf, Maria Margretha
08.05.1785	Daniel, Herr Jeremias, Cantor Koch, Anna Sophia
16.06.1785	Daniel, Johann Jost Schmerbach, Anna Margretha
19.06.1785	Ewald, Bernhard Lüder, Kauf und Handelsmann und Bürger Platte, Maria Margaretha, aus Rothefeld ?, V/M: Henrich Wilhelm, Salzinspector seel.
12.07.1785	Ruprecht, Johann Tobias, Bäckermeister, aus Treffurt Daniel, Martha Elisabeth
08.01.1786	Thomas, Christoph, Corporal vom Regiment Erbprinz, V/M: Conrad seel. Heße, Anna Dorothea, aus Aue, V/M: Johann Wilhelm, Jäger seel.
15.01.1786	Mangold (Manigold), Johannes, Musquetier von Erbprinz Regiment Sander, Dorothea Elisabeth, V/M: Johann Philipp, Schlachtvogt seel.

19.02.1786	Giebeler, Henrich, Corporal beim Regiment Erbprinz
	Schäffer, Martha Elisabeth, V/M: Carl, Forstläufer
15.03.1786	Dietzel, Conrad, aus Schnellmannshausen
	Grebaum, Margretha, aus Netra
07.05.1786	Dransfeld, Herr Johann Ernst, Candidatus Theologiae, aus Leiden in Holland
	Seedorf, Maria Sophia Henrietta, V/M: Albert, Gastwirt
28.05.1786	Moths, George Wilhelm, Sattlermeister, Garnisonssoldat und Bürger
	Rülcke, Sabina Elisabeth
22.06.1786	Kohlmann, Nicolaus Wilhelm, Schuhmachermeister und Bürger
	Werneburg, Johanna Elisabeth
15.10.1786	Francke, Carl Christian, Schuhmachermeister und Bürger
	Wagner, Anna Catharina
26.11.1786	Thomas, Johann Henrich, Schäfer
	Schmerbach, Catharina Margretha
03.12.1786	Wetzstein, George Wilhelm, Bürger
	Dieterich, Johanna Elisabeth
27.12.1786	Schultze, Johann Christian
	Wagner, Eva Dorothea
25.02.1787	Schröder, Johann Christian, aus Altlandsberg im Brandenburgischen
	Dietzel, Eva Dorothea
07.06.1787	Seyfroed, Herr Wilhelm, Chirurgus
	Ruprecht, Clara Juditha
04.07.1787	Zahn, Christian Henrich, aus Pfullendorf im Gothaischen
	Rexrodt, Maria Christina, V/M: Hermann, Metzgermeister
07.07.1787	Schäffer, Henrich, aus Frankershausen
	Moths, Martha Elisabeth, V/M: Sattlermeister
11.11.1787	Dietzel, Johann Jacob
	Baurhenne, Christina, V/M: Johann Henrich
09.12.1787	Senger, Johann Christoph, Knopfmachermeister und Witwer
	Jungermann, Eva Dorothea, aus Völkershausen
20.01.1788	Roth, Johannes, V/M: Johann Bernhard, Bürger
	Lorenz, Anna Elisabeth, aus Altenburschla, V/M: Johannes, Gerichtsschöpfe seel.

Wanfried Kernstadt 1650 bis 1830

27.01.1788	Böttger, Johann George, V/M: Johann Friedrich Becker, Anna Catharina, aus Völkershausen
27.01.1788	Mangold, Timotheus, V/M: George, Bürger seel. Wagner, Eleonora, V/M: Johann George, Bürger
17.02.1788	Roth, Johann Henrich Sänger, Sophia Elisabeth, V/M: Nicolaus Wilhelm seel.
12.06.1788	Weske, Johann Philipp, Schuhmachermeister Büchner, Juliana
15.06.1788	Lieberknecht, Herr Bernhard Ludwig, Handelsmann Dilling, Margretha
09.07.1788	Fischer, Johann Christoph, Musquetier Daniel, Margretha Elisabeth, des Bürger und Schiffer Johann Christian Witwe
04.01.1789	Schilling, Conrad Gottsleben, Anna Sophia
25.01.1789	Hosbach, samuel, aus Rittmannshausen Degenhardt, Anna Christina, V/M: George Wilhelm, Müller seel.
19.02.1789	Ludwig, Herr Johann Daniel, Licentiat der Rechte Hagenbruch, Francisca Christina, aus Mühlhausen, V/M: Herr Philipp Bernhard, in Mühlhausen gestandener Stadtphysicus
01.03.1789	Daniel, Christian, Soldat ? Bernhard, Martha Elisabeth
22.03.1789	Schabacker, Balthasar, Witwer Köhler, Anna Catharina, aus Datterode, V/M: Conrad seel.
14.07.1789	Hoffmann, Johann Christoph, Amtsdiener und Witwer Köthe, Martha Maria, aus Mühlhausen, V/M: Meister Johann Lorenz, Bürger und Feuermauerkehrer Obermeister
26.07.1789	Stückrath, Christian, Musquetier, V/M: Wilhelm Schuchardt, Anna Margretha, V/M: Christoph, Bürger seel.
13.09.1789	Wagner, Wilhelm, aus Aue, V/M: Anton Schocke, Susanna Elisabeth, V/M: Johann George, Bürger
01.11.1789	Beermann, Herr Carl Joseph, Richter, hundelshausischer, V/M: Herr Michael, Richter und Bürgermeister Rupprecht, Anna Elisabeth, V/M: Herr George, Bürgermeister
03.01.1790	Heße, Johann George, Witwer Knierim, Johanna Elisabeth, V/M: Barthel, Bürger seel.

07.02.1790	Langius, Henrich Werner, Strumpfwirkermeister und Witwer Lorenz, Anna Elisabeth, V/M: Bernhard, Bürger seel.
28.02.1790	Lieberknecht, Christoph, Schiffer und Witwer Kranich, Anna Dorothea, aus Lauchröden, V/M: Johann George, Weißbindermeister
21.03.1790	Schweitzer, Johann Christian, aus Creuzburg, V/M: Johann George, Bürger und Mühlenmeister seel. Degenhardt, Catharina Elisabeth, V/M: George Wilhelm, Bürger und Mühlenmeister seel.
05.04.1790	Höch, Conrad, aus Schwebda, V/M: Sergeant Kohlmann, Anna Elisabeth, V/M: Johann Valentin, Bürger und Schiffer
13.06.1790	Völcke, Johannes, Schiffer, aus Eschwege, V/M: Christoph, Bürger seel. Griese, Gertrud, V/M: Henrich, Bürger und Schiffer
05.09.1790	Hoffmann, Johannes, Musquetier vom Regiment Erbprinz, V/M: Christoph, Amtsdiener Stichtenoth, Anna Catharina, V/M: Johann Wilhelm, Metzgermeister
18.11.1790	Montag, Henrich, V/M: Martin, Kalckmüller Harsein, Elisabeth, aus Altenburschla, V/M: Caspar
26.01.1791	Mönnig, Herr Johann Ludwig, Candidatus Theologiae, lutherischer, aus Arnstadt, V/M: Johann Christian, Bürger und Schuhmachermeister Meisterling, Rosina Sophia, V/M: Carl Henrich, Regimentsquartiermeister seel.
20.02.1791	Daniel, Johann Justus, Schiffbauer, V/M: Christoph, Bürger und Kirchensenior seel. Fischer, Anna Elisabeth, V/M: Henrich, Bürger und Kirchenältester
13.03.1791	Vogt, Johannes, Musicus Külcke, Sophia Charlotte, V/M: Timotheus, Bürger und Deputierter
14.06.1791	Langlotz, Johann Conrad, Ratsdiener und Witwer Sieland, Maria Elisabeth, V/M: Justus seel.
26.06.1791	Sieland, Johann Christian, Schiffer und Bürger Henckelmann, Charlotte, aus Reichensachsen

Wanfried Kernstadt 1650 bis 1830　　　　　　　　　　　　　　　　　　　　　155

03.07.1791	Werckmeister, Johann Friedrich, V/M: Conrad, Bürger ...?, Maria Elisabeth, aus Schwebda, V/M: Johann George seel.
01.09.1791	Widmer, Johann Christian Friedrich, Schneider und Bürger Sülzner, Johanna Dorothea, aus Eisenach, V/M: Ernst Peter, Bürger und Metzgermeister seel.
23.10.1791	Rödiger, Christian, Grenadier beim 1ten Bataillon Erbprinz Siebert, Martha Sophie, V/M: Johannes, Wachtmeister und Bürger seel.
13.11.1791	Siebert, Friedrich, Musquetier beim Regiment Erbprinz 1tes Bataillon, V/M: Johannes, Wachtmeister und Bürger seel. Dietzel, Christina, des Soldat Johann Jacob Witwe
25.03.1792	Siemon, Christoph, Schiffer, V/M: Christoph, Bürger seel. Schleendorn, Anna Barbara, aus Rittmannshausen, V/M: Johann Henrich
29.04.1792	Galsterer, Martin, Schneidermeister, aus Burgheim im marggräfl. Ansbachischen, V/M: Henrich, Huf und Waffenschmied seel. Albrecht, Kunigunda, V/M: Christoph, Bürger und Schreinermeister
29.04.1792	Döring, Michael, Witwer Beck, Anna Elisabeth, V/M: Adam seel.
01.07.1792	Schreiber, Conrad Poppenhausen, Anna Margretha, V/M: Johann Paul
22.08.1792	Burg, von der, Herr Gottlob Christian Carl Ludwig, aus Helmershausen im Eisenbergischen, V/M: Herr Johann Engelbert, Major Dransfeld, geb. Seedorf, Maria Sophia Henrietta, geschiedene Frau des Candidaten Dransfeld, der sie verlassen hatte
25.10.1792	Schilling, Christoph, Musquetier beim 1ten Bataillon Erbprinz, V/M: Johann George, Bürger und Fährmann Baldewein, Anna Catharina, V/M: Justus, Stadtbaumeister
23.12.1792	Schocke, Johann Hermann, V/M: Johann Paul, Kirchenältester Büchner, Anna Martha, V/M: Johann Jacob, Bürger
30.12.1792	Krahmer, Johann Wilhelm, aus Ershausen, V/M: Herr Johann Henrich, Förster seel. Siemon, Martha Elisabeth, aus Richelsdorf, V/M: Gottfried seel.

17.02.1793	Kohlmann, Jacob, V/M: Valentin, Bürger seel. Junckermann, Catharina Elisabeth, aus Völkershausen, V/M: Johann George, Schneidermeister
17.02.1793	Wescke, Johann Martin, Schuhmachermeister und Witwer Mohr, Maria Elisabeth, des Bürger und Maurermeister Johannes Witwe
05.05.1793	Heer, Johann Henrich, Schuhmachermeister und Witwer Beck, Anna Christina, des Bürger Carl Witwe
16.06.1793	Vaupel, Herr Johann Jacob, Conductor, herrschaftl. und Witwer Ruprecht, Catharina Juliana, V/M: Herr Johann George, Bürgermeister
13.09.1793	Hieronymus, Johann Paul, Bäckermeister und Witwer Heuckerodt, Anna Christina, aus Schwebda, V/M: Johannes
03.11.1793	Würschmidt, Johann Christoph Hellwig, Anna Christina, des Ziegelbrenner Christoph Witwe
23.04.1794	Rödiger, Adam, Witwer Schäfer, Anna Maria, aus Frieda, V/M: Johann Jacob
14.09.1794	Trümper, Valentin, Witwer Roth, Anna Dorothea, V/M: Johann Bernhard
29.09.1794	Dieterich, Johannes, V/M: Catharina Elisabeth Hesse (unehelich) Schafhäuser, Maria Catharina, aus Waldkappel, V/M: Johann Ernst
04.01.1795	Hildebrand, Johann Bernhard, Bürger und Witwer Schäfer, Martha Christina, V/M: Jacob Wilhelm, Bürger seel.
15.03.1795	Schmidt, Christoph, aus Heldra, V/M: Frantz Schleendorn, Anna Catharina, aus Rittmannshausen, V/M: Johann Henrich seel.
15.03.1795	Brauhardt, Johann Carl, Schuhmachergeselle, aus Deuchen in Kursachsen Stephan, Catharina Elisabeth, V/M: Martha Elisabeth, verehelichte Giebeler (unehelich)
19.07.1795	Rexrodt, Johann Christoph, Metzgermeister, V/M: Johann Paul, Metzgermeister Voigt, Anna Sophia, V/M: Johann Christoph, Gärtner seel.
19.07.1795	Schmerbach, Lorenz, V/M: Mattheus, Bürger Gottsleben, Elisabeth, V/M: Nicolaus, Bürger

Wanfried Kernstadt 1650 bis 1830

03.08.1795	Pagendarm, Herr Henrich Justus, Kaufmann, aus Grena, V/M: Herr Henrich Jacob, Generalsuperintendent seel. Lieberknecht, geb. Müller, Victoria Sophia, des Kaufmann Johann Friedrich Witwe
06.08.1795	Schrader, Herr Johann Gustav, Kaufmann, aus Hedemünden, V/M: Herr Johann Christoph, Kämmerer und Kaufmann Koch, Philippina Catharina, V/M: Herr Johann George, Kauf und Handelsmann seel.
08.11.1795	Schabacker, Johann Christoph, V/M: Johann Christoph seel. Brand, Anna Catharina, V/M: Johann Ludwig
08.11.1795	Herting, Johann Christian, Bürger und Witwer Reichenbach, Margretha, aus Frieda, V/M: Conrad seel.
06.12.1795	Rexrodt, Johann Paul, Metzger, Invalide und Witwer Paul, Anna Christina, aus Creuzburg, V/M: Johann George, Bürger und Rotgerbermeister seel.
28.02.1796	Schmerbach, Matthäus, V/M: Valentin, Bürger seel. Heuckeroth, Anna Elisabeth, aus Niederdünzebach, V/M: Philipp
28.03.1796	Arnotell ?, Johann Adam, aus Großburschla Choerneck, Anna Christina, V/M: Johann Michael, Invalide und Beiwohner seel.
19.06.1796	Daniel, Herr Jeremias, Cantor und Witwer Hartuch, Maria Elisabeth, aus Hersfeld, V/M: Herr George Wilhelm
30.06.1796	Gries, Justus, Schiffer, V/M: Henrich, Bürger und Schiffer Schmerbach, Dorothea Elisabeth, V/M: Mattheus, Bürger
10.07.1796	Böhm, Gottlieb, Schäferknecht dahier, aus Scherbda Beck, Anna Elisabeth, V/M: Johann Bernhard, Tagelöhner seel.
11.09.1796	Eckhardt, Engelhard, V/M: Christoph Becker, Philippina, aus Schwebda, V/M: Johannes seel.
21.10.1796	Sander, Johann Henrich, V/M: Herr Johann Philip, Stadtwagemeister und Organist Geilfuß, Sophia, V/M: Herr Johannes, Ratsherr
12.01.1797	Münckel, Johann Christoph Julius, Schneidermeister, aus Bühren im Hannöverischen, V/M: Henrich, Licentcontrolleur Marggraf, Dorothea Maria, V/M: Herr Johann George, Bürgermeister seel.

15.01.1797	Herwig, Christian, aus Altenburschla, V/M: Johannes Weider, Anna Christina, V/M: Nicolaus, Soldat seel.
29.01.1797	Schnitter, Christoph, aus Treffurt, V/M: Bernhard, Bürger und Metzger Schabacker, Catharina, V/M: Martin, Schiffer
08.10.1797	Koch, Herr Johann George, Contributionserheber und Receptor Dilling, Bernhardina, V/M: Herr Andreas Wilhelm, Postmeister
22.10.1797	Knigge, Detlef, Schäfer oder Schiffer ?, aus Kaßtorf, V/M: Johann Friedrich, Koch seel. Schilling, Dorothea Elisabeth, V/M: Johann George, Bürger und Fährmann
14.01.1798	Wagner, Johannes, Grenadier beim Regiment Erbprinz, V/M: George, Bürger Rödiger, Martha Sophia, des Soldat Christian Witwe
08.02.1798	Osburg, Nicolaus, Feldhüter und Witwer Räuber, Anna Maria, aus Gerstungen B.: Beim Kindbette der Braut cop.
15.04.1798	Bödicker, Johannes, Wollentuchmacher, aus Eschwege, V/M: Jacob Wenderoth, Maria Elisabeth, V/M: Jacob seel.
22.04.1798	Hille, Caspar, V/M: Jacob, Wachtmeister seel. Heer, Anna Margaretha, V/M: Conrad, Bürger und Schuhmachermeister
10.05.1798	Gries, Christian, Grenadier beim Gardegrenadierregiment, V/M: Henrich, Bürger und Schiffer Schmerbach, Catharina Elisabeth, V/M: Mattheus, Bürger und Gastwirt
22.07.1798	Noll, Christoph, Grenadier beim Regiment Erbprinz, V/M: Johann Justus seel. Wescke, Catharina, V/M: Martin, Bürger und Schuhmachermeister
11.11.1798	Schäfer, Wilhelm, Grenadier beim Regiment Prinz Carl, aus Aue, V/M: Jacob, Zimmermeister Heße, Anna Maria, V/M: Johannes, Bürger
18.11.1798	Hause, Jacob, V/M: Johann Henrich, Bürger Noll, Anna Margaretha, V/M: Justus, Bürger seel.

02.12.1798	Helle, Johannes, Canonier beim Artillerieregiment, V/M: Jacob, Wachtmeister seel. Grein, Anna Sophia, V/M: Mattheus, Bürger und Zimmermeister seel.
16.12.1798	Bernhard, Johann Adam, Bürger und Witwer Rüge, Juliana, V/M: Jacob, Mittelmüller seel.
26.12.1798	Zimmermann, Theophilus Christian, Metzgermeister und Witwer Fey, Anna Catharina, V/M: Johann George, Bürger seel.
13.01.1799	Bluhme, Frantz Henrich, Böttnergeselle, aus Weimar, V/M: Johann Christian, Bürger und Strumpfverleger seel. Frölich, Elisabeth, V/M: Conrad, Bürger und Böttnermeister
29.04.1799	Lorenz, Jacob Lorenz, geb. Heße, Anna Maria, George Wilhelm Witwe
09.06.1799	Wetzstein, George Wilhelm, Witwer Lorenz, Catharina Elisabeth, aus Altenburschla, V/M: Henrich seel.
08.09.1799	Vollmann, Jacob Wilhelm, V/M: Johann Werner, Schneidermeister seel. Hoffmann, Maria Christina, V/M: Agnesa Roth (unehelich)
13.10.1799	Mangold, Timotheus, Maurer und Witwer, V/M: George, Bürger seel. Werneburg, Anna Christina, V/M: Nicolaus Wilhelm, Schmiedemeister seel.
17.11.1799	Schäfer, Johannes, Schneidermeister, V/M: Henrich, Schneidermeister seel. Zincke, Sabina Elisabeth, V/M: Johann Friedrich, Bürger seel.
26.12.1799	Schmerbach, Adam, Musquetier beim Regiment Erbprinz, V/M: Lorenz, Bürger Hieronymus, geb. Heuckeroth, Anna Christina, des Bäckermeister Johann Paul Witwe
16.02.1800	Kleyensteuber, Johannes Ludwig, Tagelöhner und Bürger allhier, aus Frankershausen, geb. in Kassel, V/M: Elisabeth Kohlhaus (unehelich) Böhm, Martha Elisabeth, V/M: George, Schweinehirte

26.02.1800	Stichtenoth, Johann Henrich, Metzgermeister und Grenadier beim Regiment Erbprinz, V/M: Johann Wilhelm, Bürger und Metzgermeister Faber, Barbara Elisabeth, V/M: George Friedrich, Bürger und Gattermüller
06.04.1800	Kratzenberg, George Henrich, Schreinermeister, aus Bischhausen, V/M: Paul Beck, Anna Maria, V/M: Wilhelm Friedrich, Drechslermeister seel.
20.04.1800	Schmerbach, Johannes, V/M: Valentin, zur Zeit abwesend Heuckeroth, Catharina Elisabeth, aus Niederdünzebach, V/M: Philipp
11.05.1800	Thomas, Johann Christian, V/M: Christian, Bürger seel. Rautenhausen, Maria Elisabeth, V/M: Justus, Bürger
25.05.1800	Börner, Johann Martin, aus Völkershausen, V/M: Andreas Möller, Martha Elisabeth, V/M: Louise Stimmer (unehelich)
02.06.1800	Kohlmann, George, Grenadier beim Regiment Garde, V/M: Valentin, Schiffer seel. Backhaus, Anna Margaretha, V/M: Johannes, Bürger seel.
08.06.1800	Mangold (Manegold), Johannes, Grenadier vom Regiment Erbprinz und Witwer Bresler, Catharina Elisabeth, aus Walburg, V/M: Frantz seel.
12.06.1800	Fischer, Johann Jacob, Bäckermeister, V/M: Johann Henrich, Bäckermeister und Kirchensenior Walther, Catharina Bernhardina, V/M: Bernhard Ludwig, Bürger seel.
06.07.1800	Werneburg, Christoph, Schmied und Artillerist beim Regiment Prinz Carl, V/M: Nicolaus Wilhelm, Schmiedemeister seel. Dörinckel, Barbara Elisabeth, V/M: Sergeant seel.
03.08.1800	Steube, Nicolaus, Soldat beim Regiment Eschwege, V/M: Stephan, Bürger und Schmiedemeister Siebert, geb. Baurhenne, Christiana, des Bürger und Maurer Friedrich Witwe
03.08.1800	Hille, Johannes, Leineweber und Witwer Kobold, Anna Margaretha, aus Frieda, V/M: Cyriacus seel.

31.08.1800	Heyne, Friedrich, Scharfschütze beim Regiment Erbprinz, aus Schwebda, V/M: Johannes
	Lieberknecht, Charlotte Bernhardine, V/M: Johann Ludwig, Bäckermeister seel.
05.10.1800	Sander, Jacob, Grenadier beim Regiment Erbprinz, V/M: Christoph, Bürger und Schiffer seel.
	Gottsleben, Anna Catharina, V/M: Nicolaus, Bürger seel.
26.10.1800	Eisert, Christoph, Schuhmachermeister, V/M: Timotheus, Schuhmachermeister
	Koch, Clara Juditha, V/M: Herr Johann Ludwig, Stadtkämmerer und Receptor seel.
30.10.1800	Schäfer, Johannes, Schneidermeister und Witwer
	Lapp, Eva Catharina, V/M: Johann Bernhard, Tagelöhner
02.11.1800	Steube, Wilhelm, Scharfschütze beim Gardegrenadierregiment, V/M: Stephan, Schmiedemeister
	Kohlmann, Anna Catharina, V/M: Valentin, Schiffer seel.
02.11.1800	Noll, Johann Christoph, V/M: Johann Justus, Tagelöhner
	Weyland, Dorothea Elisabeth, aus Nazza, V/M: Johannes
30.11.1800	Wagner, Christian, Grenadier beim Regiment Erbprinz, V/M: Johann Henrich, Tagelöhner seel.
	Benderoth, Anna Christina, V/M: Conrad, Bürger und Fuhrmann seel.
25.01.1801	Schäfer, Wilhelm, Grenadier beim Regiment Prinz Carl und Witwer, aus Aue, V/M: Jacob, Zimmermeister
	Schabacker, Anna Margaretha, V/M: Christian, Bürger und Schiffer seel.
01.02.1801	Gottsleben, Christoph, Füsilier bei der Brigade leichter Truppen, V/M: Nicolaus, Bürger seel.
	Sander, Margaretha Elisabeth, V/M: Christoph, Schiffer seel.
13.04.1801	Lehmann, Herr Johann Christoph Wilhelm, Kauf und Handelsmann dahier, aus Geldebach, V/M: Herr Christian, fürstl. Pächter seel.
	Gros, Anna Catharina, V/M: Herr Johann Christoph, Stadtmusicus
19.04.1801	Walter, Johann Paul, Oberschütze bei der hiesigen Schützencompagnie, V/M: Herr Bernhard Ludwig seel.
	Vaupel, Sophia Maria, V/M: Herr Johann Jacob, Verwalter

17.05.1801	Hofmann, Balthasar, Schuhmacher und Bürger, V/M: Christoph, Amtsdiener
	Francke, Martha Elisabeth, V/M: Carl Christian, Schuhmachermeister
02.08.1801	Gerlach, Christoph, Fuhrmann, aus Eschwege, V/M: Johann Jacob, Bürger und Witwer
	Külcke, Martha Catharina, V/M: Herr Timotheus, Stadtcämmerer und Kirchencollector seel.
16.08.1801	Degenhard, George Friedrich, Tagelöhner, V/M: Peter, Bürger und Tagelöhner
	Schönfeld, Anna Elisabeth, aus Mühlhausen, V/M: George Andreas, Bürger und Tischlermeister seel.
06.09.1801	Schmerbach, Johann Christian, Bäckermeister, V/M: Lorentz, Bürger und Ackermann
	Dörinckel, Anna Maria, V/M: Henrich, Schuhmachermeister
19.10.1801	Böhm, Caspar, Ackerknecht allhier, aus Schwebda, V/M: Elias, Schafmeister seel.
	Küstner, Maria Margaretha, V/M: Cyriacus, Bürger und Tagelöhner
22.11.1801	Eckhard, Christoph, Tagelöhner und Witwer
	Stückradt, Maria Elisabeth, V/M: Wilhelm. Bürger und Tagelöhner seel.
29.11.1801	Lapp, Johann Wilhelm, Tagelöhner, V/M: Bernhard, Bürger und Tagelöhner
	Mänzer, Anna Gertrud, aus Schönberg, aufm, bei Falken, V/M: Matthäus seel.
03.01.1802	Hellwig, Jacob, Musquetier beim Regiment Erbprinz, aus Frieda, V/M: Johannes seel.
	Herting, Anna Dorothea, V/M: Henrich, Bürger und Böttnermeister
14.03.1802	Schleicher, Peter Elias, Musquetier beim Regiment Erbprinz, aus Unhausen, V/M: Hiob, zu Neuenhof verstorben
	Roß, Wilhelmine, V/M: Anna Clara Schabacker (unnehelich)
18.04.1802	Silberschlag, Christian Friedrich, Kaufmann allhier, aus Ohrdruf, V/M: Herr Johann Christian Fidejust, Archidiakon seel.
	Koch, Wilhelmina Friederica, V/M: Herr Johann Jacob, Bürger und Kaufmann

30.05.1802	Wagner, Andreas, Tagelöhner, V/M: George, Bürger und Tagelöhner seel. Schabacker, Anna Christina, V/M: Balthasar, Tagelöhner
18.07.1802	Brand, Bernhard, Regimentsschreiber und Fourier beim Regiment Erbprinz, V/M: Ludwig, Bürger und Invalide Schulze, Christina, V/M: Gottlob, Perückenmacher
21.11.1802	Helwig, Johann Christian, Ziegelbrenner, V/M: Christoph, Bürger und Ziegelbrenners eel. Brand, Martha Elisabeth, V/M: Ludwig, Bürger
21.11.1802	Rexrodt, Ludwig, Scharfschütze beim Regiment Erbprinz, V/M: Johann Paul, Metzgermeister Albrecht, Johann Christoph, V/M: Schreinermeister und Kirchensenior
12.12.1802	Böhm, Johann Henrich, Knecht bei Commerzienrat Gille und Witwer Helwig, Martha Elisabeth, V/M: Christoph, Bürger und Ziegelbrenner seel. B.: Sie +19.03.1828 Treffurt
09.01.1803	Hofmann, Johannes, Schneidermeister und Witwer und Musquetier beim Regiment Erbprinz, V/M: Christoph, Amtsdiener Siebert, Eva Elisabeth, V/M: Johannes, Wachtmeister seel.
20.02.1803	Börner, Jacob, Schuhmachermeister, aus Völkershausen, V/M: Martin, Mühlenmeister seel. Heße, Elisabeth, V/M: Catharina Elisabeth (unehelich)
24.04.1803	Becker, Nicolaus Wilhelm, Metzgermeister und Bürger, V/M: Johann Werner, Metzgermeister seel. Rexrodt, Martha Elisabeth, V/M: Herr Johann Werner, Schlachtvogt seel.
01.05.1803	Lotzen, Herr Conrad Friedrich, Pfarrer zu Nieder und Oberdünzebach, aus ...wahlshausen ?, V/M: Herr Johannes, Pfarrer seel. Bippart, Martha Elisabeth, V/M: Carl Wilhelm, Pfarrer allhier
15.05.1803	Wescke, Johann Bernhard, Schuhmachermeister und Bürger, V/M: Martin, Bürger und Schuhmachermeister Hillemann, Juliana, V/M: Johann Henrich, Bürger und Weißbindermeister seel.

30.05.1803	Buttlar, Johannes, Tagelöhner, V/M: Theophilus Christian, Bürger und Tagelöhner
	Hosbach, Anna Margaretha, aus Großburschla, V/M: Johann Adam, Raschmachermeister seel.
05.06.1803	Rohn, Herr Johann Conrad, Kauf und Handelsmann dahier, aus Kassel, V/M: Herr Johann Conrad, herrschaftl. Holzofficiant seel.
	Laun, Juliana Johanna, aus Hausbergisch (Hannoversch?) Münden, V/M: Herr Christian, Kauf und Handelsmann
17.07.1803	Beyrodt, Herr Johann Jacob, Justizrat, batavischer, V/M: Herr Johann Hermann, Bürgermeister seel.
	Andreae, Philippina Sophia, V/M: Herr Johann Adam, Leutnant seel.
	B.: Ist nach Lippoldsberg und zuletzt nach Holzhausen bei Homberg gezogen und dort am 29.04.1823 verstorben
24.07.1803	Bock, Johann Adam, Grenadier beim Regiment Kurprinz, aus Willershausen, V/M: Johann Jonas, Tagelöhner seel.
	Herting, Anna Maria, V/M: Bernhard, Bürger und Faßbindermeister seel.
23.10.1803	Bachmann, Johann Michael, Soldat beim Garnisonregiment Langenschwarz, V/M: Johann Friedrich, Bürger und Karrenbinder
	Lieberknecht, Anna Margaretha, V/M: Johann Christoph, Bürger und Schiffknecht
06.11.1803	Hartmann, Johann Jacob, Ackerknecht, V/M: Elisabeth Köhler verehelichte Illert (unehelich)
	Montag, Martha Elisabeth, aus Wendehausen, V/M: Liborius
06.11.1803	Frölich, Johannes, Büttner, V/M: Conrad, Bürger und Büttnermeister
	Bartel, Anna Maria, gew. Garderobenjungfer bei Frau Witwe Landgräfin von Hessen-Philippsthal-Barchfeld, aus Frankfurt am Main, V/M: Johann George Friedrich, Bürger und Schuhmachermeister
27.11.1803	Schilling, Conrad, Schiffknecht und Bürger und Witwer, V/M: Johann George
	Schilling, geb. Baldewein, Anna Catharina, seines Bruders Christoph geschiedene Frau

11.12.1803	Rexrodt, Johann Werner, Bäckermeister, V/M: Johann Paul, Metzgermeister seel. Große, Dorothea Maria, V/M: Herr Johann Christoph, Stadtmusicus
15.04.1804	John, Christoph, Maurer, aus Niederhne, V/M: Johann Ernst, Kirchensenior Schröder, Elisabeth, V/M: Christian, Bürger und Maurermeister seel.
01.07.1804	Müller, Carl Joseph, Schuhmachermeister, V/M: Jacob, Tagelöhner Lorenz, Martha Rosina, V/M: George Wilhelm, Tagelöhner seel.
05.08.1804	Daniel, Jacob, Schiffer, V/M: Christian, Schiffer seel. Hellwig, geb. Herting, Anna Dorothea, des Soldat Jacob Witwe
02.12.1804	Baldamus, Johann Christoph, Schwarz und Schönfärbermeister allhier, aus Aschersleben, V/M: Hofesherr ??, seel. gew. Bürger und Schwarz und Schönfärber Seyfried, Philippina, V/M: Herr Wilhelm, seel. gew. Compagniechirurgus beim Regiment Kurprinz
02.12.1804	Faber, Johann Christian, Mühlenmeister allhier, aus Creuzburg, V/M: Johann Gottfried, Bürger und Mühlenmeister seel. Rüge, Johanna Elisabeth, V/M: Bernhard, Bürger und Mühlenmeister
02.12.1804	Roth, Johannes, Tagelöhner und Bürger und Witwer, V/M: Johann Bernhard, Tagelöhner Große, Martha Sabina, aus Falken, V/M: Johann George
17.02.1805	Daniel, Justus, Musquetier beim Regiment Kurprinz, V/M: Christian, Schiffer seel. Würschmidt, Anna Maria, V/M: Christoph, Karnbinder
21.04.1805	Geise, Herr Johann Christian, Pfarrer zu Dudenrode, Hilgershausen und Weißenbach, aus Grebendorf, V/M: Herr George Christoph, Pfarrer zu Grebendorf und Frieda Bippart, Maria Christina Amalia, V/M: Carl Wilhelm, Pfarrer
05.05.1805	Kohlmann, Jacob, Schiffer und Witwer, V/M: Valentin, Bürger und Karnbinder seel. Lieberknecht, Dorothea Elisabeth, aus Eschwege, V/M: George Wilhelm, Bürger und Schiffer seel.

26.05.1805	Rexrodt, Herr Johann Paul, Schlachtvogt, V/M: Herr Johann Werner, Schlachtvogt seel. Schilderoth, Anna Elisabeth, V/M: Herr Johannes, Gutsbesitzer dahier
18.08.1805	Koch, Herr Jacob Christian, Rector und erster Lehrer der hiesigen Stadtschule, V/M: Herr Johann Ludwig, Contributionserheber seel. Daniel, Elisabeth, V/M: Christian, Bürger und Schiffer seel.
15.09.1805	Lieberknecht, Johann Justus, Schiffsknecht, V/M: Christoph, Bürger und Schiffer Mangold, Catharina Margaretha, aus Eschwege, V/M: Hieronymus, Schuhmachermeister
24.11.1805	Koch, Herr Justus Friedrich, Kauf und Handelsmann, V/M: Herr Johann Jacob, Bürgermeister seel. Lotze, geb. Bippart, Martha Elisabeth, des Pfarrers Conrad Friedrich Witwe, aus Niederdünzebach, V/M: Carl Wilhelm, Pfarrer
01.12.1805	Siemon, Jacob, Musquetier beim Regiment von Wurmb, V/M: Christoph, Tagelöhner und Bürger seel. Daniel, Juliana, V/M: Christian, Schiffer seel.
29.12.1805	Werneburg, Johann Nicolaus, Schmiedemeister, V/M: Nicolaus Wilhelm, Schmiedemeister seel. Hartmann, Catharina Elisabeth, V/M: Nicolaus, Schreinermeister seel.
27.01.1806	Gebauer, Johannes, Ackerknecht, aus Frieda, V/M: Michael, Tagelöhner seel. Rexrodt, Anna Martha, V/M: Johann Henrich, Bürger und Metzgermeister
30.04.1806	Grein, Jacob, Schuhmachermeister, V/M: Matthäus, Zimmermeister seel. Lorentz, Elisabeth, V/M: Timotheus, Bürger und Tagelöhner seel. B.: Der aber auf der Rückreise von Köln allhier seine Anverwandten besucht hatte, gestorben ist
20.04.1806	Büchner, Jacob, Schuhmachermeister, V/M: Johann Henrich, Bürger und Baumpflanzer Schulze, Victoria Sophia, V/M: Gottlob, Bürger und Perückenmacher seel.

Wanfried Kernstadt 1650 bis 1830

26.04.1806	Fleischhauer, Werner, Musquetier beim Regiment von Wurmb, V/M: Conrad, Stadtwachtmeister seel. Küstner, Anna Catharina, V/M: Cyriacus, Tagelöhner
11.05.1806	Faber, Christian, Müller in der Mittelmühle und Witwer, aus Creuzburg, V/M: Gottfried, Müller zu Creuzburg Rüge, Martha Elisabeth, V/M: Bernhard, Müller
28.05.1806	Wescke, Herr Johann Philipp, Mädchenschulmeister und Witwer Koch, Anna Maria, V/M: Herr Johann Ludwig, Stadtcämmerer und Contributionserheber seel.
06.06.1806	Siebert, Johann Hermann, Metzgermeister, V/M: Johannes, Wachtmeister seel. Rexrodt, geb. Paul, Christina Margaretha, des Metzgermeister Johann Paul Witwe
13.07.1806	Werneburg, Christoph, Schmiedemeister und Witwer Kobold, Anna, aus Frieda, V/M: Cyriacus seel.
03.08.1806	Fricke, Eckhard, Musquetier beim Regiment von Wurmb, aus Bovenden, V/M: Johannes, Tagelöhner seel. Kleyensteuber, geb. Böhm, Martha Elisabeth, des Bürger und Tagelöhner Johannes Witwe
31.08.1806	Stichtenoth, Johann Christoph, V/M: Herr Johann Wilhelm, Bürgermeister Daniel, Martha Elisabeth, V/M: Herr Jeremias, Cantor seel.
14.09.1806	Steube, Nicolaus, Soldat beim Garnisonregiment Bröscke und Witwer, V/M: Stephan, Bürger und Schmied Thomas, Anna Dorothea, V/M: Christoph seel.
27.09.1806	Illert, Carl Christian, Scharfschütze beim Regiment Garde, V/M: Ernst, Bürger und Wagner Büchner, Maria Christina, V/M: Henrich, Bürger und Baumpflanzer
09.11.1806	Grein, Conrad, Drechslermeister allhier, V/M: Mattheus, Zimmermeister seel. Bange, Charlotte Albertina, V/M: Christoph, Müllermeister in der Kraymühle
18.01.1807	Seyfried, Herr Jacob Christoph, Stadt und Amtschirurgus und Witwer Koch, geb. Schäfer, Anna Elisabeth, des Bürger und Taxator Johannes Witwe

19.04.1807	Ackermann, Justus Henrich, Zimmermeister und Mühlenarzt, aus Eschwege, V/M: Johann Andreas, Mühlenarzt
Voge, Anna Christina, V/M: Caspar, Bürger und Ackermann seel.
10.05.1807	Schocke, Henrich Andreas, Büttnermeister, V/M: Herr Johann Wilhelm, Ratsverwandter und Kirchenältester
Daniel, Clara Susanna, V/M: Friedrich, Schulmeister seel.
18.05.1807	Neusüß, Jacob, Tagelöhner und Witwer
Dieterich, Magdalena, aus Schwebda, V/M: Johannes
20.06.1807	Becker, Johann Paul, Schmiedegeselle, aus Bischhausen, V/M: Johannes, Hufschmied seel.
Schilling, Anna Elisabeth, V/M: George, Bürger und Fährmann
28.06.1807	Reichard, Christoph, Musquetier, entlassener, V/M: Johannes, Tagelöhner
Langheld, Anna Dorothea, aus Falken, V/M: Johannes
30.08.1807	Kühnemund, Christoph, Zimmermeister, Mühlenarzt und Witwer allhier, aus Mühlhausen, V/M: Christoph, Bürger und Tagelöhner seel.
Leimeroth, Anna Elisabeth, aus Eschwege, V/M: Christoph, Bürger und Fuhrmann seel.
26.09.1807	Wenderoth, Lorenz, Tagelöhner, V/M: Christoph, Tagelöhner
Bötticher, Anna Sophia, V/M: Clamer Albrecht, Ackermann
19.10.1807	Tröller, Johannes, Feldhüter allhier und Witwer
Gauditz, Anna Catharina, aus Rimbach, V/M: Paul seel.
06.12.1807	Meynung, Philipp, Sattlermeister, aus Eschwege, V/M: Johannes, Sattlermeister und Bürger
Becker, Anna Catharina, V/M: Johann Werner, Bürger und Metzgermeister seel.
26.12.1807	Rexrodt, Johann Henrich, Jäger, gew. hess., V/M: Johann Werner, Schlachtvogt seel.
Rüge, Juliana, V/M: Bernhard, Mittelmüller
26.12.1807	Jacob, Carl, Schuhmacher, V/M: Elias, Schuhmacher seel.
Brauhard, geb. Stephan, Catharina Elisabeth, des Schuhmachergesellen Carl geschiedene Frau
27.12.1807	Sänger, Henrich, Schuhmachergeselle, V/M: Nicolaus Wilhelm, Schuhmachermeister
Groß, Anna Elisabeth, aus Alberode, V/M: Johannes, Zimmermeister

08.05.1808	Rexrodt, Johann Christoph, Metzgermeister und Witwer, V/M: Johann Paul, Metzgermeister seel. Warlich, Anna Catharina, aus Treffurt, V/M: Johann Christoph, Metzgermeister
27.11.1808	Lieberknecht, Henrich Johannes, Metzger, V/M: Henrich Burghard, Metzger Daniel, Catharina Sophia, V/M: Herr Friedrich, Schulmeister seel.
04.12.1808	Sander, Johann Jacob, Schiffmann und Witwer, V/M: Johann Christoph, Schiffer seel. Degenhard, Dorothea Elisabeth, V/M: Justus, Tagelöhner
08.04.1809	Schröder, George Friedrich, Schlossergeselle, V/M: Johann Nicolaus, Schlossermeister Daniel, Anna Dorothea, V/M: Christian, Schiffer seel.
10.06.1809	Heße, Wilhelm, Schäfer allhier, V/M: Johann George, Schafmeister Herting, Anna Sophia, V/M: Johann Henrich, Faßbindermeister
21.07.1809	Wagner, Valentin, Tagelöhner, V/M: Johann Henrich, Baumpflanzer und Tagelöhner Benderoth, Anna Catharina, V/M: Conrad, Fuhrmann seel.
16.11.1809	Ewald, Herr Philipp Friedrich, Controlleur, aus Großburschla, V/M: Herr Bernhard Lüder, Bürgermeister seel. Helmerich, Guda, aus Rotenburg, V/M: Johannes, Metzgermeister
03.12.1809	Schabacker, Friedrich, Tagelöhner Wiegand, Maria Anna, aus Küllstedt, V/M: Johann Henrich, Raschmacher
31.12.1809	Rexrodt, Jacob Ludwig, Tagelöhner, V/M: Johann Henrich, Metzger Böttger, Maria Margretha, V/M: Clames Albrecht, Bürger und Ökonom
31.12.1809	Böttger, Johann Henrich, Ökonom, V/M: Friedrich, Bürger und Ackermann seel. Hartmann, Margretha Elisabeth, V/M: Nicolaus, Schreinermeister seel.
28.01.1810	Buttlar, Theophilus Christian, Tagelöhner und Bürger und Witwer Melis, Maria Elisabeth, V/M: Wilhelm, Tagelöhner seel.

20.02.1810	Ackermann, Johann Henrich, Ackerknecht, dahier dienend, aus Breitzbach, V/M: Christine Justine seel. (unehelich) Brodknecht, Anna Maria, aus Heldra, V/M: Catharina Elisabeth Kirchner (unehelich)
22.07.1810	Fischer, Conrad, Ackerknecht, aus Schierschwende, V/M: Johannes Fleischhauer, Anna Margaretha, V/M: Conrad, Stadtwachtmeister seel.
29.07.1810	Schröder, Justus Henrich, Schlossermeister, V/M: Johann Nicolaus, Schlossermeister Eisenträger, Anna Catharina, V/M: Johann George, Ökonom
18.11.1810	Kipp, Johann Wilhelm, aus Bovenden, V/M: Johann George, hannoverischer Soldat Hieronymus, Christina, V/M: Johann Philipp, Tagelöhner
02.12.1810	Öste, Herr Johann George, Friedensgerichtssecretair, königl. westfälischer allhier, aus Oetmannshausen, V/M: Herr Johann Ewald, gew. Maire Vaupel, Catharina Philippina, V/M: Herr Jacob Wilhelm, Ökonom und Verwalter
27.12.1810	Döring, Christoph, Leineweber allhier, aus Schwebda, V/M: Wilhelm seel. Menzer, Anna Sabina, V/M: Anna Gertrud, jetzt verehel. Lappe (unehelich)
13.01.1811	Lorenz, George, Tagelöhner, V/M: George Wilhelm, Tagelöhner seel. und Anna Maria Heße Buttlar, Maria Christina, V/M: Theophilus Christian und Catharina Elisabeth
10.02.1811	Trümper, Johann Henrich, Schiffknecht, V/M: Valentin, Schiffer Hartmann, Catharina Margaretha, V/M: Johannes, Maurermeister
24.02.1811	Beck, Johannes, Schiffknecht, V/M: Johann Werner, Soldat seel. Wagner, Anna Christina, aus Altenburschla, V/M: George, Tagelöhner
10.03.1811	Schabacker, Johann Christian, Tagelöhner, V/M: Johann George, Tagelöhner Schultze, Maria Christina, V/M: Tagelöhner

10.03.1811	Roth, Johannes, Tagelöhner und Witwer, V/M: Bernhard, Tagelöhner seel. Schellhase, Martha Elisabeth, aus Völkershausen, V/M: Christoph, Tagelöhner
05.05.1810	Bange, Nicolaus Wilhelm, Müller, V/M: Christoph, Kratzmüller Schröder, Margaretha Elisabeth, V/M: Johann Nicolaus, Schlosser
05.05.1811	Schmerbach, Matthias, Tagelöhner und Witwer, V/M: Valentin, gew. Pächter allhier Huth, Anna Christina, aus Völkershausen, V/M: Johann Melchior, Untermüller seel.
12.05.1810	Francke, Johann Justus, Schuhmacher, V/M: Carl Christian, Schuhmachermeister Böttger, Sophia Elisabeth, V/M: Clamer Albrecht, Ökonom
14.07.1810	Hieronymus, Johann Paul, Tagelöhner, V/M: Johann Philipp, Tagelöhner Hoffmann, Dorothea Elisabeth, V/M: Anna Dorothea, jetzt verehl. Hieonymus (unehelich)
17.11.1810	Hildebrand, Herr Hieronymus, Gressier beim Friedensgericht zu Großbartloff und Witwer, aus Heiligenstadt, V/M: Herr Ernst, Gastwirt seel. Lamsbach, Maria Elisabeth, V/M: Herr Johann Hermann, Kastenprovisor
11.12.1811	Froböse, Herr Henrich George, Apotheker und Witwer allhier, aus Diemarden im Canton Rudolfshausen-Leinedepartement, V/M: Herr Johann Henrich, Pfarrer seel. Corräus, Johanne Christine Henriette Eleonore, aus Züschen im Fürstentum Waldeck, V/M: Herr Wilhelm, Amtmann und freiherrl. von dalwigscher Beamter B.: Ist zu Altenburschla geschehen, die Civilehe ist aber hier aufgenommen worden
23.01.1812	Lieberknecht, Herr Johann Gottlob Friedrich, Kaufmann, V/M: Herr Johann Friedrich, Kaufmann Bippart, Catharina Juliana, V/M: Herr Carl Wilhelm, Pfarrer
09.02.1812	Herting, Carl Wilhelm Frierrich, Faßbinder, V/M: Henrich, Faßbinder seel. Witzel, Anna Christina, aus Völkershausen, V/M: Andreas, Leineweber

31.03.1812	Otto, Herr Valentin Joseph, Notar, königl. westfälischer des Cantons Wanfried und Ershausen, Friedensrichteradjunct im Canton Wanfried, Ershausen und Uder, aus Heiligenstadt, V/M: Herr Johann Christoph, Stadthauptmann und Stadtsecretair Gille, Wilhelmine Bernhardine Leonhardine, V/M: Herr Jacob Wilhelm, Municipalrat und Kaufmann
26.04.1812	Meerten, Philipp, Ackerknecht, aus ...dorf ?, V/M: Philipp, Raschmacher seel. Fentner, Anna Martha, aus Altenburschla, V/M: Johanna Elisabeth (unehelich)
25.07.1812	Böttger, Johann George, Schmied, V/M: Clamer Albrecht, Ökonom Stück, Johanna Elisabeth, aus Altenburschla, V/M: Johann Adam, Tagelöhner
15.08.1812	Mangold (Manegold), Eobanus, Tagelöhner, V/M: Johann Hermann, Tagelöhner Hillemann, Dorothea Elisabeth, V/M: Samuel, Weißbinder
15.08.1812	Buttlar, Johann Christoph, Schneider, V/M: Wilhelm Andreas, Schneider seel. Gräfe, Henrietta Catharina Elisabeth, aus Ufhofen, V/M: Herr Johann Jacob, Gastwirt seel.
23.08.1812	Rinneberg, George Christian, Glasermeister, aus Mühlhausen, V/M: George Andreas, Glasermeister seel. Koch, Philippina Catharina, V/M: Herr Johann Ludwig, Contributionserheber seel.
03.01.1813	Wiegand, Johannes Marcus, Postillion allhier, aus Küllstedt, V/M: Johann Henrich, Raschmacher seel. Knierim, Anna Margaretha, V/M: Johann Henrich, Tagelöhner B.: Den 16.09.1820 geschieden worden
24.01.1813	Sänger, Johann Valentin, Schiffer, V/M: Johann Jacob, Schiffer Gräfe, Margaretha Henriette Philippine, aus Ufhofen, V/M: Herr Johann Jacob, Gastwirt seel.
07.02.1813	Trümper, Eobanus, Schiffer, V/M: Valentin, Schiffer Sänger, Anna Gertrud, V/M: Johann Jacob, Schiffer
29.08.1813	Schocke, Henrich Andreas, Faßbinder, V/M: Herr Johann Wilhelm, Bürgermeister und Böttnermeister Hosbach, Susanna, aus Altenburschla, V/M: Christian, Ackermann

Wanfried Kernstadt 1650 bis 1830

01.10.1813	Herting, Henrich, Faßbinder, V/M: Bernhard, Faßbinder seel. Thomas, geb. Schmerbach, Catharina Margaretha, des Schiffer Johann Henrich Witwe
27.,12.1813	Gille, Herr Friedrich Christoph, Kaufmann, V/M: Herr Jacob Wilhelm, Kaufmann Schocke, Maria Dorothea, V/M: Herr Johann Wilhelm, Bürgermeister
20.02.1814	Helwig, Christian, Tagelöhner und Witwer, V/M: Christoph, Bürger und Ziegelbrenner seel. Herting, Anna Maria, V/M: Henrich, Faßbinder seel.
24.04.1814	Köhler, Friedrich Gottlieb, Metzgermeister, aus Creuzburg, V/M: Henrich Gottlieb, Metzgermeister Schweitzer, Eva Dorothea, V/M: Christian, Gattermüller
10.07.1814	Kayser, Johann Wilhelm, Mühlenarzt, aus Lauterbach, V/M: Johann George, zu Mühlhausen verst. Bürger und Mühlenmeister Rüge, Martha Elisabeth, V/M: Johann Bernhard, Mittelmüller
07.08.1814	Lieberknecht, Johann Gottlieb Friedrich, Kaufmann und Witwer, V/M: Johann Friedrich, Kaufmann seel. Bippart, Christiana Bernhardina, V/M: Herr Carl Wilhelm, Pfarrer
13.10.1814	Fischbach, Henrich, Bierbrauer und Witwer allhier, aus Altenburschla, V/M: Johann Caspar, Ökonom seel. Bräutigam, Anna Maria, aus Eschwege, V/M: Simon, Bürger und Schuhmacher
04.12.1814	Kobold, Johannes, Soldat, vorher unterm Regiment von Wurmb und jetzt Prinz Solms zu Eschwege, aus Frieda, V/M: Cyriacus seel. Krug, Charlotta Sophia, V/M: Lampertus, Bürger seel.
11.012.1814	Werneburg, Johann Christoph, Schmiedemeister und Witwer, V/M: Nicolaus Wilhelm, Bürger und Schmiedemeister seel. Hartmann, Martha Elisabeth, V/M: Nicolaus, Bürger und Schreinermeister seel.
18.12.1814	Schmerbach, Valentin, Tagelöhner und Witwer, V/M: Johannes, Pächter im Kalkofen seel. Stückradt, Maria Elisabeth, V/M: Johannes, Schiffer seel.

26.12.1814	Windus, Werner, Corporal beim Regiment Prinz Solms, aus Oberrieden, V/M: Christoph seel. Frölich, Catharina Elisabeth, V/M: Conrad, Bürger und Böttnermeister
08.01.1815	Buttlar, Theophilus Christian, Tagelöhner und Witwer, V/M: Conrad, Bürger und Schneidermeister seel. Obermann, Theodora Elisabeth, aus Hersfeld, V/M: Friedrich Carl, seel. gew. Fahenschmied beim Regiment Prinz jetzt Landgraf Carl
15.01.1815	Bachmann, Johann Christoph, Schiffer, V/M: Friedrich, Bürger und Karnbinder seel. Daniel, Catharina Margretha, V/M: Johann Jacob, Schiffer
29.01.1815	Stoppel, Johannes, Postillion, gew., aus Heldra, V/M: Jacob seel. Benderoth, Anna Dorothea, V/M: Conrad, Bürger und Fuhrmann seel.
26.02.1815	Hosbach, Friedrich, Ökonom, V/M: Samuel, Ökonom Eisenträger, Philippina Christiana Augustine, V/M: Johann George, Ökonom
27.03.1815	Stückradt, Jacob, V/M: Christian, Amtsdiener Müller, Anna Catharina, V/M: Caspar, Bäckermeister seel.
01.04.1815	Rexrodt, Ludwig, Metzger und Witwer, V/M: Johann Paul, Metzger seel. Dorpmund ?, Maria Margaretha, aus Faulungen, V/M: Andreas, Chirurgus seel.
02.04.1815	Fischer, Sebastian, Ackerknecht allhier, aus Treffurt, V/M: Wilhelm, Bürger und Tagelöhner seel. Rödiger, Catharina Elisabeth, V/M: Adam, abwesender Tagelöhner
18.06.1815	Vogel, Martin, Ökonom und Witwer, V/M: Johann Caspar seel. Rehbein, …?, aus Schwebda, V/M: Christoph
02.07.1815	Wiegand, Johann Adam, Ackerknecht allhier, aus Küllstedt, V/M: Johann Henrich seel. Beck, Maria Elisabeth, V/M: Carl, Bürger und Tagelöhner seel.
07.07.1815	Degenhard, Friedrich, Tagelöhner und Witwer, V/M: Peter, Bürger und Tagelöhner seel. Bachmann, Catharina, aus Oberdorla, V/M: Wilhelm, Schreiner und Fenstermacher seel.

03.09.1815	Böhm, Johannes, Tagelöhner und Witwer, V/M: Johann George, Bürger seel. Bachmann, Regina, V/M: Johann Friedrich, Bürger und Karnbinder seel.
24.09.1815	Heer, Conrad, Schneider, V/M: Johann Henrich, Schuhmachermeister seel. Francke, Anna Catharina, V/M: Carl, Bürger und Schuhmachermeister
19.11.1815	Gille, Herr Johann Justus, Bombardier, V/M: Herr Jacob Wilhelm, Commerzienrat seel. Börger, Christiana Catharina, aus Kleinballhausen im Preußischen, V/M: Johann, Schuhmachermeister
11.02.1816	Eysel, Herr Tobias Ehrhard, Försteradjunct allhier, aus Treffurt, V/M: Herr Johann Christoph, Bürgermeister Vaupel, Martha Sophia, V/M: Herr Jacob Wilhelm, Verwalter
25.02.1816	Brill, Johannes, Schneidermeister, aus Lindewerra, V/M: Liborius, …? seel. und …? Hartmann, Elisabeth, V/M: Johannes, Maurermeister seel.
10.03.1816	Stichtenoth, Jacob Wilhelm, Metzgermeister, V/M: Herr Wilhelm, amtsführender Bürgermeister Sänger, Catharina Elisabeth, V/M: Jacob, Schiffer
15.04.1816	Stückerath, Christian, Amtsdiener und Witwer, V/M: Wilhelm, Tagelöhner seel. Würz, Dorothea Elisabeth, V/M: Anna Kobold, jetzt verehel. mit Stadtwachtmeister Philipp Hieronymus (unehelich)
05.05.1816	Hille, Herr Henrich Adam, Ratsverwandter und Conductor, V/M: Herr Johann Wilhelm, Conductor seel. Bippart, Wilhelmine Lucia, V/M: Herr Carl Wilhelm, Pfarrer
28.06.1816	Faber, Johann Christian, Müller in der Mittelmühle und Witwer allhier, aus Creuzburg, V/M: Johann Gottfried, Mühlenarzt seel. Hose, Anna Elisabeth, aus Völkershausen, zuletzt in Frieda wohnhaft, V/M: Johann Wilhelm seel.
25.08.1816	Reiter, Herr Wilhelm, Verwalter, aus Rotenburg, V/M: Herr Friedrich, Verwalter zu Reyershausen im Hannoverischen Eysel, Wilhelmine Louise, V/M: Herr Bernhard Lüder, fürstl. rotenburgischer Förster

08.09.1816	Beyersdörfer, Johann Michael, Schuhmacher und Füsilier beim Regiment Prinz Solms, V/M: David Henrich, Schuhmachermeister Eckardt, Christina Elisabeth, aus Schwebda, V/M: Johann Ernst, Schreinermeister, auch seel. gew, Bürger allhier
10.11.1816	Spohr, Herr Friedrich Ernst, Kaufmann, aus Schippenstädt im Braunschweigischen, V/M: Herr Carl Friedrich, Superintendent seel. Lamsbach, Gertrude, V/M: Hermann, Kastenprovisor
16.02.1817	Montag, Henrich, Ackerknecht, aus Wendehausen, V/M: Nicolaus seel. Schocke, Elisabeth, V/M: Dorothea Maria
23.02.1817	Eysel, Herr Tobias Ehrhard, Försteradjunct und Witwer allhier, aus Treffurt, V/M: Herr Johann Christoph, Bürgermeister Vaupel, Elisabeth Caroline, V/M: Herr Jacob Wilhelm, Verwalter
02.03.1817	Schabacker, Nicolaus Wilhelm, Füsilier beim Füsilierbataillon von Bardeleben, V/M: Balthasar, Bürger seel. Mangold, Anna Sophia, V/M: Timotheus, Maurermeister
13.04.1817	Schilling, Johann George, Feldwebel, verabschiedeter vom Regiment Prinz Solms, V/M: Christoph, gew. Soldat und seit vielen Jahren sein Vaterland verlassen und nicht wieder von sich hören lassen Moths, Wilhelmina Sophia, V/M: George Wilhelm, Sattler und Weinschenk
29.07.1817	Hörselmann (Herschelmann), Ernst, Tagelöhner, V/M: Henrich, Tagelöhner Rüge, Anna Elisabeth, V/M: Jacob, Tagelöhner
10.08.1817	Roth, Johann Michael Elias, Weißbinder, V/M: Henrich, Dachdeckermeister Gottsleben, Anna Maria Elisabeth, aus Allendorf, V/M: Friedrich, gew. Soldat und Pensionair
16.11.1817	Bachmann, Lorenz, Schiffmann, V/M: Johann Friedrich, Karnbinder seel. Heße, Anna Maria, V/M: George, Bürger
28.12.1817	Richter, Christoph, Tagelöhner, V/M: Anna Elisabeth, verwitwete Schäfer, geb. Moths (unehelich) Wagner, Anna Margaretha, aus Altenburschla, V/M: George, Tagelöhner seel.

25.01.1818	Francke, Johannes, Schuhmachermeister, V/M: Carl Christian, Schuhmachermeister Buttlar, Maria Elisabeth, V/M: Wilhelm Andreas, Schneidermeister seel.
08.03.1818	Kohlmann, Johann Paul, Schuhmachermeister, V/M: Nicolaus Wilhelm, Bürger und Schuhmachermeister seel. Hille, Gertrud, V/M: Johannes, Bürger und Leinewebermeister
17.05.1818	Beyersdörfer, Johann Rudolph, Schuhmachermeister, V/M: David Henrich, Schuhmachermeister Bresler, Anna Catharina, V/M: Johann Michael, Schmiedemeister seel.
07.06.1818	Vaupel, Herr Adam Wilhelm, Schreinermeister und Witwer, V/M: Herr Jacob Wilhelm, Verwalter Löffler, Elisabeth, aus Effelder, V/M: Bernhard
15.06.1818	Illert, Wilhelm, Wagnergeselle, V/M: Ernst, Bürger und Müllermeister Stange, Elisabeth, V/M: Catharina Elisabeth Ötzel (unehelich)
28.06.1818	Bachmann, Henrich, Schreiner und Corporal, V/M: Friedrich, Karnbinder seel. Moths, Sophia Charlotta, V/M: George Wilhelm, Sattlermeister
09.08.1818	Lieberknecht, Jacob, Husar, V/M: Henrich Burckhardt, Bürger und Metzgermeister Bode, Anna Christina, aus Hitzelrode, V/M: Henrich, Kirchenältester
13.09.1818	Werckmeister, Conrad, Husar, V/M: Griedrich, Bürger und Tagelöhner seel. Fröbe, Anna Dorothea, aus Heldra, V/M: George, Ludwig, Müllermeister seel
27.09.1818	Kohlmann, Justus, Corporal beim Grenadierbataillon von Losberg, V/M: Jacob, Bürger und Fährmann Lorenz, Maria Elisabeth, V/M: Jacob, Bürger und Tagelöhner
08.11.1818	Albrecht, Timotheus, Schreinermeister und Witwer, V/M: Herr Christoph, Schreinermeister und Kirchenältester seel. Schade, geb. Fernau, Emilie, Witwe des in Rußland gebliebenen Soldaten Jacob, aus Binsförth

22.11.1818	Knierim, Herr Wilhelm, Compagniechirurgus, V/M: Johann Hermann, Bürger Hosbach, Catharina Bernhardine, V/M: Samuel, Bürger und Ökonom
07.01.1819	Hagen, von, Herr Johann Christoph, Kaufmann und Witwer zu Großburschla, aus Mühlhausen, V/M: Herr Johann Theodor, Kauf und Handelsmann seel. Appel, Philippina Christine, V/M: Herr Johann Henrich, kurfürstl. hess. Postmeister
14.01.1819	Sieland, Johann Paul, V/M: Jacob, Bürger und Schiffer seel. Ise, Anna Elisabeth, aus Ehringen, V/M: Henrich seel
30.05.1819	Ungewitter, Herr Martin Justus, Kaufmann allhier, aus Kassel, V/M: Herr Johann Christoph, Steuerrath seel. Hohmann, Maria Juliana Elisabeth, V/M: Herr Stephan Gottlieb
06.06.1819	Ertingshausen, Johann Bernhard, Leinenzeug und Barchentweber und Bürger, aus Mühlhausen, V/M: Johann Christian, Bürger und Leinenzeug und Barchentweber Beermann, Margaretha Elisabeth, V/M: Herr Carl Joseph, Richter
12.09.1819	Schmerbach, Christian, Bäckermeister und Bürger, V/M: Lorenz, Bürger und ...? und Catharina Margaretha Wagner Wescke, Anna Margaretha, V/M: Philipp, Mädchenschulmeister und Juliane Büchner seel.
27.11.1819	Poppenhausen, Johannes, Soldat beim Regiment Prinz Solms, V/M: Anna Elisabeth seel. (unehelich) Hildebrecht, Anna Christine, aus Großburschla, V/M: Johann George seel. und Anna Margaretha Cramer
05.12.1819	Wiegand, Johann Adam, Ackerknecht und Witwer dahier, aus Küllstedt, V/M: Johannes, Tagelöhner seel. und Maria Ernst seel. Kobold, Christina, Dienstmagd, aus Altenburschla, V/M: Valentin und Elisabeth
23.01.1820	Daniel, Justus, Schiffknecht, Bürger und Witwer, V/M: Christian, Schiffer seel. und Anna Margaretha Rautenhausen seel. Lorenz, Martha Elisabeth, V/M: George Wilhelm, Tagelöhner seel. und Anna Maria Heße
06.02.1820	Döring, Jacob, Soldat im Regiment Prinz Solms, V/M: Nicolaus seel. und Anna Elisabeth Beck Martin, Catharina Elisabeth, aus Frieda, V/M: Conrad seel. und Anna Martha Holzapfel seel.

Wanfried Kernstadt 1650 bis 1830   179

13.02.1820	Stramer, Peter, Gärtner, V/M: Wilhelm, Bürger und Gärtner und Martha Elisabeth Siemon Süsdorf, Catharina Elisabeth, aus Völkershausen, V/M: Johann Henrich, Husar seel. und Catharina Elisabeth Schmidt
16.04.1820	Hiese, Johann Caspar, Ackerknecht allhier, aus Heldra, V/M: Philipp, Ackermann seel. und Anna Maria Hendrich Degenhard, Martha Elisabeth, V/M: Justus, Bürger und Tagelöhner seel. und Anna Maria Hartmann
28.05.1820	Rinck, Christian, Seiler, V/M: Adolph Benjamin, Seiler und Anna Elisabeth Schilbe Daniel, Anna Catharina, V/M: Johann George, Schiffer und Stadtbaumeister und Anna Elisabeth Rexrodt
09.07.1820	Richter, Jacob, Gärtner und Bürger und Witwer, V/M: Clemens, Bürger und Tagelöhner seel. und Martha Elisabeth Schäfer seel. Müller, Sabina, aus Heldra, V/M: Ludwig seel. und Anna Catharina Rödiger
09.07.1820	Sänger, Johann George, Knopfmacher, V/M: Christoph, Knopfmachermeister und Kirchenältester seel. und Eva Dorothea Junckermann seel. Siemon, Anna Barbara Elisabeth, V/M: Christoph, Bürger und Karnbinder und Anna Barbara Schledorn
20.08.1820	Pemsel, Herr George Adam, Kaufmann, aus Erlangen, V/M: Herr Andreas, Bürger und Getreidemesser und Kunigunde Gerstacker seel. Schrader, Friederike Wilhelmine, V/M: Herr Johann Gustav, Kaufmann und Philippine Catharina Koch
27.08.1820	Schilling, Johann Christoph, Schiffsknecht, V/M: Conrad, Bürger und Schiffsknecht und Anna Sophia Gottsleben Kohlmann, Anna Catharina, V/M: Jacob, Bürger und Stadt...? und Anna Sophia Junckermann seel.
04.??.1820	Grein, Johann Jacob, Schuhmachermeister und Witwer, V/M: Mattheus, Zimmermeister seel. und Dorothea Elisabeth Krebaum seel. Hardegen, Anna Dorothea, aus Hildebrandshausen, V/M: Herr Franz Wilhelm, Schullehrer und Magdalena Rhien seel.

15.10.1820	Schweinebraten, Herr Henrich, Gefreiter, hier auf Commando stehender des kurhess. Jägerbataillons, aus Kassel, V/M: Johann George, Schreinermeister und Anna Elisabeth Cullmann seel.
Gräfe, Christiane Sophie, aus Ufhofen, V/M: Herr Johann Jacob, Gastwirt seel. und Martha Sophie Rupprecht seel.
26.11.1820	Wagner, Christian, Baumpflanzer und Witwer, V/M: Henrich, Baumpflanzer seel. und Catharina Elisabeth Eckhard seel.
Hose, Anna Juliane, aus Völkershausen, V/M: Johann George seel. und Margretha Mütterling seel.
10.12.1820	Kohlmann, Christoph, Musquetier beim Regiment Prinz Solms, V/M: Nicolaus Wilhelm, Schuhmachermeister und Anna Elisabeth Werneburg seel.
Sänger, Charlotte Sophia, V/M: Johann Christoph, Knopfmacher und Kirchenältester seel. und Eva Dorothea Junckermann seel.
04.01.1821	Büchner, Jacob Wilhelm, Schuhmachermeister, V/M: Johann Henrich, Bürger und Kirchenältester und Anna Gertrud Beyerodt
Mohr, Elisabeth, aus Rotenburg an der Fulda, V/M: Johannes, Schneidermeister seel. und Anna Elisabeth Fischer
21.01.1821	Knierim, Lorenz, Tagelöhner, V/M: Hermann, Bürger und Tagelöhner und Elisabeth Schmerbach
Daniel, Johanna Elisabeth, V/M: Justus, Bürger und Schiffbaumeister und Anna Elisabeth Fischer
16.03.1821	Curthmann, Wilhelm, Wollentuchmachermeister und Witwer, aus Eschwege, V/M: Johann Henrich, Schneidermeister seel. und Anna Catharina Kempf seel.
Giese, Gertrud, V/M: Jacob, Knopfmachermeister und Stadtkämmerer seel. und Elisabeth Schabacker seel.
18.03.1821	Roth, George, Soldat beim Infanterieregiment Prinz Solms, V/M: Johannes, Bürger und Tagelöhner und Anna Elisabeth Lorenz seel.
Günther, Anna Christina, V/M: Jacob, Bürger und Tagelöhner und Dorothea Elisabeth Zincke
15.12.1821	Becker, Johann Paul, Schmiedemeister und Bürger und Witwer allhier, aus Bischhausen, V/M: Johannes, Schmied seel. und Dorothea Juliane Hoheiter seel.
Arnold, Anna Elisabeth, aus Altenburschla, V/M: Henrich, Maurer seel. und Justine Elisabeth Lorenz seel.

Wanfried Kernstadt 1650 bis 1830 181

24.03.1822	Bischoff, Carl, Schuhmachermeister und Bürger, V/M: Elisabeth seel. (unehelich) Beermann, geb. Spies, Charlotte, des Licentiat Franz George Witwe, aus Schwebda bürtig, V/M: Adolph seel. und Anna Catharina
14.07.1822	Streckert, Johannes, Tagelöhner, V/M: Wilhelm, Bürger und Tagelöhner und Helene Friof Menges, Maria Margaretha, aus Pfaffschwende, V/M: George, Wollweber seel. und Margaretha Elisabeth Müller
22.09.1822	Mangold, Hermann, Füsilier im 2ten Linieninfanterierregiment, V/M: Timotheus, Bürger und Maurermeister und Eleonore Wagner Sänger, Elisabeth, V/M: Christoph, Bürger und Knopfmachermeister seel. und Eva Dorothea Junckermann seel.
29.09.1822	Mosebach, Johann Henrich, Füsilier, entlassener vom 2ten Linien Infanterier Regiment, V/M: Eva Catharina Werckmeister (unehelich) Glanz, Margaretha, aus Völkershausen, V/M: Christian, Ackermann seel. und Maria Christine Arnold
03.12.1822	Breitenbach, Herr Marcus Philipp, Handlungsgehilfe, aus Heilgenstadt, V/M: Herr Christoph, königl. preußischer Postdirector und Elisabeth Mocke seel. Lehmann, Anna Sophia, V/M: Herr Johannes Wilhelm, Kaufmann und Anna Catharina Groß
19.12.1822	Neusüß, Justus, Tagelöhner, V/M: Jacob, Bürger und Tagelöhner und Martha Elisabeth Arend Schreiber, Maria Elisabeth, V/M: Conrad, Totengräber und Anna Margretha Poppenhausen
27.12.1822	Hörselmann (Herschelmann), Friedrich, Gärtner allhier, V/M: Henrich, Bürger und Tagelöhner und Clara Degenhard seel. Benedix, Margretha Elisabeth, aus Schwebda, V/M: Conrad, Hirte seel. und Maria Magdalena Schwarzmann
27.01.1823	Schreiber, Ludwig *02.08.1791, Bombardier, gew., V/M: Conrad, Nachtwächter und Totengräber und Anna Margretha Poppenhausen Martin, Anna Martha *07.02.1791, aus Altenburschla, V/M: Philipp, kurhess. Soldat im vorhinnigen Regiment Prinz Solms und Frau geb. Fentner seel.

29.06.1823	Hosbach, Christian, Schreiner, V/M: Samuel, Stadttaxator und Ökonom und Anna Christina Degenhard seel. Albrecht, Maria Margaretha Caroline, V/M: Philipp Christoph, Bäckermeister und Justien Maria Frühen
07.09.1823	Wetzstein, Christoph, Bäckermeister, V/M: George Wilhelm, Tagelöhner und Catharina Elisabeth Lorenz Mangold, Barbara Elisabeth, V/M: Timotheus, Maurermeister und Anna Christina Werneburg
28.09.1823	Roth, Andreas, Weißbindermeister, V/M: Henrich, Bürger und Weißbindermeister und Sophia Elisabeth Senger Schocke, Anna Gertrude, V/M: Johann Hermann, Schuhmacher und Kirchenältester und Anna Martha Büchner
28.09.1823	Herting, Henrich, Böttnermeister und Witwer, V/M: Bernhard, Bürger und Böttnermeister seel. und Elisabeth Becker seel. Schocke, Susanna, des Bürger und Böttnermeister Henrich Andreas Witwe, aus Altenburschla bürtig, V/M: Christian Henrich seel. und Maria Sabina Fischbach seel.
11.10.1823	Daniel, Johannes, Schiffer, V/M: Johann George, Schiffer und Stadtbaumeister und Anna Elisabeth Rexrodt Völcke, Catharina, aus Witzenhausen, V/M: Johannes, Bürger und Schiffer und Elisabeth Dehle
30.11.1823	Lieberknecht, Gottlob, Schreiner, V/M: Henrich Burghardt, Metzgermeister seel. und Johanna Kaitz ? Siemon, Anna Barbara, V/M: Christoph, Karnbinder und Anna Barbara Schleendorf
18.01.1824	Schulze, Christoph, Zimmermann, V/M: Christian, Bürger und Tagelöhner und Dorothea Wagner Gottsleben, Anna Catharina, V/M: Christoph, Bürger und Karnbinder und Margaretha Elisabeth Sander
07.03.1824	Mengel, Johannes, Lohgerbergeselle allhier, aus Eschwege, V/M: Henrich, Invalide seel. und Anna Maria Neusüß Daniel, Christina Elisabeth, V/M: Johann George, Schiffer und Stadtbaumeister und Anna Elisabeth Rexrodt
11.04.1824	Baldwein, Herr Wilhelm, Pfarrer extraordinarius und Rector allhier, aus Eschwege, V/M: Johann Jacob, Bürger und Böttner und Anna Catharina Gebhard Froböse, Charlotte Wilhelmine, V/M: Herr Henrich George, Apotheker seel. und Friederike Margaretha Greineisen

07.06.1824	Wescke, Johann Jacob, Ackermann, V/M: Herr Philipp, Mädchenschullehrer und Anna Juliane Büchner Eichenberg, Catharina Elisabeth, V/M: Adam, Wirt und Weißbinder und Elisabeth Krüger seel.
19.12.1824	Thomas, Justus, Schiffknecht, V/M: Christian, Bürger und Schiffmann und Maria Elisabeth Rautenhausen Weber, Christina, aus Frankenroda, V/M: Johann Henrich, Schreiner und Beata Hansel
09.01.1825	Helwig, Carl, Böttnergeselle, V/M: Carl, Böttnermeister seel. und Anna Dorothea Herting Wenzel, Anna Maria, aus Frieda, V/M: Wilhelm und Dorothea Kobold
16.01.1825	Schweitzer, Samuel, Müller allhier, V/M: Christian, Bürger und Müllermeister und Catharina Elisabeth Degenhard Blum, Maria Christina, V/M: Franz Christian Henrich, Böttnermeister und Elisabeth Fröhlich
06.02.1825	Hillemann, George Henrich, Weißbindergeselle und Tagelöhner, V/M: Samuel, Weißbinder seel. und Susanna Catharina Wangemann seel. Ise, Anna Martha, aus Ehringen, V/M: Johann Henrich seel. und Gertrud Dehnhard seel.
27.02.1825	Koch, Jacob Philipp, Gehilfe seines Vaters, V/M: Herr George, Güterbestätiger und Benrhardine Dilling seel. Schildroth, Margaretha Elisabeth, V/M: Herr Johannes, Stadtkämmerer seel. und Elisabeth Rüppel seel.
01.05.1825	Bresler, Christian, Schmiedemeister, V/M: Michael, Schmiedemeister seel. und Maria Margaretha Margraf Schocke, Philippina Juliane, V/M: Hermann, Schuhmachermeister und Kirchenältester und Anna Martha Büchner
22.05.1825	Buttlar, Friedrich, Tagelöhner, V/M: Johannes, Tagelöhner und Anna Margaretha Hosbach Bechstein, Anna Maria, aus Schnellmannshausen, V/M: Jacob und Anna Maria

05.09.1825	Schmerbach, Mattheus, Ökonom, V/M: Herr Lorenz, Bürger, Ökonom und Kirchenältester und Elisabeth Gottsleben Schmerbach, Martha Catharina, V/M: Herr Henrich Adam, Bürgermeister und Kirchenältester und Anna Christina Heuckerodt
18.09.1825	Escherich, Wilhelm, Schreinermeister und Bürger, aus Kassel, V/M: Herr Johann Henrich, Perückenmacher seel. und Eva Christina Borck ? Gerber, Caroline Sophie, V/M: Johanna Metha Wilhelmine (unehelich)
23.10.1825	Walter, Herr Johann Gottfried August, Unteroffizier beim 3ten Escadron des 8ten königl. preuß. Kürassierregiment Großherzog von Weimar, in Mühlhausen in Garnison liegend, aus Delitz am Berge, V/M: Johann Samuel und Anna Maria Becker Schweitzer, Maria Elisabeth, V/M: Christian, Gattermüller und Catharina Elisabeth Degenhard
02.01.1826	Horche, Reinhard, Schuhmachermeister dahier, aus Lichtenau, V/M: Burghard, Licentaufsichter und Margretha Rose Illert, Maria Elisabeth, V/M: Ernst, Müllermeister seel. und Elisabeth Köhler
11.02.1826	Vaupel, Adam Wilhelm, Schreiner, Mittelmüller und Witwer, V/M: Herr Jacob Wilhelm, Verwalter seel. und Anna Margretha Ruprecht Löffler, Catharina, aus Effelder, V/M: Bernhard, Ökonom und Dorothea Moog
27.03.1826	Roth, Wilhelm, Leineweber, V/M: Henrich, Bürger und Gärtner und Anna Catharina Döring Schulze, Anna Christina, V/M: Christian, Tagelöhner seel. und Dorothea Wagner seel.
23.04.1826	Trümper, Bernhard, Schiffer, V/M: Valentin, Schiffer seel. und Anna Dorothea Roth Bresler, Maria Elisabeth, V/M: Michael, Schuhmachermeister seel. und Margaretha Margraf
23.04.1826	Knigge, Conrad, Schiffknecht und Fischer, V/M: Detlef, Schiffer seel. und Dorothea Elisabeth Schilling seel. Münckel, Dorothea Maria Rosina, V/M: Johann Christoph, Schneidermeister seel. und Christina Maria Margraf seel.

16.05.1826	Wiegler, Johann Andreas, Schuhmachermeister, aus Mühlhausen, V/M: Johann Christoph, Schuhmachermeister seel. und Christina Elisabeth Friederich seel. Lieberknecht, Anna Catharina, V/M: Henrich Burckhard, Metzgermeister seel. und Johanna Kautz
04.06.1826	Schwencker, Herr Gerhard Henrich, Kaufmann und Weinhändler dahier, V/M: Herr Johann Gergard Gottfried, Kirchenvorsteher seel. und Anna Magdalena Kämper Voigt, Sophia Catharina, V/M: Herr Johannes, Gastwirt und Sophia Charlotte Rülcke
09.07.1826	Mangold, Andreas, Maurermeister, V/M: Timotheus, Bürger und Maurermeister und Eleonore Wagner seel. Noll, Elisabeth, V/M: Christoph, Bürger und Karnbinder und Anna Catharina Wescke
12.11.1826	Kohlmann, Christoph, Metzgermeister und Witwer, V/M: Nicolaus Wilhelm, Schuhmachermeister und Elisabeth Werneburg Daniel, Martha Catharina, V/M: Jacob, Bürger und Schiffer und Anna Margaretha Schmerbach
26.11.1826	Stichtenoth, Johann Wilhelm, Metzgermeister, V/M: Henrich, Bürger und Metzgermeister seel. und Barbara Faber Albrecht, Maria Catharina, V/M: Philipp Christoph, Bürger und Bäckermeister und Justina Maria Früen
31.12.1826	Hörselmann (Herschelmann), George Wilhelm, Schuhmachermeister, V/M: Henrich, Gärtner und Clara Juditha Degenhard Kohlmann, Maria, V/M: Nicolaus Wilhelm, Schuhmachermeister seel. und Johanna Elisabeth Werneburg
04.02.1827	Schmerbach, Matthias, Schuhmachermeister, V/M: Johannes, Bürger und Tagelöhner und Catharina Elisabeth Heuckerodt Heinemann, Anna Maria, V/M: Johannes, Ackermann seel. und Maria Elisabeth ...?
13.05.1827	Flügel, Conrad, Schuhmachermeister dahier, aus Frieda, V/M: Johannes, boyneburgischer Schultheiß seel. und Susanna Schäfers eel. Heer, geb. Francke, Anna Catharina, des Schneidermeister Conrad Witwe, V/M: Carl Christian, Schuhmachermeister und Anna Catharina Wagner

22.05.1827	Trümper, Johann Henrich, Schiffknecht, V/M: Valentin, Bürger und Schiffer seel. und Dorothea Roth
	Kopphen, Anna Margretha, aus Frieda, V/M: Reinhard und Anna Elisabeth Herzog
01.06.1827	Bernhard, Justus, Korbmacher, V/M: Adam, Bürger und Korbmacher seel. und Juliana Rüge seel.
	Ackermann, Maria Christina, V/M: Johann Henrich, seit 21 Jahren abwesender Zimmermann und Anna Christina Vogel
17.06.1827	Eisenträger, Johann George, Ökonom und Witwer, V/M: Michael, Branntweinbrenner seel. und Helene ...? seel.
	Schilling, Maria Elisabeth, V/M: Conrad, Schiffknecht und Anna Sophie Gottsleben
24.06.1827	Knigge, George, Schiffknecht, V/M: Detlef, Schiffknecht seel. und Dorothea Elisabeth Schilling seel.
	Börner, Juliana, V/M: Martha, Bürger und Leineweber und Martha Elisabeth Müller
02.12.1827	Kohlmann, Johann George, Schiffknecht, V/M: Jacob, Schiffer und Fährmann seel. und Catharina Elisabeth Junckermann seel.
	Heße, Anna Dorothea, aus Völkershausen, V/M: Henrich, Tagelöhner seel. und Anna Margaretha Wilhelm
23.12.1827	Vollmann, Jacob, Tagelöhner, V/M: Wilhelm, Tagelöhner und Nachtwächter und Maria Christina Hofmann
	Heinemann, Christina, aus Eschwege, V/M: Lorenz, Metzgermeister seel. und Anna Catharina
26.12.1827	Wagner, Johann Valentin, Zimmermann, V/M: Christian, Hofmann und Anna Christine Benderoth
	Steube, Anna Margaretha, V/M: Martin, Bürger und Tagelöhner und Anna Catharina Kohlmann
31.12.1827	Daniel, Jacob, Schiffbauer, V/M: Justus, Schiffbauer und Elisabeth Fischer
	Knigge, Johanna Elisabeth, V/M: Detlef, Schiffknecht und Dorothea Elisabeth Schilling seel.
23.03.1828	Schocke, Johann Jacob *30.06.1798, Schuhmachermeister, V/M: Johann Hermann, Schuhmachermeister und Kirchenältester und Anna Martha Büchner
	Daniel, Martha Catharina *08.05.1789, V/M: George, Schiffer und Stadtbaumeister seel. und Anna Elisabeth Rexrod

06.04.1828	Hofmann, Christoph, Schneidermeister, V/M: Johannes, Bürger und Schneidermeister und Anna Catharina Stichtenoth Lieberknecht, Anna Margaretha, V/M: Henrich, Karnbinder und Anna Martha Stoß
13.07.1828	Böhm, Cyriacus, Tagelöhner, V/M: Caspar, Bürger und Tagelöhner und Maria Margretha Küstner Glanz, Anna Margaretha, aus Völkershausen, V/M: Christian, Ackermann seel. und Maria Christina Arnold
13.07.1828	Hübenthal, Bartholomäus, Forstläufer, kurfürstl. und Witwer sahier, aus Motzenrode, V/M: Christoph, Ackermann seel. und Martha Elisabeth Schade Bartsch, Dorothea, des Tagelöhners David Theodor Witwe, aus Jestädt, Hitzelrode bürtig, V/M: Johann Henrich, Förster seel. und Anna Dorothea Rehbein
27.07.1828	Lehmann, Herr Johann Christoph, Kaufmann, V/M: Herr Johann Wilhelm, Kaufmann und Anna Catharina Groß Walter, Philippine Catharina, V/M: Herr Johann Paul, herrschaftl. Bürgermeister und Sophia Maria Vaupel
28.09.1828	Herz, Adam, Schuhmachermeister, aus Ammern bei Mühlhausen, V/M: Christian, Handelsmann und Wilhelmine Bickel Frölich, Elisabeth, V/M: Johannes, Böttner seel. und Maria Siemon
28.09.1828	Schulze, Jacob Wilhelm, V/M: Christian, Tagelöhner seel.und Dorothea Wagner seel. Roth, Anna Catharina, V/M: Henrich, Bürger und Gärtner und Anna Catharina Döring
12.10.1828	Müller, Henrich Andreas, Schäferknecht, aus Etzenborn im Hannöverischen, V/M: Caspar, Tagelöhner seel. und Catharina Elisabeth Fulpop ? Brandis, Anna Catharina, V/M: Christian, Tagelöhners eel. und Gertrud Stoppel
24.11.1828	Gehl, Conrad, Schuhmacher und Witwer, aus Schierschwende, V/M: Johannes, Ackermann und Dorothea Maria Bockel Müller, Anna Martha, V/M: Basilius, Pächter von dem Leihersberge und Anna Christina Herwig

26.12.1828	Wehr, Joseph, Ackerknecht, aus Kernbach ?, Landgericht Heiligenstadt, V/M: ...? Ökonom und Schultheiß und Anna Barbara Stitz ? Böttger, Anna Elisabeth, V/M: Friedrich, Tagelöhner und Anna Maria Kobold
28.12.1828	Hörselmann (Herschelmann), Ernst, Gärtner und Witwer, V/M: Henrich, Gärtner seel. und Clara Degenhard seel. Lorenz, Anna Elisabeth, V/M: George Wilhelm. Tagelöhner seel. und Anna Maria Hieße
29.03.1829	Blum, Johannes, Metzgermeister und Soldat vom 3ten Linieninfanterieregiment, V/M: Franz Henrich, Bürger und Böttnermeister und Elisabeth Frölich Eichenberg, Catharina Elisabeth, V/M: Johann Christoph, Ökonom und Catharina Elisabeth Menges
20.04.1829	Schmerbach, Johann George, Bäckermeister, V/M: Christian, Bäckermeister und Anna Maria Dörinckel seel. Hosbach, Catharina Elisabeth, V/M: Christoph Albrecht, Bäckermeister und Anna Margretha Hosbach (unehelich)
05.07.1829	Bippart, Ernst, Pfarrer dahier, V/M: Carl Wilhelm, Pfarrer und Catharina Elisabeth Collmann Thon, Wilhelmine Friederike, aus Germerode, V/M: Herr Johann Peter, Conductor seel. und Sophia Ernestina Koch seel.
26.07.1829	Vogel, Johann George, Ackermann, V/M: Martin, Bürger und Ackermann seel. und Anna Margaretha Holzapfel seel. Schmidt, Anna Barbara, V/M: Christian, Bürger und Tagelöhner und Anna Catharina Schleendorn
26.07.1829	Rexrodt, Henrich, Metzgermeister, V/M: Johann Paul, Metzgermeister seel. und Christine Margretha Paul Schmerbach, Catharina Margretha, V/M: Herr Henrich Adam, Bürgermeister und Anna Christina Heuckerodt
26.09.1829	Günther, Conrad, Zimmergeselle, V/M: Jacob, Tagelöhner und Dorothea Elisabeth Zinck Schmerbach, Anna Martha, V/M: Valentin, Tagelöhner und Catharina Krug

02.10.1829	Fleck, Herr Wilhelm, Förster dahier, aus Karlshafen, V/M: Herr Hermann Jacob Lebrecht, Commandant und Major seel. und Christiane Volp Pfeiffer, Julie Amalie Bertha, V/M: Herr Wilhelm Ferdinand Isaac, Amtmann und Amalie Marie Kollmann
22.11.1829	Mangold, Henrich, Tagelöhner, V/M: Johannes, Tagelöhner seel. und Catharina Elisabeth Bresler Steube, Martha Elisabeth, V/M: Nicolaus, Bürger und Tagelöhner und Christine Baurhenne seel.
22.11.1829	Illert, Bernhard Lüder, Müller, V/M: Ernst, Müller seel. und Elisabeth Köhler seel. Helle, Johanna Elisabeth, V/M: Caspar, Ratsdiener und Anna Margretha Heer
23.11.1829	Schocke, Johann Michael, Schreinermeister, V/M: Johann Hermann, Kirchenältester und Schuhmachermeister seel. und Anna Martha Büchner Siebert, Elisabeth, V/M: Hermann, Bürger und Metzgermeister und Christine Margretha Paul
26.12.1829	Hofmann, Carl Christian, Tagelöhner und Schuhmachergeselle, V/M: Balthasar, Bürger und Schuhmachermeister und Martha Elisabeth Francke Wetzstein, Sabina Elisabeth, V/M: Wilhelm, Tagelöhner und Catharina Elisabeth Lorenz
03.01.1830	Braubach, Herr Philipp Wilhelm Ludwig Joseph, Grenz...? dahier, aus Hannover ?, V/M: Herr Johann Wenzel, Kaufmann und Anna Maria Friederike Held ? Schrader, Friederike Sophia, V/M: Herr Johann Gustav, Kaufmann und Philippine Catharina Koch
10.01.1830	Rüge, Johann Paul, Schneidermeister und Bürger, V/M: Gertrud Sieland (unehelich) Löwenstein, Elisabeth, aus Witzenhausen, V/M: Johannes, Bürger und Weinschenk seel. und Elisabeth Gerstenberg
01.02.1830	Werckmeister, Friedrich, Tagelöhner, V/M: Friedrich, Tagelöhner seel. und Maria Elisabeth Berg Stückeradt, geb. Kobold, Dorothea Elisabeth, des Amtsdiener Jacob Witwe, V/M: Anna Kobold, verst. Frau des Stadtwachtmeister Philipp Hieronymus (unehelich)

21.02.1830	Bippart, George, Pfarrer zu Ronshausen und Meckbach, V/M: Carl Wilhelm, Pfarrer und Catharina Elisabeth Collmann Silberschlag, Ernestine Sophia, V/M: Herr Johann Christian und Wilhelmine Friederike Koch
22.02.1830	Dietzemann, Johannes, Schneidermeister und Bürger, aus Heilgenstadt, V/M: Franz, Leineweber seel. und Mara Catharina Lüske Heine, Maria Justine, V/M: Herr Friedrich, Licentaufseher und Charlotte Bernhardine Lieberknecht
14.03.1830	Moths, Christoph, Sattlergeselle, V/M: George Wilhelm, Bürger und Sattlermeister und Sabina Elisabeth Rülcke Mangold, Anna Christina, V/M: Timotheus, Maurermeister seel. und Anna Christina Werneburg
31.05.1830	Börner, Bernhard, Tagelöhner, V/M: Jacob, Schuhmachermeister und Maria Elisabeth Schocke Köthe, Elisabeth, aus Lengenfeld, V/M: Peter, Schuhmacher und Martha Elisabeth Hosbach seel.
06.06.1830	Harseim, Cornelius, Pachtmüller im Kalkofen, aus Altenburschla, V/M: Christian, Schlosser seel. und Susanna Elisabeth Lorenz Gottsleben, Elisabeth, V/M: Reichhard, erschossener Bürger und Elisabeth Menges
24.06.1830	Müller, Conrad, Schuhmachermeister, V/M: Carl Joseph, Schuhmachermeister seel. und Martha Rosine Lorenz Avermann ?, Anna Maria, aus Kassel, V/M: Weinhändler sel. und Anna Maria Kohlmann seel. (unehelich)

Weißenborn-Weißenborn 1651 bis 1830

03.02.1651	Fischbach, George, V/M: Conrad George Dietzel, Tochter, V/M: Althans seel.
27.12.1654	Heckroth, George, V/M: Hans, Schöpfe Suck, Martha, V/M: Jacob, Schulmeister
08.06.1655	Meles, Johannes, V/M: Baltzer Dietzel, Catharina
29.01.1655	Fischbach, Martin Hillebrand, Catharina, V/M: Martin, Leutnant
26.02.1655	Busch, Hans, V/M: Hans Neusüß (Neuensieß), Agnes, aus Oberdünzebach
14.04.1656	Reith, Friedrich, aus Wolfterode, V/M: Andreas Dietzel, Catharina
03.11.1656	Dietzel, Hans, V/M: Martin Witzel, Amelia, aus Netra, V/M: Christian
24.11.1656	Fischbach, Caspar, V/M: George, Schultheiß Heckroth, Catharina, V/M: Adam, Kirchensenior
12.01.1657	Heckroth, Jacob, V/M: Martin Busch, Elisabeth, V/M: Hans
09.02.1657	Jacob, George, V/M: Hans Dietzel, Martha, V/M: Hans seel.
13.04.1657	Dietzel, Martin, V/M: Hans Hillebrandt, Elisabeth, V/M: Martin, Leutnant
13.07.1657	Dietzel, Hans Knabe, Osanna, aus Treffurt, V/M: Abel
08.11.1658	Hillebrandt, Johannes Hillebrandt, Elisabeth, V/M: Martin, Leutnant
22.11.1658	Schütze, Claus, V/M: Hans seel. Hillebrandt, Anna, V/M: Abel
10.01.1659	Fischbach, Hans, V/M: Altgeorge Jacob, Catharina, V/M: Lorentz seel.
02.02.1659	Heckroth, Abel, V/M: Althans, gew. Schöpfe Lorentz, Salome, aus Altenburschla, V/M: Martin
03.10.1659	Engel, Cyriacus, Schuldiener, aus Nesselröden Heckroth, Maria, V/M: Baltzer seel.

14.11.1659	Ritze, Adam, V/M: Hans, Schmiedemeister	
	Sümmer, Martha, aus Lüderbach, V/M: Hans	
19.11.1660	Müller, George, aus Völkershausen, V/M: Lorentz seel.	
	Heckroth, Margretha, V/M: Altbaltzer	
03.12.1660	Fischbach, Hans, V/M: Abel Hildebrandt, Stiefvater	
	Heppe, Anna, aus Netra, V/M: Jacob	
29.04.1661	Koch, Peter	
	Hillebrandt, Catharina, V/M: Henrich seel.	
07.01.1662	Dilling, Johannes	
	Hillebrandt, Dorothea, V/M: Abel	
17.10.1662	Hopfe, Elias, aus Dünzebach, V/M: Matz	
	Heckroth, Catharina, V/M: Baltzer	
16.02.1663	Fischbach, Baltzer, V/M: Johannes, Schöpfe	
	Heckroth, Elisabeth, V/M: Martin	
25.01.1664	Hoppach, Hans, aus Großburschla, V/M: Henrich	
	Fischbach, Martha, V/M: Wendel	
10.11.1664	Meles, Hans, V/M: Baltzer	
	Arnold, Martha, aus Altenburschla, V/M: Kleinhans	
13.11.1665	Ritze, Claus, V/M: Hans, Schmied	
	Heckroth, Anna, V/M: Adam, Kirchensenior	
27.11.1665	Fischbach, Wendel, V/M: Johannes	
	Koch, Anna Catharina, V/M: Peter	
21.01.1666	Fischbach, Hans, V/M: Conrad	
	Roß...?, Christina, aus Treffurt, V/M: Henrich seel.	
12.11.1666	Hasselbach, Werner, aus Oberdünzebach, V/M: Melchior, Kirchensenior	
	Hillebrandt, Martha, V/M: Abel	
03.12.1666	Heckroth, David, V/M: Caspar	
	Heckroth, Martha, V/M: Adam junior	
11.02.1667	Hollstein, Martin, aus Eschwege	
	Dietzel, Barbara, V/M: George	
18.02.1667	, Matthias, V/M: Adam junior	
	Bartel ?, Elisabeth, aus Rambach, V/M: Henrich senior	
30.05.1667	Heckroth, George, Witwer	
	Löber, Anna, Hans Witwe, aus Großburschla	

Weißenborn-Weißenborn 1651 bis 1830

21.10.1667	Soest, Johannes, aus Völkershausen, V/M: Herr Conrad, seel. gew. adel. Schreiber Bernhard, Anna, aus Röhrda, V/M: Henrich seel.
07.01.1668	Dilling, Johannes, Witwer Fischbach, Dorothea, V/M: Johannes, Schöpfe
08.06.1668	Gunckel, Hans, aus Rüstungen auf dem Eichsfeld Meder, Anna Catharina, V/M: Hans George
30.11.1668	Hillebrandt, Claus, V/M: Abel Roth ?, Martha, aus Rambach, V/M: Curt
11.01.1669	Suck, Adam, V/M: Jacob Schütze, Elisabeth, V/M: Claus der ältere
08.11.1669	Arnold, Hans, aus Großburschla, V/M: Christoph Fischbach, Anna, V/M: Wendel
22.11.1669	Heckroth, Hans, V/M: Adam junior Hillebrandt, Martha, V/M: Peter
02.10.1670	Schwabe, Jacob, aus Altenburschla, V/M: Hans, Schäfer Dietzel, Elisabeth, V/M: Hans, Schultheiß
26.04.1671	Fischbach, Johannes der jüngere, V/M: Johannes, Schöpfe Busch, Anna, V/M: Hans senior seel.
06.12.1671	Heckroth, Christoph, V/M: Adam, Kirchensenior Möller, Christina, V/M: Cyriacus seel.
25.01.1672	Schütze, Jacob, V/M: Claus, Schöpfe Suck, Elisabeth, V/M: Jacob, Schulmeister
21.07.1672	Dietzel, Hans, Schultheiß und Witwer ...mandt ?, Margretha, des Bürger und Spörer ...? Witwe, aus Treffurt
20.11.1672	Fischbach, Claus, V/M: Hans Fischbach, Catharina, V/M: Wendel
02.12.1672	Müller, Adam, V/M: Hans seel. Meles, Martha, V/M: Hans in der Hintergasse
19.01.1673	Bernhardt, Christoph Dippach, Martha, V/M: Claus seel.
04.12.1673	Suck, Martin, V/M: Johannes Theiß ?, Gertrud, aus Rambach, V/M: Martin seel.
08.01.1674	Dietzel, Johannes, V/M: George Müller, Regina, aus Röhrda, V/M: Martin seel.

12.02.1674	Ritze, Kleinhans, V/M: Schmied
	Fischbach, Elisabeth, V/M: Johannes, der ältere, Schöpfe
09.08.1674	Holtzapfel, Werner, aus Oberdünzebach, V/M: Jacob
	Meder, Elisabeth, V/M: Hans George
11.11.1674	Fischbach, Martin, V/M: Hans
	Fischbach, Christina, V/M: Johannes, Schöpfe
25.11.1674	Hillebrandt, Johannes, V/M: Abel junior
	Holtzapfel, Margretha, aus Niederdünzebach, V/M: George
13.01.1675	Jacob, David, aus Waldkappel, V/M: Claus
	Bodinger, Elisabeth, V/M: Martin
18.11.1675	Sandrock, George, aus Wipperode, V/M: Caspar, Kirchensenior und Schöpfe
	Fischbach, Barbara, V/M: George junior, Branntweinmann
01.12.1675	Dippach, Abel, V/M: Claus
	Fischbach, Catharina, V/M: Hans, gew. Pfarrmeyer
20.01.1676	Meles, Hans Adam, V/M: Hans senior in der Hintergasse
	Fischbach, geb. Koch, Anna Catharina, Wendel junior Witwe
28.03.1676	John, Sohn, V/M: Henrich, Viehhirte daselbst
	Gottschalk, Eva Elisabeth, aus Großburschla, V/M: Hans
21.02.1677	Fischbach, George, V/M: Wendel senior
	Rothe, Elisabeth, V/M: Hans
26.04.1677	Fischbach, Hans, V/M: Abel Hillebrand, Stiefvater
	Hartwig, Martha, aus Großburschla, V/M: Christoph, Müller seel.
12.10.1677	Meles, Johannes ufm Berge, Witwer, zweiter
	Degenhard, Margretha, ...? Witwe, aus Altenbburschla
17.10.1677	Heckroth, George, Witwer, zweiter
	Wagner, Anna, aus Bebern im Braunschweigischen, V/M: Friedrich seel.
01.11.1677	Fischbach, Balthasar, Witwer
	Dietzel, Anna Martha, aus Altenburschla, V/M: Conrad
15.11.1677	Schade, Andreas, aus Großburschla
	Fischbach, Anna Catharina, V/M: Hans
29.11.1677	Dietzel, Johannes, Schöpfe und Witwer
	Schreiber, Martha, V/M: Conrad, gew. Schäfer zu Burschla
06.02.1678	Mehles, Adam, V/M: Martin seel.
	Heckroth, Elisabeth, Matthias Witwe

Weißenborn-Weißenborn 1651 bis 1830

04.04.1678	Fischbach, Hans Baltzer, V/M: George
	Meles, Catharina, V/M: Martin
03.04.1678	Walter, Hermann
	Fischbach, Anna, Hans Witwe
14.04.1678	Kanngießer, Claus, aus Oberhone, V/M: Conrad, Schöpfe
	Meder, Elisabeth, V/M: Hans George
06.11.1678	Ritze, Kleinhans
	Werneburg, Margretha, aus Datterode, V/M: Hans
19.11.1679	Heckroth, Matthias, V/M: Baltzer
	Ritze, Dorothea, V/M: Adam
04.12.1679	Hillebrandt, Peter, V/M: Abel
	Meles, Martha Catharina, V/M: Hans in der Hintergasse
18.07.1680	Hillebrandt, Abel
	Gottschalk, Catharina, aus Großburschla, V/M: Cyriacus seel.
01.12.1680	Germerod, Frantz, aus Großburschla, V/M: Claus
	Heckroth, Catharina, V/M: Jacob
02.03.1682	Rothe, Hans Baltzer, V/M: Hans
	Fischbach, Maria, V/M: Hans
30.11.1682	Dietzel, David, V/M: Johannes, Schöpfe
	Strube, Maria Elisabeth, aus Heldra, V/M: Ludwig, Schöpfe
05.02.1683	Jacob, David, Schäfer
	Henke, Maria, V/M: Johannes
15.11.1683	Dietzel, Hans, V/M: Martin, Kirchensenior
	Meles, Catharina, V/M: Hans in der Hintergasse
06.12.1683	Suck, Claus, V/M: Johannes
	Fischbach, Anna, V/M: George auf dem Sande
16.01.1684	Wormsbächer, Jacob, V/M: Paulus
	Heckroth, Amelia, V/M: George
12.05.1684	Waldschmidt, Johannes, aus Rambach, V/M: Hans
	Jacob, Elisabeth, V/M: George
07.11.1684	Walter, Michel, V/M: Hermann
	Meles, Martha, V/M: Merten seel.
19.11.1684	Dillinger, Johannes, V/M: Hans Henrich
	Meles, Anna, V/M: Hans in der Hintergasse
28.01.1685	Fischbach, Johannes, V/M: George auf dem Sande
	Heckroth, Martha, V/M: George

22.09.1685	Hartmann, Kilian, Reuter, gew. hessischer, aus Frankfurt am Main, bei, V/M: George Suck, Martha, V/M: Johannes
19.11.1685	Heckroth, Johannes, V/M: Baltzer Ritz, Martha, V/M: Claus, Schultheiß
11.04.1687	Schütze, Jacob, Witwer Ebereiß, Christina, aus Großburschla
28.04.1687	Polt, Sebastian, aus Völkershausen Dietzel, Elisabeth, V/M: Hans, Schöpfe
14.11.1687	Ritz, Hans Busch, Elsa, V/M: Hans
23.11.1687	Meles, Hans Adam, Witwer Wagner, Eva, aus Rambach, V/M: Hans, Kirchensenior
12.01.1688	Fischbach, Claus, V/M: Caspar Rothe, Catharina, V/M: Hans
23.02.1688	Meles, George Meles, Margretha, Haus auf dem Berge Witwe
09.01.1689	Meles, Peter Heckroth, Agnesa, V/M: Hans
02.04.1689	Suck, Johannes, Witwer Burhenne, Catharina Elisabeth, Hans Dietzels Magd, aus Hundelshausen
21.11.1689	Schmidt, Johann Laurentz Hollstein, Elisabeth, V/M: Merten seel.
27.11.1689	Dietzel, Caspar, V/M: Hans, Schultze Müller, Margretha, V/M: George
03.12.1690	Ritze, Samuel, V/M: Adam Dietzel, Barbara, V/M: Hans, Schöpfe
08.01.1691	Junge, Johann Jacob, aus Dünzebach Gunckel, Elisabeth, V/M: Hans seel.
05.02.1691	Dilling, Anna Meles, Anna, V/M: Martin seel.
19.07.1691	Reith, Christoph Meder, Dorothea, Christoph Witwe
20.08.1691	Rothe, Hans, Witwer Dietzel, Regina, Johannes Witwe

21.01.1692	Heckroth, Johannes junior Ritze, Kunigunda, V/M: Claus, Schultze
11.02.1692	Fischbach, Martin, Witwer Schütze, Martha, V/M: Claus in der Hintergasse
31.03.1692	Fischbach, George, V/M: Caspar Meles, Anna Catharina, V/M: Hans seel.
20.07.1692	Heckroth, Balthasar, V/M: Hans Stadien ??, Maria Elisabeth B.: Nach abgelegter Buße
23.11.1692	Dietzel, Martin, V/M: Schöpfe Ritze, Catharina, V/M: Claus, Schultze
30.11.1692	Ritze, Jacob Dilling, Anna, V/M: Hans Henrich
04.01.1693	Heckroth, Johann Baltzer, V/M: George Suck, Martha Catharina, V/M: Merten seel.
12.01.1693	Jacob, Wendel Heckroth, Elisabeth, V/M: David, Kirchensenior
09.02.1693	Arnold, Hans Baltzer Heckroth, Catharina, V/M: David, Kirchensenior
22.02.1693	Müller, Baltzer Heckroth, Margretha, V/M: George
30.04.1693	Dilling, Peter Schwabe, Elisabeth, V/M: Kleinhans, Schäfer seel.
07.01.1694	Sänger, Johann Jost, aus Völkershausen Bernhard, Elisabeth, V/M: Christoph seel.
29.04.1694	Butlar, Johann Bernhard, aus Treffurt Reith, Elisabeth
05.12.1695	Ritze, Claus, aus Altenburschla Ritze, Elisabeth, V/M: Adam, Schöpfe
11.07.1696	Dillinger, Adam Andres, Dorothea, aus Oetmannshausen, V/M: Johannes seel.
19.11.1696	Soest, Nicolaus, aus Völkershausen Schade, Anna Maria, aus Großburschla
25.11.1696	Hillebrandt, Peter, V/M: Claus Fischbach, Catharina, V/M: Baltzer

26.11.1696	Homann, Abel, aus Grandenborn Throm, Catharina, aus Laudenbach, V/M: Johannes seel. B.: Seind ausm Laudenbach, woselbsten sie ihr Brotherr Herr Capitain von Boyneburg vom Mertensabend oder vulgo Ernteheu geheyßen wirdt naher Weißenborn zur Copulation kommen, welches ... ultimum expediens H.... Metropolitanus Ludolff in Eschwege ahn ...
04.02.1697	Heckroth, Michel Arnold, Elisabeth, V/M: Hans
24.11.1697	Fischbach, Baltzer junior Arnold, Gertrud, V/M: Hans
02.12.1697	Ritze, Claus junior, V/M: Adam Heckroth, Anna, V/M: Favid senior
26.01.1698	Heckroth, Hans Henrich, Dragoner unter Obristleutnant Schwerin Gunckel, Catharina, V/M: Hans seel.
23.06.1698	Schütze, Claus junior Bley, Margretha, aus Altenburschla
24.11.1698	Fischbach, David, V/M: Baltzer Hillebrandt, Elisabeth, V/M: Peter
08.01.1699	Walter, Michael, Dragoner, gewesener Gutjahr, Agnes, aus Oberdünzebach, V/M: Lucas, Schäfers eel. B.: Dessen Eheweib in seiner Abwesenheit ausgetreten, uf ergangenen Proceß vor fürstl. Consistorio und ausgegebenen Permittens mit Agnes, Lucas Guthjahr ....
30.05.1699	Meles, Adam, Witwer Heckroth, Dorothea, Matthias Witwe
22.10.1699	Dilling, Matthias Meles, Martha, V/M: Adam
14.01.1700	Busch, Jacob Dietzel, Dorothea, V/M: Hans seel.
18.01.1700	Heckroth, Christian Meles, Catharina, V/M: Hans Adam
15.04.1700	Meles, Claus Meles, Dorothea, V/M: Hans auf dem Berge seel.
30.11.1701	Jacob, Johann Wilhelm Schütze, Anna, V/M: Jacob

Weißenborn-Weißenborn 1651 bis 1830

01.12.1701	Meles, Johann George Fischbach, Anna, V/M: Claus, Schöpfe
18.01.1702	Schmidt, Johann Henrich Fischbach, Anna Catharina, V/M: Merten senior
10.10.1702	Schwabe, Justus, Dragoner mit Abschied vom Major Goldacker Henning, Kunigunde, aus Altenritte, V/M: Ludwig, Leineweber seel.
19.11.1702	Ritze, Claus, Witwer Hillebrand, Elisabeth, V/M: Johannes seel.
30.11.1702	Ritze, Hans Baltzer Dilling, Elisabeth, V/M: Johannes
07.12.1702	Dippach, Hans Suck, Elisabeth, V/M: Adam, Schöpfe
24.01.1703	Ritze, Johann Baltzer, V/M: Schultheiß Ebel ?, Anna Martha, aus Herleshausen, V/M: Christian seel.
06.12.1703	Müller, Adam Heckroth, Catharina, V/M: Martin seel.
10.01.1704	Suck, Martin Engling, Anna Maria, aus Großburschla, V/M: Hans seel.
27.01.1704	Dilling, Nicolaus Lauffer, Margaretha, aus Illeben in Thüringen, V/M: Jeremias, Hufschmied
21.05.1705	Fischbach, Hans Baltzer junior, Witwer Müller, Anna, V/M: Adam
04.11.1707	Straube, Conrad, Schafmeister alhier Sibberheim, Elisabeth, aus Großburschla, V/M: Martin seel.
01.12.1707	Jacob, Johannes Fischbach, Anna Martha, V/M: Johannes auf dem Sande
09.01.1709	Dillinger, Martin junior Meles, Agnesa, V/M: Adam, Schöpfe
05.12.1709	Suck, Martin junior, V/M: Claus Heckroth, Margretha Elisabeth, V/M: Matthias seel.
27.11.1710	Rothe, Johannes Fischbach, Anna, V/M: Baltzer
04.12.1710	Heckroth, Johann Christoph Fischbach, Dorothea, V/M: Claus junior

15.01.1711	Dietzel, Johann hermann Meles, Anna Catharina, V/M: Hans Adam, Schöpfe
19.11.1711	Hillebrandt, Mattheus Dippach, Martha, V/M: Apel
26.11.1711	Fischbach, Adam junior Mehles, Anna Barbara, V/M: Peter
02.12.1711	Dippach, Johannes junior Hillebrand, Anna, V/M: Hermann seel.
11.02.1712	Bernhardt, Johann Henrich Faber, Martha, aus Rambach, V/M: Johannes seel.
26.05.1712	Suck, Martin, Witwer Rothe, Elisabeth, V/M: Baltzer
01.12.1712	Fischbach, Peter Rothe, Anna Catharina, aus Rambach, V/M: Bernd seel.
23.11.1713	Koch, Johannes, Schafmeister Jacob, Elisabeth, V/M: David, Schafmeister
03.12.1713	Mentz, Johannes Walter, Catharina, V/M: Hermann seel.
06.12.1714	Heckroth, Nicolaus Siefferth, Elisabeth, aus Cammerforst
17.01.1715	Dietzel, Johannes Fischbach, Catharina, V/M: George
27.01.1715	Dilling, George, Witwer Schütze, Elisabeth, V/M: Jacob
20.02.1715	Dilling, Johannes, V/M: Schultze Arnld, Anna Catharina, V/M: Hans
07.03.1715	Fischbach, Johann George Gheckroth, Anna, V/M: Michel seel.
01.09.1715	Fischbach, David, Witwer Faber, Anna Catharina, aus Rambach, V/M: Christoph
28.11.1715	Dietzel, Martin, V/M: Johannes …?, Martha, V/M: Jacob, Kirchensenior
12.01.1716	Ritze, Johannes, Witwer Schütze, Christina, V/M: Jacob
05.02.1716	Meles, David Hoppach, Catharina, aus Rambach, V/M: Michel

06.02.1716	Müller, Peter Arnold, Elisabeth, V/M: Caspar seel.
01.04.1717	Dietzel, Sebastian Reyth, Anna Martha, V/M: Christoph
??.05.1717	Kanngießer, Martin Heckroth, Anna, V/M: Baltzer
30.01.1718	Hillebrandt, Hans Caspar Hillebrandt, Margretha, V/M: Claus
09.06.1718	Hillebrandt, Christoph Meles, Martha, V/M: Hans Adam
22.02.1719	Meder, Johann Christoph Schmidt, Anna Martha, V/M: Lorentz seel.
16.04.1719	Meles, Johannes, V/M: Hans Adam Meles, Anna, V/M: Adam
07.11.1719	Dietzel, Johann Henrich, Schulmeister Ritze, Elisabeth, V/M: Hans Baltzer, Schöpfe
23.11.1719	Dilling, Johannes, Witwer Ritze, Elisabeth, V/M: Hans Baltzer
10.02.1720	Dietzel, Claus Fischbach, Anna Martha, V/M: George
11.02.1720	Hillebrandt, Henrich Ritze, Anna, V/M: Samuel
08.05.1720	Faber, Johann Balthasar Heckrodt, Anna Martha, V/M: Johannes, Kirchensenior
05.12.1720	Faber, Claus, V/M: Christoph Dietzel, Engel, V/M: Martin
05.01.1721	Heckroth, Balthasar Heckel, Catharina, aus Großburschla B.: In Großburschla cop.
26.01.1721	Sippel, Johannes, aus Mitterode Bernhard, Anna Elisabeth B.: Zu Mitterode cop.
17.08.1721	Heckrodt, Johannes, Bürger und Witwer, aus Wanfried Ritze, Kunigunda
18.11.1721	Heckrodt, Peter Kaufmann, Anna Sabina, aus Cammerforst

27.11.1721	Dietzel, Johann Balthasar Dilling, Martha
04.12.1721	Dilling, Jacob Melis, Dorothea
19.01.1722	Hohmann, Johannes, Witwer, aus Harmuthsachsen Müller, Elisabeth
22.02.1722	Fischbach, Martin Ritze, Maria Catharina
25.02.1722	Schmidt, Ernst Suck, Margretha
21.09.1722	Paul, Philipp, Schafmeister, aus Hanroda/Amt Creuzburg Maintz, Margretha
10.12.1722	Heckrodt, Adam Müller, Anna
09.02.1723	Schmidt, Bernhard Dietzel, Kunigunde
16.02.1723	Heckerodt, Adam Dilling, Maria
20.07.1724	Wormbsbächer, Johanna Adam Fischbach, Anna Elisabeth
20.02.1727	Sänger, Johann Henrich Faber, Anna Catharina
03.08.1727	Ritze, Johann Adam Gundermann, Anna Barbara, aus Burghofen
04.01.1728	Maintz, Christian , Dorothea
07.01.1728	Fischbach, Johann Martin Fischbach, Catharina
14.01.1728	Dietzel, Samuel Schultze, Sophia, aus Niederdünzebach
12.02.1728	Wormsbächer, Peter ...?, Martha Catharina
26.02.1718	Wormsbächer, Wendel Hillebrandt, Maria
26.01.1730	Mehliß, Peter ...uthe ?, Barbara, aus Rittmannshausen, V/M: Caspar

28.11.1730	Ritze, Christoph Müller, Martha, V/M: Adam
13.02.1731	Müller, Johannes Schmidt, Elisabeth, V/M: Lorentz
27.11.1731	Rietze, Johann Balthasar Rietze, Elisabeth, V/M: Hans Baltzer
15.06.1732	Rietze, Johann baltzer Suck, Catharina Elisabeth, V/M: Jacob
29.01.1733	Heckroth, Adam Dippach, Catharina, V/M: Johannes
12.02.1733	Heuckrodt, Mattheus Heuckrodt, Engel, V/M: Christian
18.03.1733	Fischbach, Baltzer Bernhardt, Martha, Hans Henrich Witwe
16.04.1733	Dippach, Christian Hillebrand, Margretha, V/M: Peter
01.12.1733	Dilling, Hans Adam Ritze, Catharina, V/M: Hans Baltzer
13.01.1734	Heuckrodt, Hans Claus Jacob, Anna Elisabeth, V/M: Johannes
19.01.1734	Dietzel, Johann Martin Dietzel, Elisabeth, V/M: Marti, Landreuter
10.02.1734	Mentz, Hans Witwer Ritze, Margretha, V/M: Claus
02.05.1734	Rothe, Johann Nicolaus, V/M: Johannes Brandau, Anna Martha, V/M: Johannes, Kuhhirte
10.10.1734	Jacob, Johann Hermann, V/M: Wilhelm Rietze, Anna Martha ?, V/M: Claus
19.01.1736	Suck, Christoph Fischbach, Anna Christina, V/M: Baltzer
04.04.1736	Dietzel, Peter Heuckrod, Anna Catharina, V/M: Christoph
13.02.1737	Futter, Johann George, aus Creuzburg Köbberich, Anna Catharina, Johann Jost Witwe
20.03.1737	Heuckrodt, Nicolaus Sänger, Anna, V/M: Hans Jost

09.01.1738	Mehliß, Adam, V/M: Claus Rothe, Catharina, V/M: Johannes
22.10.1738	Kiehlholtz, Hans Claus, Ziegler, aus Neuerode Sänger, Catharina, V/M: Henrich
20.11.1738	Dilling, Peter Fischbach, Martha, V/M: Baltzer
26.11.1738	Fischbach, Johannes Dietzel, Anna Martha, V/M: Martin
08.11.1739	Mehliß, Johannes, V/M: Claus Hillebrand, Angela, V/M: Peter
12.11.1739	Hillebrandt, Conrad, V/M: Claus Suck, Kunigunda, V/M: Martin
07.02.1740	Mentz, Christoph, Schäfer und Witwer Wollborn, Anna Maria, aus Großburschla, V/M: Claus
09.01.1740	Eisenträger, Adam, V/M: Christoph Hillebrand, Margretha, V/M: Mattheus
23.05.1741	Rothe, Johann George, …? Jacob, Martha, V/M: Wilhelm
29.11.1741	Heuckrodt, Adam, V/M: Christian Dilling ?, Anna Margretha, V/M: Johannes, Schultheiß
05.12.1742	Dietzel, Nicolaus, V/M: Johannes, Kirchensenior Dietzel, Maria, V/M: Martin, Landreuter seel.
06.01.1743	Rothe, Johannes, Schäfer Mehliß, Sophia, V/M: …?
15.01.1743	Fischbach, Peter, V/M: Adam seel. Dietzel, Anna, V/M: Hermann
05.03.1743	Dietzel, Johann George, V/M: Johannes Heuckrodt, Anna, V/M: Christoph
16.07.1743	Hillebrand, Christian Faber, Anna Margretha, aus Netra
27.10.1744	Dilling, Martin, V/M: Jacob Dietzel, Anna Martha, V/M: Hermann
01.12.1744	Fischbach, Adam, V/M: George Dietzel, Anna Martha, V/M: Claus
09.05.1745	Schwabe, Johann Christoph, V/M: Justus Mentz, Anna Catharina, V/M: Christian

20.07.1745	Fischbach, Claus
	Braunschweig, Anna Elisabeth, aus Creuzburg
30.11.1745	Rietze, Wendel
	Kanngießer, Helena
02.02.1745	Dietzel, Johannes, V/M: Baltzer
	Mehliß, Elisabeth Dorothea, V/M: David
01.03.1745	Dietzel, Johannes, V/M: Martin, Landreuter seel.
	Faber, Martha, V/M: Nicolaus
24.12.1745	Gottschalk, Johann Nicolaus, V/M: Jacob
	Eisenträger, Martha Elisabeth, V/M: Christoph seel.
06.12.1746	Homann, Johannes, Witwer, aus Datterode
	Hillebrand, Elisabeth, V/M: Henrich
??.12.1746	Reise ?, Jacob, aus Dünzebach
	Fischbach, Anna Martha, V/M: David
11.01.1747	Müller, Johann balthasar, V/M: Peter
	Fischbach, Anna Barbara, V/M: George
16.07.1747	Dietzel, Ernst, V/M: Sebastian
	Müller, Catharina, V/M: Peter
06.02.1748	Fischbach, Martin, V/M: Adam seel.
	Fischbach, Dorothea, V/M: George
27.02.1748	Dietzel, Christoph, V/M: Sebastian
	Wormsbächer, Anna, V/M: Johann Adam
21.07.1748	Meder, Johann Bernhard, V/M: Christoph
	Faber, Anna Martha, V/M: Baltzer
26.02.1749	Rietze, Johann Jacob, V/M: Johann Adam
	Dietzel, Anna Maria, V/M: Nicolaus, Gerichtsschöpfe
28.02.1749	Hillebrand, Hans Claus, V/M: Mattheus
	Fischbach, Anna Elisabeth, V/M: Johannes
22.09.1749	Loth, Johann Paul, Reuter vom Grefendorfischen Regiment
	Roth, Elisabeth, V/M: Johannes
15.01.1750	Dippach, Johann Bernhard, V/M: Johannes seel.
	Neusüß, Catharina Elisabeth, aus Wanfried, V/M: Gerhardt
21.01.1750	Suck, Johann Christian, V/M: Martin
	Hillebrand, Angela, V/M: Henrich
19.??.1750	Arnold, Johannes, aus Heldra
	Fischbach, Anna Dorothea, V/M: Peter seel.

04.12.1750	Kanngießer, Valentin, Reuter bei Prinz Maximilian Cavallerieregiment Rietze, Charlotta, V/M: Johann Adam
20.01.1751	Dilling, Johann Adam, V/M: Johannes, Schultheiß Fischbach, Catharina, V/M: Adam seel.
03.02.1751	Faber, Johann Martin, V/M: Baltzer Dilling, Anna, V/M: Jacob
24.02.1751	Koch, Johann Henrich, V/M: Johannes, Schäfer Mentz, Eva Elisabeth, V/M: Christian seel.
11.11.1751	Köberich, Johann Adam Hillebrand, Anna Martha, V/M: Henrich
02.12.1751	Fischbach, Johannes, V/M: Adam seel. Dietzel, Catharina, V/M: Christoph
27.12.1751	Gicking, Johann Adam, aus Rambach, V/M: Johannes Fischbach, Anna Margretha, V/M: Martin
13.01.1752	Heckerodt, Johann Adam, V/M: Adam Dietzel, Catharina, V/M: Martin, Landreuter seel.
13.02.1752	Schmidt, Johann Martin, V/M: Johann Henrich Fischbach, Catharina, V/M: George
07.12.1752	Busch, Adam, V/M: Jacob seel. Dietzel, Maria, V/M: Meister Johann Adam
28.01.1753	Faber, Nicolaus, V/M: Baltzer Dilling, Maria, V/M: Jacob seel.
27.12.1753	Rothe, Johannes, Schäfer und Witwer Schmidt, Anna Martha, V/M: Bernhard
07.02.1754	Mehliß, Johannes, V/M: David Wormsbächer, Elisabeth, V/M: Peter
01.12.1754	Sänger, Johann Adam, V/M: Henrich seel. Kanngießer, Anna Elisabeth, V/M: Martin seel.
05.12.1754	Faber, Martin, V/M: Claus Müller, Anna Barbara, Johann Balthasar Witwe
28.12.1755	Hohmann, Johann George, V/M: Johannes seel. Kanngießer, Martha Elisabeth, V/M: Martin
22.01.1756	Heckerodt, Johann Martin, V/M: Adam Hillebrand, Elisabeth, V/M: Christoph

07.03.1756	Kanngießer, Johann George, V/M: Martin seel. Heckerodt, Anna Martha, V/M: Adam
26.04.1756	Eisenhut, Johann Adam, aus Großburschla, V/M: Wilhelm Wormsbächer, Margretha, V/M: Wendel
23.01.1757	Mehliß, Peter, V/M: Peter seel. Peter ?, Elisabeth, V/M: Gerhardt
30.01.1757	Krug, Johann George, aus Großburschla, V/M: Johannes Schmidt, Martha, V/M: Hans Henrich seel.
03.03.1757	Fischbach, Peter, V/M: George Möller, Anna Martha, V/M: Hans seel.
17.02.1758	Fischbach, Johannes, V/M: Johann Martin Eisenhuth, Martha Elisabeth, V/M: Valentin
26.04.1760	Bötticher ?, Johann Martin, Dragoner unterm gelben Dragonerregiment, aus Netra ...?, Anna Martha
12.05.1761	Ritze, Johann Adam, V/M: Johann Baltzer seel. Heckerodt, Maria, V/M: Matthäus
14.06.1761	Heckerodt, Jacob, V/M: Peter seel. Bachmann, Anna Martha, aus Oberbeisheim, V/M: Conrad seel.
29.11.1761	Rietze, Peter, V/M: Christoph seel. Dietzel, Anna, V/M: Peter seel.
27.12.1762	Hosbach, Johann Melchior, Schulmeister Rietze, Eva Elisabeth, V/M: Johann Baltzer, gew. Kirchensenior
05.04.1763	Mehlis, Peter, V/M: Johannes seel. Dietzel, Margaretha, V/M: Johann Balzer seel.
07.08.1763	Dilling, Johann Nicolaus, V/M: Johann Adam Heckerodt, Maria Elisabeth, V/M: Adam
24.11.1763	Heckerodt, Johann George, V/M: Adam Dietzel, Anna, V/M: Johann Henrich
24.05.1764	Dilling, Johann Peter, V/M: Johann Adam Dietzel, Maria Elisabeth, V/M: Johann George
24.05.1764	Suck, Johann Martin, V/M: Christoph Heckerodt, Elisabeth, V/M: Claus
22.06.1764	Dietzel, Johann Nicolaus, V/M: Johann Martin Mehliß, Martha Elisabeth, V/M: Johannes seel.

13.01.1765	Dippach, Adam, V/M: Christian Rautenhausen, Anna Catharina, aus Großburschla, V/M: Johannes, Bornmüller
25.08.1765	Faber, Johann Martin, Witwer Schabacker, Catharina Elisabeth, aus Rambach, V/M: Henrich Wilhelm
06.10.1765	Dippach, Johannes, V/M: Christian Mehliß, Anna Margaretha, V/M: Adam seel.
20.10.1765	Wittich, Johann Henrich, Soldat unter Erbprinz Regiment in Eschwege in Garnison liegend Mehliß, Elisabeth, V/M: Johannes seel.
19.02.1766	Schüler, Johannes, aus dem Coburgischen Fischbach, Martha Elisabeth B.: Nach abgelegter Buße
20.07.1766	Suck, Johannes, Soldat, V/M: Christoph Petri, Anna Christina, V/M: Gerhardt
20.07.1766	Hillebrandt, Christian, Witwer Schröder, Anna Catharina, V/M: Johannes seel.
17.08.1767	Vogelgesang, Johann Reinhard Ludwig, Verwalter bei den Herrn von Eschwege in Aue, aus Aue Faber, Anna Margretha
01.11.1767	Wittich, Henrich, Soldat unter Erbprinz Regiment, aus Gehau/Gericht Dörnberg, V/M: Valentin seel. Rösing, Anna Christina
14.04.1768	Rietze, Johann Christoph, V/M: Johann Adam seel. Fischbach, Catharina, V/M: Peter
01.05.1768	Rothe, Johann George, V/M: Johannes, Schäfer Hillebrand, Anna Maria, V/M: Christian
27.12.1768	Jacob, Johann Wilhelm, V/M: Johann Hermann Mehliß, Maria Elisabeth, V/M: Adam seel.
27.12.1768	Arnold, Johann Adam, V/M: Christian Jankel ?, Anna Martha, aus Wanfried, V/M: Christoph Daniel, Schiffer
16.02.1769	Dietzel, Johann Bernhard, V/M: Johann Baltzer seel. Fischbach, Anna Barbara, V/M: Adam seel.

21.05.1769	Werneck, Johann Henrich, aus Weimar, V/M: Johann Henrich seel. Treyße, Anna Dorothea, V/M: Jacob seel.
28.01.1770	Witzel, Johann Henrich, aus Hoheneiche, V/M: Andreas seel. Dietzel, Maria Elisabeth
18.02.1770	Heckerodt, Johann Christoph, V/M: Matthäus Fischbach, Anna Martha, V/M: Martin
26.04.1770	Jacob, Christoph, V/M: Johann Hermann Dilling, Catharina, V/M: Peter
22.09.1770	Mehliß, Wendel, V/M: Johannes Schmidt, Barbara, V/M: Ernst
29.11.1772	Fischbach, Peter, V/M: Adam seel. Dilling, Maria Elisabeth, V/M: Martin
16.05.1773	Morgenthal, Johann George, Schmied, aus Reichensachsen, V/M: Johann Martin Heckerodt, Anna Elisabeth, V/M: Adam seel.
06.02.1774	Rietze, Johannes, Schneider, V/M: Wendel seel. Frank, Eva Dorothea, aus Großburschla, V/M: Henrich, Schneider seel.
09.06.1774	Dietzel, Johann martin, Ackermann, V/M: Nicolaus seel. Dietzel, Anna Elisabeth, V/M: Christoph, Ackermann
20.11.1774	Dietzel, Johann Jacob, Ackermann, V/M: Johann George Dilling, geb. Heckerodt, Maria Elisabeth, Nicolaus Witwe, V/M: Adam, Ackermann
04.05.1775	Dilling, Johann Adam, Ackermann, V/M: Johann Adam, Gerichtsschöpfe Dilling, Anna Barbara, V/M: Johann Adam, Schultheiß
16.07.1775	Hildebrand, Johann Adam, Tagelöhner, V/M: Christian Bühl, Anna Maria, V/M: Walter seel.
07.01.1776	Bühl, Johannes, Grenadier unter Erbprinz Regiment, V/M: Walter seel. Schmidt, Margretha, V/M: Kunigunde
02.05.1776	Fischbach, Peter, V/M: Martin, Ackermann Meder, Anna Martha Elisabeth, V/M: Johann Bernhard
24.04.1777	Heckerodt, Johann Adam, V/M: Adam Dietzel, Catharina, V/M: Christoph

28.12.1777	Dilling, Peter, V/M: Martin Dietzel, Catharina, V/M: Nicolaus seel.
12.03.1778	Meder, Nicolaus, V/M: Johann Bernd Rothe, Anna Martha, V/M: Johannes
14.07.1778	Gottschalk, Nicolaus, Witwer Lentz, Anna Elisabeth, aus Harmuthsachsen, V/M: Caspar
26.12.1778	Krug, Johann George, Witwer und Rasch...? Götze, Anna Catharina, aus Datterode, V/M: Johann Caspar seel.
13.02.1779	Suck, Christoph Schüßler, Dorothea Elisabeth, aus Großburschla
13.05.1779	Schafhäuser, Johann Ernst, Gemeindediener Dicker, Anna Elisabeth, aus Völkershausen
22.08.1779	Faber, Johann Martin, V/M: Nicolaus Busch, Elisabeth, V/M: Adam seel.
02.01.1780	Meyer, Johann George, aus Schnellmannshausen, V/M: Caspar seel. Dippach, Anna Catharina, V/M: Johann Bernhard seel.
26.08.1781	Fischbach, Peter, V/M: Johannes Bierschenk, Anna Maria, aus Wichmannshausen, V/M: Johannes seel.
02.12.1781	Schmidt, Johann Martin, V/M: Johann Martin Dietzel, Catharina, V/M: Johannes
29.09.1782	Arnold, Bernhard, V/M: Christian Teichmeyer, Anna Barbara, V/M: Michael
22.12.1782	Höch, Johann George, Schafmeister, aus Lautenbach, aus dem Dietzel, Dorothea, V/M: Johann Henrich
09.02.1783	Große, Johannes, Schafmeister, aus Niederhone Rothe, Eva Elisabeth, V/M: Johannes
13.03.1783	Heckerodt, Johannes, V/M: Hans Adam Dilling, Anna Elisabeth, V/M: Johann Adam, Schultheiß
06.04.1783	Sänger, Johann George, V/M: Johann Adam Fischbach, Dorothea, V/M: Peter
19.09.1783	Hillebrand, Christian, Tagelöhner und Witwer Hillebrandt, Gertdud, aus Datterode, V/M: George
28.12.1783	Hildebrand, Ernst, V/M: Hans Claus seel. Arnold, Anna Martha, V/M: Christian

04.01.1784	Dietrich, Nicolaus, aus Großburschla Werckmeister, Anna Elisabeth, V/M: Martha Catharina Fischbach
02.05.1784	Kanngießer, Johann George, V/M: Valentin Fischbach, Anna Barbara, V/M: Peter B.: Nach abgelegter Buße
18.07.1784	Faber, Johann Martin, V/M: Johann Martin seel. Dilling, Anna, V/M: Peter
01.08.1784	Dilling, Peter, Witwer Dietzel, Catharina Elisabeth, V/M: Johannes, Gerichtsschöpfe
19.09.1784	Werneck, Henrich, Hirte allhier Dippach, Elisabeth
14.11.1784	Suck, Johann Balthasar, Invalidensoldat Hildebrand, Catharina, V/M: Hans Claus seel.
12.12.1784	Fischbach, Johann Adam, V/M: Peter seel. Rietze, Catharina, V/M: Peter
30.01.1785	Mehliß, Peter, Witwer Wittich, Anna Christina, Henrich Witwe
12.06.1785	Hildebrand, Valentin, V/M: Hans Claus seel. Kanngießer, Anna Elisabeth, V/M: Valentin
07.08.1785	Fischbach, Johann Peter, V/M: Johannes seel. Heckerodt, Catharina, V/M: Johann Martin
30.01.1786	Sänger, Martin, V/M: Johann Adam Rietze, Elisabeth, V/M: Johann Adam
12.02.1786	Eisenhuth, Nicolaus, Musquetier unterm Regiment Erbprinz, V/M: Johann Adam Suck, Martha Elisabeth, V/M: Johann Martin
25.04.1791	Eisenträger, Nicolaus Faber, Maria Elisabeth, V/M: Johann Martin
07.07.1791	Heckerodt, Johann Adam, V/M: Jacob Roth, Anna Martha, V/M: Johann George, Schafmeister
18.12.1791	Arnoldt, Johann George, Soldat, V/M: Christian Eisenhuth, Anna Elisabeth, V/M: Johann Adam, Schneidermeister
24.06.1792	Eisenhuth, Meister Johann George Rieling, Barbara Elisabeth, aus Eschwege

24.06.1792	Mehlis, Johann Adam Hildebrand, Anna Catharina, aus Philippinenhof bei Kassel
29.09.1792	Dippach, Jophann Adam, V/M: Johannes Ritze, Eva Elisabeth, V/M: Peter, Gerichtsschöpfe
03.02.1793	Eysel, George, aus Marksuhl ?, V/M: Henrich Wittich, Anna Catharina, V/M: Henrich B.: Nach abgelegter Buße
21.07.1793	Müller, Johann Sebastian, aus Großtöpfer, V/M: Adam Dietzel, Anna Maria, V/M: Bernhard
24.05.1795	Schilling, Samuel, Tagelöhner Jacob, geb. Mehlis, Anna Catharina, Wilhelm Witwe
15.06.1795	Dilling, Johann Martin, Ackermann Mehlis, geb. Faber, Anna Catharina, Johannes Witwe
10.12.1795	Schabacker, Christoph, Soldat vom Regiment Depot, V/M: Christoph seel. Fischbach, Anna Barbara, V/M: Peter
07.02.1796	Dilling, Johann Adam, Ackermann, V/M: Johann Adam Heckeroth, Dorothea, V/M: Christoph seel.
15.05.1796	Ritz, Johann Adam, Ackermann, V/M: Johannes Fischbach, Anna Dorothea, V/M: Peter seel.
24.07.1797	Schwabe, Christian, Tagelöhner Heckerodt, Anna, V/M: Adam
02.09.1797	Suck, Balthasar, Soldat vom Grenadierbataillon, V/M: Johann Martin Dietzel, Anna Martha, V/M: Martin seel.
20.09.1797	Hohmann, Johann George, Wagner, V/M: George seel. Dietzel, Anna Maria, V/M: Bernhard, Schneider
12.06.1798	Dilling, Johannes, Ackermann, V/M: Peter, Ackermann Dilling, Anna Elisabeth, V/M: Peter, Gerichtsschöpfe
24.07.1799	Schwabe, Christian, Tagelöhner und Witwer Wittich, Anna Catharina, V/M: Henrich seel.
11.08.1800	Urbach, Henrich, Hufschmied, aus Langenhain, V/M: Philipp Fischbach, Anna Elisabeth, V/M: Peter
02.11.1800	Wittich, Johannes, Soldat beim Regiment Erbprinz, V/M: Henrich Bühl, Elisabeth, V/M: Henrich

Weißenborn-Weißenborn 1651 bis 1830

20.12.1800	Jacob, Wilhelm, Soldat vom Regiment Garde, V/M: Christoph Heckerodt, Anna, V/M: Adam
02.04.1801	Jacob, Johann George, Ackermann, V/M: Christoph Dietzel, Catharina, V/M: Martin
24.06.1801	Dippach, Johannes, Müller, aus Großburschla Ritz, Anna, V/M: Johannes seel.
16.02.1802	Meder, Nicolaus, Ackermann, V/M: Nicolaus, Ackermann Faber, Anna, V/M: Johann Martin, Ackermann und Elisabeth Busch
16.12.1802	Rothe, Wilhelm, Schafmeister und Witwer Hofmann, Anna Elisabeth, V/M: Christoph, Tagelöhner seel.
08.07.1803	Ilse, Johann George, Raschmacher, aus Großburschla, V/M: Johannes, Raschmacher seel. Hildebrand, Dorothea, V/M: Christian, Tagelöhner
17.06.1804	Werneburg, Johann George, Tagelöhner, aus Treffurt, V/M: Christian, Bürger und Schneidermeister seel. Rothe, Anna Martha, V/M: George, Schafmeister seel.
05.08.1804	Dietzel, Johannes, Ackermann, V/M: Martin, Kirchenältester und Ackermann Faber, Anna Catharina, V/M: Martin, Ackermann
22.09.1804	Strube, Johannes, Tagelöhner, V/M: Conrad, Tagelöhner seel. Arnold, Anna Elisabeth, V/M: Bernhard, Tagelöhner
14.05.1806	Ebel ?, Joseph, Handelsmann, V/M: Justus, Handelsmann Köhler, Maria, aus Langenhain, V/M: Christian, Handelsmann seel.
20.08.1806	Morgenthal, Christian, Tagelöhner und Witwer, V/M: Christian, Tagelöhner seel. Loth, Catharina, aus Mihla im Eisenachischen, V/M: Jacob, Tagelöhner
28.02.1807	Dieterich, Lorenz, Tagelöhner, V/M: Nicolaus, Tagelöhner Koch, Barbara, V/M: Jacob, Schafmeister
10.03.1807	Jacob, Johann George, Ackermann und Witwer, V/M: Christoph, Tagelöhner seel. Hildebrand, Anna Martha, V/M: Ernst, Tagelöhner
02.06.1808	Krug, Nicolaus, Tagelöhner, V/M: Johann George, Tagelöhner seel. Mehlis, Catharina, V/M: Johannes, Tagelöhners eel.

12.07.1808	Roßbach, Johannes, Corporal, gew. im ehem. kurhess. Regiment Kurprinz, aus Nesselröden, V/M: Johannes, Ackermann Krug, Martha Elisabeth, V/M: George, Raschmacher seel.
24.09.1808	Müller, Johann Sebastian, Ackermann Rietze, Eva Dorothea B.: N. Nachtrag aus dem Jahr 1840
03.01.1809	Arnold, Johann George, Tagelöhner, V/M: Johann Bernhard, Tagelöhner Zündel, Anna Catharina, aus Rambach, V/M: Valentin
28.05.1809	Lenze, Wilhelm, Ackermann, V/M: Jacob, Ackermann seel. Schmidt, Elisabeth, aus Rittmannshausen, V/M: Johannes, Tagelöhner seel.
04.03.1810	Buchenau, Christoph, Schneider, aus Röhrda, V/M: Jost, Schneidermeister Ilse, geb. Hildebrand, Dorothea, des Tagelöhner Johann George Witwe
18.03.1810	Sänger, Johann Peter, Ackermann, V/M: George, Ackermann und Catharina Fischbach Sänger, Anna Martha, V/M: Martin, Ackermann
03.06.1810	Ruland, Johannes, Ackermann, aus Großburschla, V/M: Christian, Ackermann seel. Eisenträger, Dorothea, V/M: Nicolaus, Ackermann
12.08.1811	Fischbach, Nicolaus, Kirchenältester, V/M: Johannes, ac seel. Weißhaar, Anna Catharina, aus Renda, V/M: Johannes, Pächter seel.
31.01.1812	Rietze, Nicolaus, Ackermann, V/M: Johannes, Ackermann seel. Dippach, Clara, V/M: Nicolaus, Ackermann seel.
02.02.1812	Teichmeyer, Johann George, Leineweber, V/M: Johann George, Leineweber Göbel, Martha Elisabeth, aus Herleshausen, V/M: Ludwig, Leineweber
14.04.1812	Kanngießer, George, Ackermann, V/M: George, Ackermann Faber, Anna Barbara, V/M: Johann Martin, Ackermann seel.
04.09.1812	Lentze, Andreas, Leineweber, V/M: Jacob, Leineweber seel. Arnold, Anna Martha Elisabeth, V/M: Bernhard, Leineweber seel.

Weißenborn-Weißenborn 1651 bis 1830   215

03.01.1813	Sänger, Johann Adam, Ackermann, V/M: Johann Martin, Hufschmied
	Fischbach, Anna Elisabeth, V/M: Johann Peter, Ackermann seel.
28.02.1813	Loth, George, Baumwollenspinner, V/M: Johann Adam, Baumwollenspinner
	Koch, Anna, V/M: Christoph, Schafmeister seel.
04.07.1813	Dietzel, Johannes, Ackermann, V/M: Johannes, Ackermann seel.
	Sänger, Eva Elisabeth, V/M: Johann Martin, Schmied
10.11.1813	Bühl, Johann George, V/M: Johannes, Tagelöhner seel.
	Hildebrand, Anna Catharina, V/M: Ernst, Leineweber
24.11.1813	Suck, Johann Adam, V/M: Christoph, Leineweber seel.
	Dietzel, Anna Maria, V/M: Bernhard, Ackermann
05.12.1813	Arnold, Johann Bernhard, V/M: Adam, Leineweber
	Rabe, Eva Barbara, aus Grandenborn, V/M: Jacob, Zimmermann
17.12.1813	Moser, Johann Caspar, V/M: Henrich, Schafmeister daselbst
	Arnold, Charlotte, V/M: Martin, Leineweber seel.
19.12.1813	Dietzel, Christoph, V/M: Peter, Ackermann
	Ditzel, Anna Elisabeth, V/M: Johannes, Ackermann seel.
27.03.1815	Hildebrand, Johann Adam, Weißbinder, V/M: Conrad, Weißbinder seel.
	Reinhard, Anna Elisabeth, aus Renda, V/M: Jacob, Tagelöhner seel.
16.04.1815	Hosbach, Herr Carl, Schullehreradjunctus, V/M: Herr Johann Adam, Schullehrer
	Hosbach, Eva Elisabeth, aus Rambach, V/M: Conrad, Schultheiß seel.
30.04.1815	Suck, Johann Adam, Leineweber und Witwer, V/M: Christoph, Leineweber seel.
	Dietzel, geb. Faber, Anna Elisabeth, des Ackermann Johannes Witwe
28.07.1816	Dietzel, Jacob, Grenadier im Grenadierbataillon von Losberg, aus Oberhone, V/M: Philipp, Maurer seel.
	Strube, geb. Arnold, Anna Elisabeth, des Leineweber Johannes Witwe
	B.: Er +02.07.1866, sie 01.01.1858

27.01.1817	Laudenbach, Henrich Phipipp, Schuhmacher, aus Treffurt, V/M: Johann Christian, Buchbinder seel.
Loth, geb. Koch, Anna, des Baumwollenspinner George Witwe
22.04.1818	Arnold, Johann Balthasar, Musquetier im Regiment Prinz Solms, V/M: George, Leineweber seel.
Sommer, Dorothea Elisabeth, aus Lüderbach, V/M: Christian seel.
26.07.1818	Dippach (Tippach), Samuel, Füsilier, V/M: Johann Adam, Ackermann seel.
Rietze, Anna Martha, V/M: Johann Peter, Einwohner und vormaliger Ackermann
07.02.1819	Eisenhuth, George, Tagelöhner, V/M: Nicolaus, Schneider seel.
Moser, Anna Elisabeth, V/M: Henrich, Schafmeister daselbst
10.07.1819	Dietzel, Peter, Ackermann, V/M: Bernhard, Ackermann
Dilling, Anna, V/M: Johann Adam, Schultheiß seel.
04.07.1819	Böttger, Johannes, Soldat im Regiment Prinz Solms, V/M: Henrich, Schneider und Anna Barbara Dietzel
Schwabe, Barbara, V/M: Christian, Leineweber seel. und Anna Elisabeth Teichmeyer seel.
06.11.1819	Sander, Johann Henrich, Schäfer daselbst, aus Küllstädt, V/M: Johann George seel. und Maria Margaretha Dinckel seel
Theiß, Johanna Maria Elisabeth Barbara, V/M: Christoph und Victoria Krätzner
06.02.1820	Schabacker, Jhann peter, Musquetier, V/M: Christoph, Ackermann und Anna Barbara Fischbach
Hohmann, Anna Barbara, V/M: George, Ackermann und Anna Maria, vulgo Elisabeth Dietzel
29.05.1820	Faber, Johann Peter, Ackermann, V/M: Martin, Ackermann seel. Anna Dilling
Jacob, Anna, V/M: Wilhelm, Ackermann seel. und Anna Heckerodt
10.06.1820	Krug, Nicolaus, Leineweber und Witwer, V/M: Johann George, Raschmacher seel. und Anna Christina Götze
Brodtrecht, Anna Catharina, aus Ifta, V/M: Andreas, zu Holzhausen verst. Hirte und Catharina Elisabeth Pfister

13.07.1820	Dilling, Johann Adam, Ackermann, V/M: Johann Adam, Schultheiß seel. und Eva Elisabeth Dietzel Dilling, Maria Elisabeth, V/M: Johann Adam, Ackermann und Dorothea Heckerodt
23.07.1820	Schabacker, Johannes, Schmied, V/M: Christoph, Ackermann und Anna Barbara Fischbach Sänger, Anna Elisabeth, V/M: Johann Martin, Schmied und Maria Elisabeth Rietze
30.07.1820	Eisenhuth, Martin, Tagelöhner, V/M: Nicolaus, Schneider seel. und Martha Elisabeth Suck Schmidt, Anna Maria, V/M: Christian Schmidt aus Zürchethal ? un der zu Weißenborn wohnenden unverheirateten Hanna Maria Elisabeth Krätzner
22.08.1820	Weishaar, Johann Jacob, Ackermann, aus Renda, V/M: Jacobm, Ackermann seel. und Anna Dorothea Wencke Dilling, Anna Elisabeth, V/M: Johannes, Ackermann und Anna Elisabeth Dilling
26.11.1820	Dippach, Johann Martin, Ackermann, V/M: Johann Adam, Ackermann seel. und Eva Elisabeth Rietze Dilling, Anna Barbara, V/M: Johann Adam, Schultheiß seel. und Eva Elisabeth Dietzel
04.03.1821	Müller, Johann Martin, Musquetier und Schreiner, V/M: Johannes, Ackermann und Anna Maria Dietzel seel. Rietze, Anna Barbara, V/M: Johann Adam, Gerichtsschöpfe und Dorothea Fischbach
24.02.1822	Koch, Christian, Schäfer daselbst, V/M: Christoph, Schäfer seel. und Anna Martha Heckerodt Börner, Barbara Elisabeth, V/M: Christoph, Schäfer daselbst und Anna Sabina Schilbe seel.
17.03.1822	Eisenhuth, Johann George, Tagelöhner, V/M: Nicolaus, Schneider seel. und Martha Elisabeth Suck Arnold, geb. Zündel, Anna Catharina, des Leineweber Johann George Witwe
25.08.1822	Dietzel, Balthasar, Füsilier, V/M: Peter, Braumeister und Barbara Elisabeth Koch Müller, Anna Martha, V/M: Johannes, Ackermann und Anna Maria Dietzel seel.

11.02.1823	Wieder, Johann Martin, Ackermann zu Weißenborn, aus Oberdünzebach, V/M: Henrich, Schafmeister seel. und Anna Catharina Grebenstein Sänger, Elisabeth, V/M: George, Soldat seel. und Anna Martha Roth
28.02.1823	Faber, Johann Peter, Ackermann und Witwer, V/M: Martin, Ackermann seel. und Anna Dilling Rietze, Anna Martha Elisabeth, V/M: Peter, vormaliger Ackermann und Anna Barbara Rietze
19.09.1823	Bechstein, George, Canonier in der reitenden Artillerie, V/M: Conrad, Ackermann seel. und Dorothea Heckerodt seel. Möller, Anna Christina, aus Grebendorf, V/M: Christoph, Tagelöhner seel. und Anna Martha Möller
31.12.1823	Schwabe, Johann Balthasar, Leineweber, V/M: Christian, Leineweber und Tagelöhner seel. und Anna Elisabeth Teichmeyer seel. Bechstein, Anna Catharina, V/M: Conrad, Ackermann seel. und Dorothea Heckerodt seel.
01.08.1824	Eisenhuth, Christoph, Schneider, V/M: George, Schmeidermeister und Anna Barbara Elisabeth Rehling Fey, Anna Catharina, aus Röhrda, V/M: Johannes, Ackermann und Anna Catharina Hartmann seel.
04.02.1825	Meder, Johann Martrin, Ackermann, V/M: Nicolaus, Ackermann und Anna Faber Dilling, Eva Elisabeth, V/M: Johannes, Ackermann und Anna Elisabeth Dilling
21.05.1825	Jacob, Wilhelm, Ackermann, V/M: George, Schultheiß und Catharina Dietzel seel. Apfel, Anna Barbara, aus Röhrda, V/M: George, Leineweber seel. und Anna Marie Wolf seel.
15.11.1825	Urbach, Christoph, Schmied, V/M: Henrich, Schmied und Kastenmeister seel. und Anna Elisabeth Fischbach Jacob, Anna Martha, V/M: Wilhelm, Ackermann seel.und Anna Heckerodt seel.
28.05.1826	Eysel, Lorenz, Tagelöhner, V/M: George, Tagelöhner und Catharina Wittich Böttger, Anna Maria, V/M: Henrich, Schreiner seel. und Anna Barbara Dietzel seel.

05.07.1826	Höch, George, Schreiner, V/M: George, Schreiner und Clara Heckerodt seel. Huse, Anna Catharina, aus Röhrda, V/M: Friedrich, Müller seel. und Anna Elisabeth Jung seel.
10.06.1827	Wieder, Johann Martin, Ackermann und Witwer, aus Oberdünzebach, V/M: Henrich, Schafmeister seel. und Anna Catharina Grebenstein Hopfe, Ottilia, aus Niederdünzebach, V/M: Johannes, Ackermann und Martha Elisabeth Albrecht
27.04.1828	Heckerodt, Johann Adam, Tagelöhner, V/M: Adam, Soldat der während des französischen Revolutionkrieges in Frankreich verstorben sein soll und Anna Martha Roth Eisenträger, Anna Catharina, aus Netra, V/M: Michael, Schneider seel. und Anna Elisabeth Fuchs
25.08.1828	Dilling, Johann Adam, Ackermann, V/M: Johann Adam, Schultheiß seel. und Eva Elisabeth Dietzel Meder, Anna Elisabeth, V/M: Nicolaus, Ackermann und Gerichtsschöpfe und Anna Faber
28.06.1829	Laudenbach, Ernst, Maurer, V/M: Christoph, Schneider seel. und Anna Catharina Schüler Dietrich, Anna Christine, aus Großburschla, V/M: Friedrich, Tagelöhner seel. und Anna Martha Suck seel.
17.07.1829	Schwabe, Peter, Leineweber, V/M: Christian, Leineweber seel. und Anna Catharina Wittich Bechstein, Martha Elisabeth, V/M: Conrad, Ackermann seel. und Dorothea Dietzel
11.08.1829	Strube, Johann George, Zimmermann, V/M: Johannes, Tagelöhner seel. und Anna Elisabeth Arnold Koch, Anna Martha, V/M: Christoph, Schafmeister seel. und Anna Martha Heckerodt
01.01.1830	Dietzel, Christoph, Ackermann und Witwer, V/M: Peter, Braumeister seel. und Barbara Elisabeth Koch Krämer, Anna Barbara, aus Netra, V/M: Johann Caspar, tagelöhner seel. und Catharina Elisabeth Engel seel.

Weißenborn-Rambach 1650 bis 1830

23.01.1650	Gicking, Caspar
	Rothe, Martha
10.02.1650	Waldschmidt, Johannes
	Kirchner, Catharina, aus Nentershausen
04.01.1652	Witzel, Melchior
	Bormann, Elisabeth, V/M: Hans
03.02.1652	Bormann, Bast
	Gicking, Catharina, V/M: Hans seel.
21.04.1652	Waldschmidt, Hans
	Waldschmidt, Margretha
08.09.1652	Walter, Hermann
	Theiß, Catharina, V/M: Althans
15.10.1652	Bormann, Hans, V/M: Valten
	Schabacker, Martha, V/M: Melchior seel.
20.11.1654	Bühl, Hans Baltzer
	Fritsche, Elisabeth, V/M: Christoph
23.04.1655	Hübner, Christian, Pfarrer zu Rambach
	Zinckius, Kunigunda, V/M: Herr Conrad, Pfarrer allhier seel.
28.01.1656	Wagner, Johannes, V/M: Hans senior
	Witzel, Catharina, V/M: Hans
10.11.1656	Hopfe, Claus
	Esel, Martha, V/M: Hans
17.11.1656	Schabacker, Catharina
	Waldschmidt, Engel, V/M: Bast
26.01.1657	Bormann, Hans
	Eisenträger, Anna, V/M: Johannes
26.10.1657	Gicking, Christoph
	Denbach, Elisabeth, aus Herleshausen, V/M: Caspar
09.11.1657	Walter, hermann
	Jacob, Gertrud, V/M: Hans
11.01.1658	Theiß, Hans, V/M: Lucas
	Theiß, Margretha, V/M: Althans seel.

05.03.1660	Wormsbächer, Paul, aus Frankenberg, V/M: Abraham, Braumeister
	Hübenthal, Anna, V/M: Peter, Schäfer
19.11.1660	Bormann, Hans, V/M: Valten
	Theiß, Martha, V/M: Hans, Schöpfe seel.
03.12.1660	Rothe, Matthias, V/M: Curt
	Witzel, Anna, V/M: Hans, Schultheiß
11.01.1664	Fritsche, Valentin, V/M: Christoph
	Zincke, Anna Catharina, V/M: Conrad, Pfarrer allhier seel.
25.04.1664	Förstenhain, George, V/M: Hans, Untermüller
	Rexerod, Anna, Hieronymus Witwe
24.07.1664	Hillebrandt, Martin, Leutnant
	Waldschmidt, Catharina, des Schafmeister Bastian Witwe, aus Wanfried
14.11.1664	Rothe, Caspar, V/M: Jonas
	Braun, Catharina, aus Rittmannshausen, V/M: Claus, Schultheiß
08.01.1666	Wandt, Liborius, V/M: Henkel
	Walborn, Martha, aus Großburschla, V/M: Liborius
19.11.1666	Schabacker, Hans, V/M: Melchior
	Hosbach, Gertrud, V/M: Christoph
18.11.1667	Knabe, Andreas, V/M: Christoph
	Printz, Martha, aus Treffurt, V/M: Johannes, Bürger
02.12.1667	Theiß, Johannes, V/M: Althans, Gerichtsschöpfe seel.
	Wandt, Catharina, V/M: Henrich
06.02.1668	Dietzel, Hans, aus Weißenborn, V/M: George
	Theiß, Elisabeth, V/M: Lucas seel.
09.11.1668	Throm, Johann Ludolf, V/M: Baltzer, Schuldiener seel.
	Esel, Anna, V/M: Hans seel.
26.11.1668	Müller, Peter, aus Ifta, V/M: Jacob
	...?, Martha, V/M: Valten
01.11.1669	Throm, Henrich Christoph, V/M: Baltzer, Schuldiener seel.
	Rothe, Catharina, V/M: Hans im Bache
29.11.1669	Faber, Philipp, V/M: Andreas, Gerichtsschöpfe
	Knabe, Anna Catharina, V/M: Christoph
07.11.1670	Throm, Johann Ludolf
	Göbbel, Martha, V/M: Jacob

28.11.1670	Theiß, Adam, V/M: Hans, Gerichtsschöpfe seel. Löbert, Catharina, V/M: Henkel seel.
23.11.1671	Seegel, Hans, V/M: Christoph seel. Hosbach, Elisabeth, V/M: Christoph
17.01.1672	Göbbel, Michel, V/M: Jacob Hopf, Tochter, V/M: Valten
07.02.1672	Witzel, Valten, aus Netra, V/M: Hans Faber, Catharina, V/M: Andreas, Gerichtsschöpfe
17.11.1672	Theiß, Valten Förstenhain, Barbara, V/M: Hans
27.11.1672	Faber, Christoph, V/M: Andreas, Gerichtsschöpfe Schabacker, Dorothea, V/M: Christoph
28.05.1673	Knabe, Christoph, Witwer Rothe, Dorothea, V/M: Conrad
19.11.1673	Förstenhain, Hans, Untermüller und Witwer Heche ?, Catharina, aus Mihla, V/M: Hans seel.
02.12.1674	Witzel, Michael, V/M: Johannes, Schultheiß Seegel, Catharina, V/M: Christoph
21.11.1675	Rothe, George, V/M: Hans senior im Bach Theiß, Anna Christina, V/M: Hans, Schöpfe seel.
28.11.1675	Gehle, Hans, Schäfer in Treffurt, aus Nesselröden/Amt Duderstadt, V/M: Andreas Rothe, Martha, V/M: Jonas, hiesiger Schäfer
12.01.1676	Wand, Bernd, V/M: Henkel Schabacker, Anna, V/M: Michael, Schöpfe
03.05.1676	Laun, Conrad, aus Schnellmannshausen, V/M: Conrad Wand, Angela, V/M: Henkel, Kirchensenior
22.11.1676	Rothe, Johannes, V/M: Curt Bormann, Martha, V/M: Bastian
09.01.1678	Witzel, Christoph Holderbühl, Anna, aus Großburschla, V/M: Henrich seel.
12.01.1678	Waldschmidt, Claus, V/M: Hans, Viehhirte Rothe, Dorothea, V/M: Jonas, Schäfer seel.
13.01.1678	Müller, Henrich, Vogt, Bedienter bei dero Gerichtsjunker von Capellen auf Lüderbach Haus, Martha Elisabeth, Barthold Witwe, aus Alberode

Weißenborn-Rambach 1650 bis 1830

21.05.1678	Knabe, Christoph Fischbach, Catharina, aus Weißenborn, V/M: Altgeorge seel.
27.11.1678	Schabacker, Hans Baltzer, V/M: Michel, Schöpfe Gicking, Catharina, V/M: Caspar, Schöpfe
22.01.1679	Rothe, Bernd, V/M: Jacob, Schultheiß Bühl, Elisabeth, V/M: Hans Baltzer
2?.01.1679	Schwartzman, Johannes, aus Bernterode auf dem Eichsfeld, V/M: Hans Fritsche, Maria, V/M: Jacob seel.
10.05.1680	Faber, Hans, V/M: Andreas, Schöpfe Rexerod, Catharina, V/M: Hieronymus, Mittelmüller seel.
04.10.1680	Kaufmann, Benedix, aus Bischhausen, V/M: Hans seel. Göbbel, Anna, V/M: Jacob
24.11.1680	Faber, Valentin, V/M: Andreas, Gerichtsschöpfe Witzel, Catharina, V/M: Melchior
12.07.1682	Wandt, Liborius, Witwer Braun, Anna, aus Rittmannshausen, V/M: Claus, Schultheiß
01.10.1682	Krumsig, Simon, Reuter, hessischer, aus Kreyßberg in der Grafschaft Lippe Throm, Martha, Johann Ludolf Witwe
23.11.1682	Bormann, Christoph, V/M: Großhans Hopfe, Catharina, V/M: Henkel
06.12.1682	Witzel, Hans, V/M: Melchior Hopfe, Elisabeth, V/M: Claus
13.06.1683	Bühl, Hermann, V/M: Hans Baltzer Faber, Anna Elisabeth, V/M: George
07.11.1683	Schwabe, Johannes, aus Weißenborn, V/M: Kleinhans, Schafmeister Bormann, Margretha, V/M: Großhans
05.12.1683	Theiß, Melchior, V/M: Hans senior, Schultheiß Hosbach, Eva, V/M: Christoph
16.01.1684	Walborn, Claus, aus Großburschla, V/M: Dieterich seel. Rothe, Catharina, V/M: Jacob, Schultheiß seel.
07.02.1684	Rothe, Hans Curt, V/M: Curt Bormann, Catharina, V/M: Kleinhans

26.11.1684	Gicking, Hans, V/M: Caspar, Schöpfe
	Faber, Elisabeth, V/M: George
21.01.1685	Hosbach, Johannes, V/M: Christoph
	Wand, Kunigunde, V/M: Liborius
01.03.1685	Dietzel, Hans, Witwer
	Völcker, Catharina, V/M: Valten
17.01.1686	Hildeman, Johann Christoph, aus Wanfried, V/M: George, Bürger
	Witzel, Anna Catharina, V/M: Melchior
13.01.1686	Hosbach, Michel, V/M: Christoph
	Dietzel, Martha, aus Weißenborn, V/M: Hans, Gerichtsschöpfe
20.01.1686	Hildebrandt, Johannes, aus Weißenborn, V/M: Johannes
	Wolfgang, Elisabeth, aus Netra, V/M: Hans seel.
	B.: Zu Weißenborn cop.
10.02.1686	Heckroth, Martin, V/M: Baltzer
	Schild, Catharina, aus Weißenborn, V/M: Caspar, buttlarischer Bedienter seel.
24.11.1686	Gicking, Andreas, V/M: Caspar, Gerichtsschöpfe
	Bormann, Anna, V/M: Großhans seel.
24.11.1687	Bormann, Hans
	Rothe, Margretha, V/M: Curt
	B.: Sind in einer Betstunde copulirt worden, weil sie mir die verlangte und angewandte Mühe nicht compensiren wollen
02.12.1687	Theiß, Johannes, V/M: Schultze
	Hosbach, Elsa, V/M: Christoph
	B.: Sind in einer Betstunde copulirt worden, weil sie mir die verlangte und angewandte Mühe nicht compensiren wollen
05.12.1688	Schabacker, Hans junior, V/M: Christoph
	Wandt, Catharina, V/M: Liborius
06.02.1689	Faber, Johann George, V/M: George
	Theiß, Gertrud, V/M: Johannes im Bach
03.07.1689	Fincke, Johann Caspar, Witwer
	Gicking, Angela, V/M: Christoph
05.12.1689	Witzel, Johann Baltzer, V/M: Melchior
	Hopfe, Martha, V/M: Claus
28.01.1691	Faber, Christoph junior, V/M: Andreas, Schöpfe
	Heckroth, Elisabeth, aus Weißenborn, V/M: Jacob

27.05.1691	Schabacker, Hans Baltzer, Witwer Mehles, Catharina Elisabeth, aus Weißenborn, V/M: Hans in der Hintergasse B.: In einer Betstunde copulirt, weil er aus Obstinatheit die bisherige Gebühr von einer Predigt nicht abstatten wollen
02.06.1691	Theiß, Sebastian, V/M: Martin Scheffel, Dorothea, aus Wahlhausen, V/M: Dietrich
24.07.1693	Theiß, Hans, V/M: Martin Müller, Anna Magdalena, V/M: Andreas
23.11.1693	Bühl, Hans, V/M: Hans Baltzer Pfusch, Elisabeth, aus Allendorf an der Werra, V/M: Hans, Bürger und Zunftgenosse seel.
24.01.1694	Gicking, Andreas, Witwer Theiß, Catharina, V/M: Hans im Bache
26.09.1694	Tiebner, Adam, Schafmeister bei Hans Sachse auf dem obersten Hof Gehle, Margretha, V/M: Hans
05.12.1694	Schabacker, Philipp Theiß, Gertrud, V/M: Adam senior
23.01.1695	Hosbach, Melchior, V/M: Christoph Waldschmidt, Catharina, aus Wanfried, V/M: Johannes, Bürger
01.08.1695	Waldschmidt, Valten Rothe, Anna, V/M: Jacob
20.11.1695	Borman, Liborius, V/M: Kleinhans Herr, Christina, aus Mihla, V/M: Hans seel.
28.11.1695	Bormann, Johann Henrich Wagner, Martha, V/M: Johannes im Bache
04.12.1695	Fritsche, Johann Christoph, V/M: Valten Lorentz, Catharina, aus Treffurt, V/M: Andreas, Bürger
08.01.1696	Rothe, Johann Jacob, V/M: Jacob, Schultheiß Gicking, Anna Catharina, V/M: Christoph
29.04.1696	Theiß, Adam junior Bormann, Elisabeth, V/M: Johannes seel.
19.11.1696	Hattengehau, Hans Michel, aus Mihla, V/M: Hans Adam Bormann, Catharina, V/M: Kleinhans seel.

02.12.1696	Schabacker, Hans junior Theiß, Margretha, V/M: Hans im Bache
14.04.1697	Ernst, Johann Bernhard, Felddiener Eisenach, Anna, aus Treffurt, V/M: der Schütze
05.05.1697	Knabe, Hans, V/M: Christoph Hopfe, Eva, V/M: Claus
10.11.1697	Meyer, Hans Wilhelm, V/M: Wilhelm, Schäfer allhier Schwartzman, Margretha, V/M: Hans
01.12.1697	Theiß, Christoph, V/M: Johannes Seegel, Anna, V/M: Hans
19.01.1698	Rothe, Johannes, Witwer Hopfe, Margretha, V/M: Henrich, Kirchensenior seel.
26.01.1698	Wagner, George, V/M: Hans senior im Bache Wand, Catharina, V/M: Bernd seel.
28.04.1698	Bormann, Johannes Schabacker, Catharina Elisabeth, Hans Baltzer Witwe
09.06.1700	Want, Johannes, V/M: Liborius Faber, Kunigunda, V/M: Valten seel.
22.08.1700	Schabacker, Johannes, V/M: Hans Baltzer Müller, Agnes, aus Heldra B.: Nach abgelegter Buße, weil er sie zuvor geschwängert gehabt
23.11.1701	Rothe, Johann George Schabacker, Elisabeth, V/M: Hans der ältere
18.01.1702	Theiß, Johann Hermann, V/M: Adam senior Wand, Anna Catharina, V/M: Bernd seel.
13.02.1702	Rothe, Matthias, Witwer Straube, Anna, V/M: Hans, Schafmeister seel.
29.11.1702	Fischbach, Adam, aus Weißenborn Rothe, Anna Elisabeth, V/M: Bernd seel.
06.12.1702	Hosbach, Johann Christoph, Schulmeister, hiesiger Faber (Fabri), Anna, V/M: Valten seel.
01.02.1703	Bormann, Johannes senior, Witwer Schütze, Margretha, aus Weißenborn, V/M: Claus

11.04.1703	Magnus, Alexander, Zigeuner und Witwer lfrau ?, Anna Maria Susanna B.: Nachdem sie vorher examiniert und vor ihrem in Gegenwart stehendem Corporal de la Violette auch in Gegenwart des Kirchenseniors Claus Walborn an Eides statt vor Gottes Angesicht ausgesaget, daß sie beide anderwertig nicht versprochen, noch sich nahe verwandt wären
15.11.1703	Nickel, David Faber, Anna, V/M: Hans seel.
05.12.1703	Ritze, Jacob Wilhelm, aus Altenburschla Gicking, Anna, V/M: Christoph
25.01.1705	Speck, Christoph, Schlagmüller, aus Hennigerode/Gericht Altenstein Nickel, Anna Christina, V/M: Valten, vormaliger Müller allhier und jetzt Soldat in der Festung Ziegenhain
29.04.1705	Gicking, Friedrich, 56 ? Jahre Fincke, Dorothea, V/M: Johann Caspar, hochadel. baumbachischer Verwalter B.: In Christoph Gickings Behausung cop.
21.04.1706	Walter, Bernd Want, Anna Barbara, V/M: Bernd
06.01.1707	Meyer, Johannes, V/M: Wilhelm, Schafmeister allhier Bormann, Gertrud, V/M: Christoph
12.01.1707	Knabe, Johann Caspar Seegel, Anna Catharina, V/M: Hans
09.02.1707	Bühl, Johann Peter Want, Elisabeth, V/M: Bernd seel.
26.11.1708	Suck, Jacob, aus Weißenhasel, V/M: Adam, Schöpfe Faber, Margretha, V/M: Christoph
07.05.1710	Bormann, Johann George Meles, Anna, aus Weißenborn, V/M: Hans Adam, Schöpfe
02.11.1710	Rothe, Hans Curt, Witwer Mentz, Elisabeth, Conrad Witwe, aus Netra
19.11.1710	Knabe, Johann Caspar, Witwer Fischbach, Margretha, aus Weißenborn, V/M: Hans Baltzer

04.02.1711	Schabacker, Johannes junior Pfusch, Anna Gertrud, aus Allendorf, V/M: Valentin, Bürger und Schneidermeister seel.
03.12.1711	Witzel, Bernhard Wenk, Catharina, V/M: Hans seel.
28.12.1711	Gücking, Herr Nicolaus, Capitain, fürstl. Hess. Wormb, Catharina Elisabeth, V/M: Herr Johann Christoph, hochadel. Brückischer ? Collector des Stifts Großenborschel seel.
10.07.1712	Kaufmann, Benedictus, Viehhirte und Witwer Hanstein, Anna Martha, aus Ifta, V/M: Hans
04.08.1712	Gicking, Andreas, Witwer Rothe, Margretha, Johannes Witwe
23.09.1712	Hosbach, Johann George Faber, Elisabeth, V/M: Johann George
03.02.1713	Meyer, Hans, Witwer Rothe, Anna, V/M: Johannes seel.
10.05.1713	Rothe, Johannes Hosbach, Catharina Elisabeth, V/M: Michel
06.12.1713	Rothe, Melchior Gicking, Catharina, V/M: Hans
1?.01.1714	Köberich, Johannes, aus Sontra Want, Elisabeth, V/M: Hans seel.
07.02.1714	Rothe, Johannes Hosbach, Catharina, V/M: Hans, Schöpfe
19.04.1714	Want, Johannes Walborn, Elisabeth, V/M: Claus
31.01.1715	Schabacker, Johann Christoph Rothe, Catharina, V/M: Johannes seel.
21.01.1716	Schabacker, Philippus, Witwer Want, Eva, V/M: Larges ?
02.02.1716	Rothe, Hans Curt, Witwer Soest, Anna Maria, Nicolaus Witwe, aus Großburschla
29.04.1716	Witzel, Bernd, Witwer Rothe, Eva, V/M: Johannes seel.
06.05.1716	Fuchs, Johannes, aus Ifta …?, Anna Catharina, V/M: Henrich, Obermüller seel.

21.04.1717	Faber, Christian, Schreiner Rothe, Angela, V/M: Bernd seel.
04.01.1719	Schabacker, Johannes, V/M: Philipp Wandt, Anna Catharina, V/M: Liborius
14.02.1719	Feige, Johann Christoph Riemann, Philippina Christina Maria, V/M: George, Schneider
15.02.1719	Pfuschius, Ehrn Johannes, Pfarrer, verordneter alter allhier und Witwer Waldschmidt, Elisabeth, des Schulmeisters zu Weißenborn Johannes Witwe, aus Weißenborn
27.11.1719	Hotzelfeldt, Herr Johann Paul, Trompeter unter Obrist Diemarischen Regiment zu Pferd Pfuschius, Christina Dorothea, V/M: Johannes, Pfarrer allhier
23.07.1720	Peter, Johannes, Hufschmied, aus Mansbach ? Ritze, Dorothea, V/M: Samuel seel. B.: So über ein Jahr miteinander versprochen gewesen
12.06.1720	Weitzel, Johannes Hosbach, Anna Eva, V/M: Johannes, Gerichtsschöpfe
18.08.1720	Hartmann, Engelhard, Corporal Gicking, Ageta, V/M: Hans, Heimbürge
08.01.1721	Schabacker, Johann Christoph, V/M: Hans Theyß, Elisabeth, V/M: Adam
29.01.1722	Witzel, Johannes Schabacker, Elisabeth, V/M: Johannes
26.04.1722	Riemann, Johann George Hollebühl, Gelasia, aus Großburschla, V/M: Adam
25.06.1722	Holzapfel, Johann Wilhelm, aus Weißenborn Witzel, Gertrud, V/M: Balthasar
07.07.1722	Mosebach, Johannes, Viehhirte und Witwer Groß, Martha, aus Herleshausen
22.07.1722	Schwärtzel, Herr Carl, Förster und Witwer, aus Herleshausen Gicking (Guicking), Anna Dorothea, V/M: Herr Nicolaus, Capitain
21.09.1722	Theys, Melchior Faber, Catharina
09.12.1722	Rothe, Johann Caspar Hosbach, Catharina Elisabeth

13.01.1723	Gicking, Johann Hermann
	Rothe, Catharina Elisabeth
09.05.1723	Theis, Adam
	Knauff, Martha Elisabeth
12.09.1723	Neumann, Bernhard, aus Treffurt
	Cammer, Catharina Elisabeth, V/M: Henrich seel.
02.01.1724	Riemann, George
	Zindel, Anna Elisabeth, aus Hundelshausen
19.01.1724	Francke, Nicolaus, aus Heldra
	Theis, Anna Catharina
02.02.1724	Hübenthal, Johann Ernst
	Cammer, Catharina Elisabeth
15.02.1725	Hosbach, Johann Christoph
	Hattengehau, Anna Maria, aus Mihla
22.01.1726	Schabacker, Johann Christoph, Witwer
	Hosbach, Anna Catharina
02.12.1726	Fritsche, Johannes, Schulmeister
	Hosbach, Eva Dorothea
19.02.1727	Hosbach, Johann Nicolaus
	Schabacker, Anna Elisabeth
27.02.1727	Wilhelm, Martin, Witwer
	Funcke, Catharina, aus Wanfried
02.06.1727	Speck, Christoph, Witwer
	Bühl, Kunigunde
05.12.1728	Reitze, Johannes
	Theyß, Anna Elisabeth
??.??.1728	Schabacker, George
	Knabe, Anna, V/M: Hans
15.02.1728	Schabacker, Johannes
	Bormann, Anna Martha, V/M: George
03.12.1729	Böhm, Martin, aus Heldra
	Meyer, Elisabeth
30.03.1730	Bormann, Adam
	Schabacker, Anna Eva
15.02.1732	Höltzer, Johannes, aus Altenhasungen
	Gicking, Anna Elisabeth

04.12.1733	Theys, Nicolaus Walter, Anna Catharina, V/M: Bernhard
05.01.1734	Schabacker, Friedrich Wilhelm Hosbach, Maria Elisabeth, aus Großburschla
11.01.1735	Schabacker, Johannes Morgenthal, Anna Dorothea, aus Lüderbach
14.02.1735	Straube, Peter, Hirte alhier Schmidt, Gelasia
13.??.1735	Gicking, George Schabacker, Eva Elisabeth
21.02.1736	Rietze, Bernhard Rothe, Anna Gertrud
10.01.1736	Theyß, Adam Rothe, Elisabeth
15.01.1737	Böckel ?, Johannes Wagner, Elisabeth, aus Altenhasungen/Amt Wolfhagen
01.01.1738	Rothe, Adam Böhme, Margretha
15.05.1739	Schabacker, George, Witwer Knabe, Catharina
02.02.1741	Nickel, Valten, Witwer Hübenthal, Anna Maria, aus Kleinvach (Vacha)
22.01.1742	Theyß, Melchior, V/M: Christoph Faber, Juliana, V/M: Baltzer B.: Nach abgelegter Buße
28.03.1742	Busch, Caspar Fritsche, Maria Elisabeth
06.09.1742	Correus, Herr Christoph, aus Herleshausen Gicking (Guicking), Anna Sidonia
27.12.1742	Rothe, Melchior Wagner, Elisabeth
21.01.1744	Köberich, Johann Henrich Wandt, Catharina
19.01.1745	Rothe, Johann Nicolaus Rothe, Dorothea

09.02.1745	Theys, Martin	
	Schabacker, Margretha	
09.03.1745	Theys, George	
	Rothe, Eva Catharina	
02.02.1746	Theys, Adam	
	Rothe, Anna Catharina	
24.02.1746	Hosbach, Johann Melchior, Schulmeister zu Weißenborn, aus Weißenborn	
	Hosbach, Eva Dorothea	
17.01.1747	Bormann, Johannes	
	Witzel, Anna Christina, V/M: Bernhard	
27.01.1747	Wand, Johannes	
	Fuchs, Anna Gertrud	
31.01.1747	Meyer, Wilhelm	
	Hose, Catharina, aus Rittmannshausen	
24.05.1747	Hosbach, Johann Nicolaus	
	Schabacker, Christine Dorothea	
16.01.1748	Ritze, Johann Henrich	
	Gicking, Anna Elisabeth	
27.02.1748	Angersbach, Andreas, aus Elbersdorf	
	Knabe, Anna Elisabeth	
11.06.1748	Hosbach, Johann Melchior, Schuldiener und Witwer zu Weißenborn, aus Weißenborn	
	Francke, Anna Elisabeth	
09.01.1749	Eisenhut, Wilhelm	
	Buchenau, Martha Elisabeth	
28.10.1749	Rehbein, Jacob, aus Ermschwerd	
	Riehm, Anna Catharina	
28.02.1750	Eydam, Friedrich, Soldat und Prinz Maximilian Regiment	
	Hecke ?, Eva Dorothea, aus Großburschla	
25.02.1750	Fritsch, Johann Balthasar	
	Dell, Elisabeth, aus Nesselröden	
02.03.1750	Nentzel, Nicolaus, Soldat unter Prinz Maximilian Regiment	
	Dilling, Anna, aus Weißenborn, V/M: George	
15.09.1750	Faber, Johann Adam	
	Gicking, Christina Juliana	

20.01.1751	Witzel, Johann Henrich Rothe, Eva Elisabeth, V/M: Caspar
03.03.1751	Schabacker, Johannes, Witwer Gießelbach, Catharina Elisabeth, aus Rittmannshausen
01.10.1751	Bühl, Conrad Trube, Catharina
02.10.1751	Hempfing, Johannes, Schafmeister Wilhelm, Eva Dorothea
31.10.1751	Böckell, Johannes, Witwer Riehm, Mar. Elisabeth, V/M: George
23.02.1752	Faber, Johann Henrich Schabacker, Catharina Elisabeth, V/M: Johannes
06.12.1752	Fritsch, Johann Wilhelm Gicking (Guicking), Anna Sophia, V/M: Herr Capitain seel.
11.08.1765	Witzel, Johannes Rietze, Catharina, V/M: Johannes
19.02.1766	Theyß, Johann Martin, V/M: Melchior Fritsche, Anna Sophia, V/M: hiesiger Schulmeister
28.12.1766	Schabacker, Johann Melchior, Dragoner Meyer, Anna Martha, V/M: Wilhelm seel.
09.06.1767	Köberich, Nicolaus, V/M: Henrich, Gerichtsschöpfe Fritsche, Anna Elisabeth, V/M: hiesiger Schulmeister
24.05.1768	Witzel, Johannes, Witwer Bühl, Anna Elisabeth, V/M: Balthasar seel.
19.11.1768	Hildebrand, Johann Martin, Witwer, aus Grebendorf Schabacker, Eva Elisabeth, V/M: Henrich Wilhelm
04.03.1770	Schabacker, Johann Adam, V/M: Henrich Wilhelm Rothe, Catharina Elisabeth, V/M: Adam
02.12.1770	Schabacker, George, V/M: Henrich Wilhelm Dippach (Tippach), Weißenborn, V/M: Christian
06.09.1774	Faber, George Christian, V/M: Adam Arnold, Anna Elisabeth, aus Großburschla, V/M: Christoph
27.10.1771	Theyß, Hermann, V/M: George sel. Theyß, Anna Catharina, V/M: Adam
25.04.1773	Rothe, Christoph, V/M: Melchior seel. Knabe, Christina Dorothea, V/M: Melchior

01.06.1773	Schmidt, Christian, Mahlmüller und Witwer, aus Wanfried
	Böckel, Anna Gertrud, V/M: Johannes seel.
29.05.1774	Schabacker, Johann George, V/M: Johannes seel.
	Guicking, Margretha Elisabeth, V/M: George
25.09.1774	Moser, Henrich, Schäferknecht, aus Bischhausen, V/M: Johannes
	Teichmeyer, Anna Catharina, V/M: Johann Ludwig seel.
27.12.1774	Bräutigam, Johann Bernhardt, Schulmeisteradjunctus, hiesiger, aus Eschwege, V/M: Daniel, Bürger und Schuhmacher seel.
	Theyß, geb. Fritsche, Anna Sophia, Johann Martin Witwe, V/M: Johannes, Schulmeister
08.01.1775	Hendrich, Henrich Christoph, aus Schnellmannshausen, V/M: Conrad Henrich, Maurer seel.
	Guicking, Anna Dorothea
12.09.1775	Müller, Soldat unterm Regiment Erbprinz, aus Heldra, V/M: Johannes, Schreiner seel.
	Schabacker, Eva Dorothea, V/M: Henrich Wilhelm
31.10.1775	Busch, Johann Henrich, V/M: Caspar, Obermüller
	Strube, Anna Christina, V/M: Peter, Hirte
09.02.1776	Rothe, Bernhard, Grenadier unterm 1ten Bataillon Garde, V/M: Adam seel.
	Arnold, Kunigunda, V/M: Henrich
14.04.1776	Bormann, Johannes, V/M: Adam seel.
	Gernand, Eva Catharina, aus Ebenhausen im Gothaischen, V/M: Nicolaus seel.
20.07.1777	Theyß, Christoph, V/M: Adam
	Bormann, Catharina Elisabeth, V/M: Johannes
10.08.1777	Schabacker, Melchior, V/M: Johannes seel.
	Rothe, Anna Catharina, V/M: Melchior
24.08.1777	Gücking, Nicolaus, aus Creuzburg, V/M: Anton seel.
	Schabacker, Eva Elisabeth, V/M: Johannes seel.
18.04.1779	Gücking, Christoph, aus Creuzburg, V/M: Anton seel.
	Eisenhuth, Elisabeth, V/M: Wilhelm seel.
15.05.1779	Rothe, Henrich, V/M: Melchior seel.
	Theyß, Elisabeth, V/M: Martin
20.08.1779	Halt, Henrich, aus Großburschla, V/M: Johann George
	Wandt, Anna Elisabeth, V/M: Johannes

24.10.1779	Rietze, Johann George, V/M: Henrich und Anna Elisabeth Gicking Wallborn, Anna Elisabeth, V/M: Nicolaus
15.07.1781	Franke, Johannes, Korbmacher, aus Hallungen, V/M: Johann Gottfried Angersbach, Eva Elisabeth, V/M: Andreas
27.12.1781	Witzel, Johannes, Schäfer, aus Großburschla, V/M: Johann George Rothe, Eva Elisabeth, V/M: Adam seel.
27.01.1782	Wandt, Johann bernhard, V/M: Johannes Hose, Dorothea Elisabeth, aus Velmeden, V/M: Andreas seel.
14.07.1782	Francke, Johannes, V/M: Melchior seel. Theyß, Elisabeth, V/M: Christoph
27.12.1782	Francke, Johann Adam, aus Niederdünzebach, V/M: George Fritsche, Christina, V/M: Wilhelm seel.
22.06.1783	Dietz, Henrich, aus Wommen, V/M: Lorentz seel. Rothe, Christina Dorothea, V/M: Adam seel.
28.11.1784	Theyß, Nicolaus, V/M: Adam Kirchenältester seel. Schabacker, Anna Christina, V/M: Christoph
27.12.1784	Schabacker, Adam, V/M: Johannes seel. Witzel, Anna Dorothea, V/M: Johann Henrich
27.02.1785	Theyß, Johannes, V/M: Christoph Wallborn, Eva Elisabeth, V/M: Nicolaus
26.06.1785	Busch, George, V/M: Caspar seel. Schmidt, geb. Böckel, Gertrud, des Müller Christian Witwe
05.02.1786	Bormann, Nicolaus, Invalidensoldat Gücking, Eva Christina, aus Creuzburg, V/M: Anton seel.
17.04.1786	Eisenberg, Johannes, aus Großburschla, V/M: Conrad, Weißbinder Gücking, Anna Sophia, V/M: George Christoph
02.06.1786	Zindel, Valtin, V/M: Johann George Gücking, Anna Catharina, V/M: George Christoph B.: Nach abgelegter Buße
25.06.1786	Zindel, Jacob, V/M: Johann George Rehbein, Anna Elisabeth, V/M: Jacob
09.07.1786	Fritsche, Adam, V/M: Wilhelm seel. Witzel, Anna Sabina, V/M: Henrich

06.08.1786	Mosebach, Dietrich, aus Rittmannshausen, V/M: Caspar seel.
	Bühl, Anna Margretha, V/M: Conrad seel.
09.03.1788	Raßner, Johannes, unehelich, aus Schnellmannshausen
	Gücking, Anna Gertrud, V/M: Adam seel.
30.12.1789	Holzapfel, Henrich, V/M: Wilhelm
	Bormann, Anna Catharina, V/M: Johannes
20.01.1790	Braunschweig, Jacob, aus Völkershausen
	Schabacker, Elisabeth, V/M: George seel.
26.04.1791	Hosbach, Johann Conrad, V/M: Johann George, Schultheiß
	Rothe, Anna Catharina, V/M: Melchior, Gerichtsschöpfe
21.06.1791	Rehbein, Johann Henrich, V/M: Jacob, Schneidermeister
	Gieselbach, Anna Gertrud, aus Rittmannshausen, V/M: Jacob, Gerichtsschöpfe
18.04.1791	Schabacker, Johann George, V/M: Conrad, Kirchenältester
	Köberich, Anna Dorothea, V/M: Nicolaus
29.05.1792	Faber, Johann Martin, V/M: Henrich, Mittelmüller
	Reith, Anna Elisabeth, V/M: Simon
29.05.1792	Faber, Nicolaus, V/M: Bernhard
	Roth, Dorothea Elisabeth, aus Rittmannshausen, V/M: Friedrich
08.07.1792	Roth, Johann Christoph, aus Rittmannshausen, V/M: Friedrich
	Theyß, Anna Elisabeth, V/M: Johann Martin seel.
15.07.1792	Witzel, Johann Adam, V/M: Johannes
	Köberich, Anna Sophia, V/M: Nicolaus
10.02.1795	Ritze, Johann Adam, Soldat beim Regiment Garde
	Rothe, Anna Catharina, V/M: Christoph
09.08.1796	Schabacker, Christoph, Korbmacher, V/M: Johannes seel.
	Reith, Charlotte, V/M: Simon
05.03.1797	Weyhe, Melchior, Schneidermeister und Wltwer
	Licht, Anna Catharina, V/M: Conrad, Tagelöhner seel.
01.10.1797	Faber, George Christoph, Ackermann, V/M: Nicolaus seel.
	Kisselbach, Gertrud, aus Rittmannshausen, V/M: Nicolaus, Gerichtsschöpfe
28.05.1798	Holzapfel, Christoph, V/M: Christoph, Hufschmied
	Rothe, Eva Elisabeth, V/M: Christoph seel.
24.07.1799	Bräutigam, Johann Bernhard, Schulmeister allhier
	Flügell, Maria Sabina, aus Großburschla, V/M: Christoph

Weißenborn-Rambach 1650 bis 1830

26.12.1799	Holzapfel, Johann George, Ackermann, V/M: Christoph, Hufschmied Theyß, Anna Christina, V/M: Hermann, Kirchenältester
??.??.1800	Rothe, Johannes, Soldat vom regiment Erbprinz, V/M: Bernhard Schabacker, Anna Sabina, V/M: Melchior
??.??.1800	Witzel, Hermann, Soldat beim Regiment Erbprinz, V/M: Johannes Ritze, Eva Elisabeth, V/M: George
20.08.1801	Reinhard, Caspar, aus Renda, V/M: Johannes Weiler, Martha Elisabeth, V/M: Christoph seel.
20.04.1803	Gücking, Christoph, V/M: Christoph, Tagelöhner Hanstein, Anna Sabina, V/M: Cyriacus, Tagelöhner
01.08.1803	Witzel, Adam, Ackermann und Witwer Hosbach, Anna Christina, aus Großburschla, V/M: Christoph, Raschmeister
20.02.1804	Köbberich, Henrich, Ackermann, V/M: Nicolaus, Ackermann Rothe, Catharina Elisabeth, V/M: Henrich, Gerichtsschöpfe und Ackermann
10.07.1804	Kühne (Cühne), Caspar, Tagelöhner, V/M: Adam seel. Faber, Anna Elisabeth, V/M: George, Ackermann
12.01.1805	Faber, Nicolaus, Ackermann, V/M: Bernhard, Ackermann seel. Ziegeler, Catharina Elisabeth, aus Nesselrölden, V/M: Adam, Ackermann
30.10.1806	Steinmetz, Conrad, Ackermann, V/M: Jacob, Ackermann seel. Wetzel, Catharina Elisabeth, V/M: Henrich, Tagelöhner
23.12.1806	Faber, Johann Adam, Ackermann, V/M: George, Ackermann Werneck, Anna Gertrud, aus Weißenborn, V/M: Johann Adam, Kuhhirte B.: Er *12.03.1778, sie *22.03.1787
25.01.1807	Gleim, Jacob, Tuchmachermeister und Bürger, aus Eschwege, V/M: Friedrich, Bürger und Tuchmacher Schabacker, Anna Elisabeth, V/M: George, Tagelöhner seel.
18.05.1807	Schabacker, Johann Nicolaus, Tagelöhner, V/M: George, Tagelöhners eel. Witzel, Kunigunda, V/M: Henrich, Tagelöhner

19.07.1807	Heckerodt, Jacob, Schneidermeister und Bürger, aus Eschwege, V/M: Henrich, Bürger und Schneidermeister Steinmetz, Anna Christina, V/M: Jacob, Tagelöhner seel.
03.08.1809	Theiß, George, Ackermann, V/M: Johannes, Ackermann Fritsche, Anna Dorothea, V/M: Johann Adam, Ackermann
29.08.1809	Rothe, Henrich, V/M: Johann Bernhard, Ackermann Schabacker, Dorothea, V/M: Johann Adam, Ackermann seel.
12.10.1810	Kißelbach, Johann Adam, Ackermann, V/M: Christian, Ackermann seel. Müller, Catharina Elisabeth, V/M: Adam, Ackermann
01.09.1810	Hirt, Herr Johann George, Schullehrer, damals zu Großburschla, jetzt zu Treffurt, aus Langensalza, V/M: Johann Christian, Handelsmann seel. und Johanna Sophia Munter Holzapfel, Clara Susanna, aus Eschwege, V/M: Johann George, Kaufmann seel. und Anna Catharina Wangemann seel. B.: Nachtrag auf Consistoriumsbefehl am 12.11.1821
17.??.1813	Fritsche, Christoph, Ackermann, V/M: Adam, Ackermann und Kirchenältester Witzel, Dorothea, V/M: Adam, Schenkwirt
21.??.1814	Holzapfel, George, Ackermann, V/M: Henrich, Ackermann und Kastenmeister Francke, Anna Catharina, V/M: Johannes, Ackermann
21.??.1815	Zündell, Henrich, Leineweber, V/M: Jacob, Leineweber Schabacker, Anna Dorothea, V/M: George, Ackermann und Kirchenältester
22.10.1815	Bott, Melchior, Maurer, V/M: Adam, Ackermann Kaufmann, Anna Martha Elisabeth, aus Rittmannshausen, V/M: Cyriacus, Handelsmann
11.02.1816	Volkenandt, Johann Gottfried, Schafmeister auf dem herrschaftl. Vorwerk Lautenbach, aus Creuzburg, V/M: Johann Friedrich, Bürger und Tagelöhner Sandergeld, Anna Martha, aus Rambach, V/M: Anna Catharina Weyh, geb. Licht (unehelich)
21.04.1816	Schneider, Nicolaus Wilhelm, Raschmacher, aus Großburschla, V/M: Johannes, Raschmacher Bornemann, Christine, V/M: George, Tagelöhner

25.05.1817	Ruhland, Johannes, Ackermann und Witwer zu Weißenborn, aus Großburschla, V/M: Johannes, Ackermann seel. Francke, Anna Christina, V/M: Johannes, Ackermann
06.07.1817	Sänger, Peter, Ackermann und Witwer, aus Weißenborn, V/M: George, Kirchenältester Francke, Martha Elisabeth, V/M: Johann Adam, Ackermann
27.04.1818	Rietze, Johann Adam, Schmied und Musquetier im Regiment Prinz Solms, V/M: George, Schmied seel. Roth, Anna Elisabeth, aus Rittmannshausen, V/M: Jacob seel.
03.01.1819	Theis, Johann Henrich, Ackermann, V/M: Hermann, Ackermann seel. Roth, Marie Elisabeth, vulgo Luise, V/M: Christoph, Ackermann und Gerichtsschöpfe
07.03.1819	Hohlbein, Andreas, Schäfer dahier, V/M: Carl, Schafmeister dahier Müller, Gertrud, V/M: Johann Adam, Ackermann seel.
09.07.1820	Hendrich, George, Braumeister, V/M: Henrich Christoph, Leineweber seel. und Anna Dorothea Gücking Schabacker, Anna Martha, V/M: Christoph, Korbmacher und Charlotte Reith seel.
17.09.1820	Francke, Bernhard, Ackermann, V/M: Johann Adam und Christine Juliane Fritsch Faber, Eva Elisabeth, V/M: George, Ackermann und Gertrud Gießelbach
03.06.1821	Bernhard, Simon, Töpfergeselle dahier, aus Neustädt/Amt Gerstungen, V/M: Christoph, Ackermann und Maria Elisabeth Kohrroch Schmidt, Anna Elisabeth, V/M: Johann Henrich, Töpfermeister und Anna Gertrud Meis
16.09.1821	Larbig, George, Ackermann und Witwer, aus Frauenborn, V/M: Adam, Ackermann seel. und Susanna Walter seel. Francke, Anna Catharina, V/M: Johannes, Ackermann und Elisabeth Theis seel.
25.11.1821	Hohlbein, Johann Henrich, Schäfer dahier, V/M: Carl, Schafmeister dahier und Anna Dorothea Leineweber Schabacker, Catharina Elisabeth, V/M: Christoph, Korbmacher und Charlotte Reith seel.

28.07.1822	Müller, Johann Martin, Maurer, V/M: Eva Elisabeth Hendrich (unehelich)
	Schabacker, Anna Sophia, V/M: Adam, Ackermann seel. und Dorothea Witzel
27.04.1823	Schabacker, Johann Adam, Ackermann, V/M: George, Kirchenältester seel. und Dorothea Köbberich
	Francke, Anna Margaretha, V/M: Adam, Ackermann und Christiane Juliane Fritsch seel.
13.07.1823	Schabacker, Johann Christoph, V/M: Adam, Ackermann und Gerichtsschöpfe seel. und Dorothea Witzel
	Roth, Anna Dorothea, V/M: Christoph, Ackermann und Gerichtsschöpfe und Anna Catharina Maurer
20.07.1823	Hosbach, Johann George, Ackermann, V/M: Conrad, Schultheiß seel. und Anna Catharina Roth
	Würschmidt, Anna Margaretha, aus Völkershausen, V/M: Johannes, Ackermann und Anna Catharina Appel seel.
03.08.1823	Bott, Adam, Füsilier, V/M: Adam, Leineweber und Catharina Fischer seel.
	Mosebach, Catharina Elisabeth, V/M: Dietrich, Leineweber und Anna Margretha Biehl seel.
03.??.1823	Bornemann, Henrich, Tagelöhner, V/M: George, Tagewächter seel. und Margretha Heinemann seel.
	Zündel, Catharina Elisabeth, V/M: Valentin, Leineweber seel. und Catharina Gücking
06.02.1825	Zündel, Johann Adam, Leineweber und Tagelöhner, V/M: Valentin, Leineweber seel. und Catharina Gücking
	Böttger, Anna Elisabeth, V/M: Johannes, Zimmermann seel. und Magdalene Pfaff
24.04.1825	Schmidt, Jacob, Tagelöhner, V/M: Johann Jacob, Ölmüller und Christina Maria Wilhelmi
	Holzapfel, Martha Elisabeth, V/M: Wilhelm, Tagelöhner seel. und Dorothea Elisabeth Weiter
30.09.1825	Gücking, Christoph, Ackermann, V/M: Zacharias, Schultheiß und Helene Denhard seel.
	Francke, Eva Elisabeth, V/M: Johannes, Ackermann seel. und Elisabeth Theiß seel.

09.10.1825	Vockerodt, Herr Henrich, Schullehreradjunct dahier, aus Röhrda, V/M: Wilhelm, Leineweber und Catharina Elisabeth Wieditz Schabacker, Anna Catharina, V/M: George, Kircheältester und Ackermann seel. und Dorothea Köbberich
23.04.1826	Faber, Henrich, Müller, V/M: Martin, Müller und Anna Elisabeth Reith Köbberich, Eva Dorothea, V/M: Henrich, Ackermann und Catharina Elisabeth Roth
06.05.1827	Faber, Christoph, Ackermann, V/M: Nicolaus, Kirchenältester und Ackermann und Dorothea Roth seel. Dippach, geb. Rietze, Anna Martha, des Ackermann Samuel Witwe, aus Weißenborn
28.10.1827	Roth, Christoph, Ackermann, V/M: Christoph, Ackermann und Gerichtsschöpfe und Anna Catharina Maurer Köbberich, Dorothea Elisabeth, V/M: Henrich, Ackermann und Catharina Elisabeth Roth
23.03.1828	Kisthard, Nicolaus, Schuhmacher dahier, V/M: Henrich, Schuhmachermeister seel. und Martha Maria Hanna Bachmann Rietze, Eva Elisabeth, V/M: Johann Adam, Wagner Catharina Roth
04.10.1828	Zündel, Johannes, Tagelöhner, V/M: Valentin, Leineweber seel. und Catharina Gücking Witzel, Eva Dorothea, V/M: Hermann, Ackermann und Eva Elisabeth Rietze
01.02.1829	Schalles, Wilhelm, Schafmeister und Witwer dahier, aus Tannenberg bei Netershausen, V/M: Johannes, zu Renda verstorbener Schafmeister und Catharina Elisabeth Römer seel. Heße, Anna Catharina, V/M: George, Müller und Anna Christine Rimbach seel.
22.11.1829	Holzapfel, George, Husar, V/M: Christoph, Ortserheber und Schmied und Eva Elisabeth Roth Francke, Catharina Elisabeth, V/M: Johannes, Ackermann seel. und Elisabeth Theis
23.05.1830	Schabacker, Conrad, Ackermann, V/M: George, Ackermann und Kirchenältester seel. und Anna Dorothea Köbberich Roth, Martha Elisabeth, V/M: Christoph, Ackermann und Gerichtsschöpfe und Anna Catharina Meurer

Register der Familiennamen

...

...?.... 6, 17, 18, 22, 34, 35, 36, 37, 38, 42, 50, 58, 61, 63, 64, 65, 66, 67, 68, 70, 71, 73, 74, 75, 76, 77, 78, 79, 82, 99, 102, 103, 108, 109, 110, 111, 112, 116, 117, 118, 120, 121, 122, 123, 126, 128, 129, 130, 131, 132, 134, 135, 155, 200, 202, 207, 221, 228

...?, von 129
...gius ? 64
...mandt ? 193
...uthe ? 202

A

Abel...? 122
Ackermann 72, 97, 113, 168, 170, 186
Adam 58
Adler 111
Ahl 136, 137
Ahl ? 134
Albrecht..... 26, 28, 58, 61, 62, 65, 71, 73, 74, 77, 109, 128, 130, 141, 144, 147, 155, 163, 177, 182, 185
Albrecht, geb. Gutjahr 67
Altbrand 77, 112, 114
Amelung 86
Andreae 164
Andreas 104
Andres 124, 197
Angersbach 232, 235

Apfel 218
Appel 18, 19, 178
Appold 131
Arend 130, 148
Arnld 200
Arnold ..5, 8, 9, 11, 14, 16, 17, 18, 19, 23, 25, 27, 29, 30, 37, 40, 41, 43, 47, 66, 69, 73, 77, 106, 110, 113, 115, 120, 127, 132, 133, 135, 138, 141, 142, 146, 150, 180, 192, 193, 197, 198, 201, 205, 208, 210, 213, 214, 215, 216, 233, 234
Arnold, geb. Zündel 217
Arnoldt................. 6, 7, 8, 12, 211
Arnotell ? 157
Asmann..... 84, 96, 108, 113, 118, 122, 145
Asshauer 56
Aßman 63
Aßmann 72, 79
Avemann 142
Avermann ? 190

B

B...? 12, 61
Bach 41, 101, 138
Bachmann. 15, 21, 22, 24, 68, 77, 107, 110, 137, 164, 174, 175, 176, 177, 207
Back 58
Backe 66, 70, 71, 73
Backer 113
Backhaus 130, 149, 160
Backhausen............................. 138

Bader 95
Baldamus 165
Baldewein 89, 141, 155
Baldwein 182
Balrius ? 104
Bange .. 63, 65, 81, 105, 111, 113, 121, 131, 143, 144, 167, 171
Bartel 54, 127, 164
Bartel ? 192
Barth ? 145
Barthel 45, 49, 54, 55
Barthel, geb. Dietzel 50
Bartsch 187
Bäsing 108
Bauer ? 14
Baum 21, 22, 29
Baum ? 14
Baurhenne 152
Baxt 146
Bayert 12
Bechstein 183, 218, 219
Beck 24, 32, 63, 82, 124, 127, 134, 144, 146, 148, 149, 155, 156, 157, 160, 170, 174
Becker 59, 70, 71, 78, 84, 88, 100, 102, 108, 120, 121, 135, 139, 140, 146, 150, 153, 157, 163, 168, 180
Beermann .. 91, 97, 125, 149, 153, 178
Beermann, geb. Spies 181
Beierod 103
Beiser ? 59
Benderot 122
Benderoth 100, 130, 132, 146, 161, 169, 174

Benderoth (Bendrott) 6
Bendteroth 138
Benedix 181
Benetrod 114
Benetroth 91
Benterod 144
Benterod ? 75
Benterodt 64
Benteroth 81, 82
Berg 55
Bernhard 145, 153, 159, 186, 193, 197, 201, 239
Bernhardt 193, 200, 203
Berz 143, 150
Beumler 82
Beyerod .. 79, 103, 106, 111, 114, 115, 117, 119, 129, 130, 132, 135, 140, 144, 148
Beyerodt. 62, 107, 109, 114, 120, 146
Beyerot 86
Beyeroth 139
Beyersdörfer 176, 177
Beyert 75, 79
Beyrod 139
Beyrodt 164
Bier ? 37
Bierschenk 210
Bippart 56, 57, 163, 165, 171, 173, 175, 188, 190
Bischoff 181
Bley .. 6, 7, 8, 9, 10, 11, 12, 13, 15, 16, 17, 18, 22, 25, 32, 35, 38, 39, 42, 43, 44, 45, 49, 50, 51, 54, 55, 198
Bleyer 61, 93

Bleyert 74
Bleymann, von 72
Bluhme 159
Blum 183, 188
Bock 164
Bockel 50
Böckel 234
Böckel ? 231
Böckell 233
Bode 8, 108, 177
Bödicker 158
Bodinger 194
Böhm. 36, 45, 122, 144, 157, 159, 162, 163, 175, 187, 230
Böhme 45, 231
Boppenhausen 73, 142
Börger 175
Borman 225
Bormann 220, 221, 222, 223, 224, 225, 226, 227, 230, 232, 234, 235, 236
Bornemann 24, 238, 240
Börner ... 17, 43, 79, 84, 103, 106, 131, 135, 143, 148, 150, 160, 163, 186, 190, 217
Borngräber 59, 77, 78, 95, 98, 99, 104
Bornmann 18
Bott 238, 240
Böttger .. 147, 149, 153, 169, 171, 172, 188, 216, 218, 240
Bötticher 168
Bötticher ? 207
Böttner 90, 122
Brach 113
Bramholtz 63

Brand 83, 142, 157, 163
Brandau 142, 144, 203
Brandes 51
Brandignier 78
Brandis 187
Brandt 58, 66, 78
Braubach 189
Brauhard, geb. Stephan 168
Brauhardt 156
Braun 84, 221, 223
Braunschweig 205, 236
Bräutigam 173, 234, 236
Breiding 148
Breitenbach 181
Bresler 160, 177, 183, 184
Breßler 151
Brill 104, 175
Brodknecht 170
Brodtrecht 216
Brück 76
Bruns 141
Bu...? 123
Bubenheim 89
Buchenau 214, 232
Büchner .. 91, 126, 132, 140, 148, 153, 155, 166, 167, 180
Buchner ? 119
Bücker 111
Bühl 87, 209, 212, 215, 220, 223, 225, 227, 230, 233, 236
Burg, von der 155
Burghard 20
Burhenne 196
Burhenne (Baurhenne) 139

Abkürzungen

Busch 6, 36, 38, 40, 43, 48, 49, 191, 193, 196, 198, 206, 210, 231, 234, 235
Busch ? 36
Büßing 63
Butlar 197
Butler 50, 55
Buttlar ... 130, 147, 164, 169, 170, 172, 174, 177, 183
Buttlat 149

C

Ca...? 116
Cammer 230
Carlowitz, von 21
Caspar 94, 118, 123, 136, 143, 148, 151
Caßdorff 139
Caßelman 61
Casselmann 87, 91, 110, 111, 114, 116
Cast 68
Caster ? 98
Catharina Elisabeth 147
Choerneck 157
Claus 6, 8, 9, 10
Claus ? 5
Clemens 79, 82, 100, 107, 130
Clermond 119
Corb...? 73
Cornelius 140
Corräus 28, 74, 90, 95, 99, 106, 109, 117, 131, 171
Correus 72, 231
Cramm 12
Crantz 133

Croll 86, 104
Crollius 67, 80, 137
Cron 48, 52
Cronimus 85, 105, 107, 115
Cronnymus 93
Cronomus 65
Curräus 74
Curthmann 180

D

Dahinten 11, 16, 18, 19, 23
Dalemp ? 113
Damm 125
Daniel .. 58, 62, 63, 64, 65, 66, 67, 69, 71, 74, 75, 83, 84, 85, 86, 87, 88, 91, 92, 93, 94, 97, 99, 101, 109, 110, 111, 114, 115, 116, 117, 121, 122, 123, 124, 128, 129, 135, 136, 137, 138, 141, 143, 144, 145, 146, 147, 148, 149, 150, 151, 153, 154, 157, 165, 166, 167, 168, 169, 174, 178, 179, 180, 182, 185, 186
Dar...? 131
Daube 87
Daube ? 73
De...? 77
Degenhard 16, 89, 110, 111, 115, 120, 122, 126, 133, 139, 141, 143, 147, 148, 162, 169, 174, 179, 194
Degenhardt 153, 154
Deiß 102
Dell 232
Demant 97, 123

Denbach 220
Denicke 136
Deubener 24
Deuscher 58
Deutwin ? 63
Dicker 210
Diede 89
Diederich 38
Diedrich 142
Dieterich 10, 18, 140, 152, 156, 168, 213
Dietrich 104, 211, 219
Dietz 235
Dietzel ... 6, 7, 8, 9, 10, 11, 12, 13, 14, 15, 16, 17, 18, 19, 20, 21, 23, 24, 25, 26, 28, 29, 30, 31, 32, 33, 37, 39, 43, 44, 45, 46, 47, 49, 51, 52, 53, 54, 64, 67, 77, 79, 82, 83, 87, 106, 113, 123, 125, 130, 150, 152, 155, 191, 192, 193, 194, 195, 196, 197, 198, 200, 201, 202, 203, 204, 205, 206, 207, 208, 209, 210, 211, 212, 213, 215, 216, 217, 219, 221, 224
Dietzel, geb. Dietzel 25
Dietzel, geb. Faber 215
Dietzel, geb. Herwig 30
Dietzemann 190
Dilling 109, 120, 138, 153, 158, 192, 193, 196, 197, 198, 199, 200, 201, 202, 203, 204, 206, 207, 209, 210, 211, 212, 216, 217, 218, 219, 232
Dilling ? 204
Dilling, geb. Heckerodt 209

Dillinger 195, 197, 199
Ding…? 131
Dingel 145
Dippach. 193, 194, 199, 200, 203, 205, 208, 210, 211, 212, 213, 214, 217
Dippach (Tippach) 216, 233
Dippach, geb. Rietze 241
Ditzel 101, 215
Dolch 46
Döll 68
Dölle 60, 73, 80, 82
Domas 37
Dönicke 138
Dörenckel 142
Dörenckell 139
Dörffler 74
Dorfheilig 61, 145
Dorfheilige 62, 91, 93
Dorfheiligen, geb. Jacob 63
Dorfheiliger 16, 64, 87, 89
Dörfler 94
Dorfsheilige 68
Dorfsheiligen 72
Dorfsheiliger 74, 76, 81
Dörinckel 160, 162
Döring 140, 155, 170, 178
Döring (Thöring) 7
Dorpmund ? 174
Dr…? 35
Dransfeld 152
Dransfeld, geb. Seedorf 155
Drechsler 81
Drenel ? 65
Drube 61
Druswin ? 60

Dude 132
Duder 7, 130, 138
Dulich 39
Dunckel 39
Dürrweiß 36

E

Ebel 14, 20
Ebel ? 199, 213
Ebeling 69, 72, 79, 96
Ebelingk 65
Ebereiß 196
Eberhard 119, 120
Eckard 140, 142, 148
Eckardt 176
Eckebrecht 140
Eckel 65
Eckhard ... 99, 108, 115, 124, 130, 147, 162
Eckhard oder Eisert ? 114
Eckhardt 111, 117, 121, 157
Eckhart 92
Eckmann. 112, 114, 115, 117, 149
Edeling 34, 37, 97
Ehrich 96
Eichenberg 49, 60, 66, 83, 87, 97, 99, 117, 119, 125, 133, 145, 183, 188
Eichler 144
Eisel 143
Eisenach 226
Eisenberg 79, 235
Eisenhut 6, 207, 232
Eisenhuth .. 14, 18, 24, 25, 28, 31, 207, 211, 216, 217, 218, 234

Eisenträger ... 150, 170, 174, 186, 204, 205, 211, 214, 219, 220
Eisert 80, 112, 146, 148, 161
Eißert 84, 115
Engel 83, 191
Engling 199
Erblerod ? 130
Erbrod 79
Ernst 226
Ertingshausen 178
Escherich 184
Eschwege, von 24
Esel 220, 221
Etzrod 80
Eubach 98
Eva 58
Ewald 120, 138, 151, 169
Ewalt 107
Eydam 232
Eysel 21, 175, 176, 212, 218
Eysert 60, 63, 111

F

Faber 7, 58, 59, 60, 61, 74, 81, 87, 110, 143, 160, 165, 167, 175, 200, 201, 202, 204, 205, 206, 208, 210, 211, 213, 214, 216, 218, 221, 222, 223, 224, 226, 227, 228, 229, 231, 232, 233, 236, 237, 239, 241
Faber (Fabri) 226
Fangaux ? 133
Feige 66, 229
Fentner 24, 172
Fernau 129
Fernau ? 105

Feuring ? 112
Fey 42, 145, 150, 159, 218
Feyung 132
Ficher 106
Fincke 59, 224, 227
Fischbach 5, 9, 10, 12, 13, 14, 15, 17, 18, 20, 22, 23, 25, 123, 173, 191, 192, 193, 194, 195, 196, 197, 198, 199, 200, 201, 202, 203, 204, 205, 206, 207, 208, 209, 210, 211, 212, 214, 215, 223, 226, 227
Fischbach, geb. Koch 194
Fischer. 27, 51, 60, 65, 74, 80, 90, 102, 108, 112, 115, 121, 125, 130, 133, 140, 141, 147, 148, 150, 153, 154, 160, 170, 174
Fleck 189
Fleischhauer ... 140, 149, 167, 170
Flügel 39, 185
Flügell 236
Forell 95
Forst 22, 28, 29, 30
Förstenhain 221, 222
Franck 67
Franck ? 68
Francke 42, 43, 44, 45, 46, 48, 51, 53, 59, 147, 152, 162, 171, 175, 177, 230, 232, 235, 238, 239, 240, 241
Frank 35, 38, 40, 41, 209
Franke . 17, 34, 35, 39, 40, 41, 42, 43, 235
Frantz 82, 108
Freytag 36
Fricke 167

Frießleben 127
Fritsch 95, 232, 233
Fritsche ... 14, 220, 221, 223, 225, 230, 231, 233, 235, 238
Fritz 108
Friuf 123
Fröbe 28, 55, 177
Froböse 23, 28, 150, 171, 182
Frohn 97
Frölich 143, 159, 164, 174, 187
Frölig 123
Frühauf 129
Frühauff 149
Fuchs 228, 232
Funck 34, 65
Funcke 81, 85, 230
Futter 203

G

Gabel 105
Galsterer 155
Gauditz 168
Gauler 86
Gebauer 89, 166
Gebaur 113
Gebhardt 62
Gehl 187
Gehle 222, 225
Geil ? 121
Geilfuß 72, 133, 140, 147, 157
Geise 91, 104, 165
Geiße 120
George 54
Gerber 148, 184
Gercke 38
Gerhardt 98

Gerke 128
Gerlach .. 7, 11, 14, 16, 65, 66, 72, 82, 85, 121, 131, 133, 136, 162
Gerlach ? 125
Germerod 195
Gernand 17, 23, 234
Gernand (Gertenand) 30
Gernebach/Gerneberg 13
Gheckroth 200
Gicking ... 206, 220, 223, 224, 225, 227, 228, 229, 230, 231, 232
Gicking (Guicking) . 229, 231, 233
Giebeler 152
Giebler 145
Giese 71, 76, 101, 134, 180
Giese ? 67, 74
Gieselbach 236
Gießelbach 233
Gille 116, 148, 172, 173, 175
Gise 77
Gl...? 70
Glantz 21
Gläntzer, geb. Noll 71
Glanz 181, 187
Gläsner 26, 59
Gleim 65, 81, 91, 97, 237
Gleimius 68
Glübich ? 35
Göbbel 221, 222, 223
Göbel 214
Görbick 38
Görcke ? 43
Göring 149
Goßmann 141
Gotthard ? 128
Gottschalk 194, 195, 205, 210
Gottsleben 135, 145, 151, 153, 156, 161, 176, 182, 190
Götze 112, 130, 143, 149, 210
Gräfe 172, 180
Graff 119
Grandidier 97
Grau 133
Grebaum 152
Grein 147, 159, 166, 167, 179
Greineisen 23
Gries 75, 143, 145, 146, 157, 158
Gries ? 118
Griese 149, 154
Grieß 100, 124, 127, 129, 136
Grieße 122
Grim 66, 68
Grimm 73, 84, 92, 93, 98, 110
Gring 136
Grise 75
Grom 66
Gros 161
Grose 142, 150
Groß 38, 65, 90, 117, 168, 229
Große 10, 64, 106, 165, 210
Großenbach 50, 55
Grothausen, von 46, 55, 56
Grüner 71
Gücking . 228, 234, 235, 236, 237, 240
Guicking 234
Gumpel 70, 132
Gunckel 193, 196, 198
Gundekraft ? 120
Gundelach 88
Gunderman 63, 64

Gundermann ... 66, 67, 75, 77, 80, 81, 87, 88, 202
Gundlach ... 150
Gundler ... 124
Gunnermann ... 116
Gunram ... 88, 92, 125, 149
Günther ... 180, 188
Gutberle ... 99
Gutjahr ... 61, 65, 68, 77, 78, 80, 84, 85, 97, 198
Gutjahr, geb. Jacob ... 59

H

H...? ... 113, 132
H...bitz ?? ... 34
Ha...? ... 136
Haarsein ... 9
Haase ... 76
Haberey ... 34
Habermaß ... 61
Haffermaaß ... 78
Hagedorn ... 53, 61, 65
Hagen, von ... 178
Hagenbruch ... 153
Hagenpruck ? ... 135
Hägerbaum ... 80
Hahn ... 20, 68, 93, 98, 105
Hallbrück ... 97
Hallung ... 101, 123, 141, 146
Halt ... 234
Hampe ... 147
Hane ... 5
Hansmann ... 17
Hanß ... 59
Hanstein ... 7, 228, 237
Hanstein, von ... 144

Happel ... 145
Hardegen ... 179
Harmes ... 127
Harseim ... 24, 52, 53, 190
Harseim, geb. Lorentz ... 27
Harseim, geb. Völlmer ... 55
Harsein ... 40, 42, 46, 154
Harting ... 67, 110
Härting ... 59, 62, 63
Hartleib ... 74
Hartman ... 69
Hartmann . 58, 59, 72, 73, 78, 82, 84, 89, 90, 109, 110, 114, 119, 141, 142, 145, 147, 148, 150, 164, 166, 169, 170, 173, 175, 196, 229
Hartuch ... 157
Hartung ... 44, 49, 65, 66
Hartusch ... 133
Hartwig ... 194
Hase ... 34, 104, 142
Haße ... 102
Hasselbach ... 192
Hast ... 69
Hattengehau ... 225, 230
Haupt ... 124, 130, 137
Haupt ? ... 134
Haus ... 222
Hause ... 147, 158
Hausen ... 116
Hausknecht ... 20
Haußer ... 103
Hebel ... 87, 90
Heche ? ... 222
Hecke ? ... 232
Heckel ... 201

Heckerod 17, 22
Heckerode 26
Heckerodt 202, 206, 207, 209, 210, 211, 212, 213, 219, 238
Heckeroth 134, 212
Heckrodt 201, 202
Heckroth 191, 192, 193, 194, 195, 196, 197, 198, 199, 200, 201, 203, 224
Heer 68, 91, 94, 102, 118, 121, 128, 131, 144, 150, 156, 158, 175
Heer, geb. Francke 185
Hei…? oder Hentze ? 122
Heilemann 150
Heim 80
Heinberger 119
Heincke ?? 106
Heine 190
Heine ? 116
Heinemann 41, 47, 110, 118, 143, 185, 186
Heinicken 98
Heinius 76
Heise 102, 121, 131, 141
Heising 83, 90, 105
Heiße 99, 130
Heiße ? 106
Heistermann 71
Heistermann, geb. Sänger 73
Heitze 98
Heitze ? 95
Hell 135
Helle 70, 74, 92, 159, 189
Heller 67
Hellwig 64, 145, 156, 162

Hellwig, geb. Herting 165
Helm…? 63
Helmbold 15
Helmerecht 59, 60
Helmerich 169
Helmrecht 69, 72, 73, 74
Helwig … 67, 76, 77, 80, 107, 110, 122, 127, 129, 163, 173, 183
Hemling 107
Hempfing 233
Henckel ? 116
Henckelmann 154
Hendrich 40, 43, 234, 239
Henke 195
Hennecke 88, 90
Hennig 107
Henning 68, 69, 74, 76, 199
Hentrich 34, 35, 36, 37, 39, 48, 49, 50, 53, 55, 56, 57
Hentze 119
Heppe 192
Herber 102, 117
Herold 94
Herr 69, 225
Herrichmalß ?? 5
Herschfeld 60
Herting . 64, 68, 69, 70, 72, 80, 84, 86, 89, 91, 94, 99, 102, 107, 109, 110, 111, 115, 116, 128, 136, 138, 143, 157, 162, 164, 169, 171, 173, 182
Hertz 23
Herwig … 9, 15, 18, 22, 24, 25, 26, 27, 32, 40, 47, 54, 56, 80, 81, 88, 92, 102, 115, 119, 122, 142, 158

Herz 33, 187
Hesben ? 40
Hesse 31, 124, 129
Heße 17, 22, 24, 26, 28, 31, 37, 49, 53, 86, 144, 145, 146, 149, 151, 153, 158, 163, 169, 176, 186, 241
Heuckenroth 92
Heuckerod ... 71, 75, 78, 133, 135, 146
Heuckerodt ... 7, 8, 10, 11, 12, 18, 65, 68, 156
Heuckerodt (Höckrodt) 9
Heuckeroth ... 16, 87, 88, 96, 102, 112, 123, 129, 157, 160
Heuckrod 203
Heuckrodt 203, 204
Heufahr ? 78
Heuser 134
Heyne 161
Heys 59
Heyse 64
Heysing 61, 69, 77
Heystermann 60
Hi...? 131
Hie...? 104
Hieronymus ... 132, 141, 144, 145, 147, 156, 170, 171
Hieronymus, geb. Heuckeroth 159
Hiese ... 36, 42, 43, 44, 47, 49, 54, 179
Hieße 37, 38
Hilbrand 9
Hilbrandt 8
Hilbrecht 13, 43

Hilcke ? 14
Hildebrand .. 12, 15, 16, 100, 143, 148, 156, 171, 209, 210, 211, 212, 213, 215, 233
Hildebrand, geb. Weiger ? 13
Hildebrandt 224
Hildebrecht 178
Hildeman 224
Hilke 118
Hill 11, 12, 32
Hille .. 5, 6, 8, 9, 10, 12, 13, 14, 15, 16, 17, 18, 19, 20, 21, 22, 25, 27, 29, 33, 45, 51, 52, 53, 78, 83, 84, 107, 128, 135, 143, 145, 158, 160, 175, 177
Hille ? 7
Hille, geb. Suck 27
Hillebrand 191, 199, 200, 203, 204, 205, 206, 208, 210
Hillebrandt 191, 192, 193, 194, 195, 197, 198, 200, 201, 202, 204, 208, 210, 221
Hilleman 60, 62, 68
Hillemann . 60, 63, 64, 74, 85, 86, 92, 93, 100, 108, 109, 116, 118, 119, 121, 127, 128, 131, 134, 136, 140, 147, 151, 163, 172, 183
Hillmann 139
Hintze ? 68
Hirt 238
Hirtz 64
Höch 154, 210, 219
Hoffmann .. 13, 18, 19, 20, 22, 23, 60, 133, 141, 153, 154, 159, 171

Hofmann 17, 27, 29, 53, 107, 109, 118, 120, 134, 162, 163, 187, 189, 213
Hofmann, geb. Rathgeber 30
Hohlbein 239
Hohmann 105, 130, 178, 202, 206, 212, 216
Hohmann, geb. Bendteroth .. 138
Hohmeiser 130
Hohnstein 122
Holderbühl 222
Hollebühl 229
Hollerbühl 5
Hollstein 125, 192, 196
Holtzapfel 19, 45, 50, 82, 93, 102, 115, 117, 123, 194
Höltzer 230
Höltzerkopf 63
Holtzhauer 43
Holtzhauer, geb. Müller 43
Holtzmann 17
Holzapfel ... 49, 51, 143, 229, 236, 237, 238, 240, 241
Homann 198, 205
Homeyer 62, 67
Hoose 12
Hopf 222
Hopfe .. 60, 89, 93, 114, 123, 127, 129, 192, 219, 220, 223, 224, 226
Hopfe/Hase ? 37
Hopff 19
Hopffe 150
Hopp ? 5
Hoppach 192, 200
Hoppell 44
Hopph 137
Horche 184
Hörselmann 75, 127, 148
Hörselmann (Herschelmann) 144, 176, 181, 185, 188
Horstmeyer 60, 61, 72, 88, 97, 106
Hosbach .7, 10, 11, 14, 15, 16, 17, 18, 19, 21, 22, 23, 24, 25, 26, 27, 28, 29, 30, 31, 33, 36, 37, 42, 146, 153, 164, 172, 174, 178, 182, 188, 207, 215, 221, 222, 223, 224, 225, 226, 228, 229, 230, 231, 232, 236, 237, 240
Hosbach ? 16
Hosbach, geb. Lorenz 28
Hose ... 5, 6, 12, 15, 16, 23, 29, 32, 38, 42, 59, 70, 75, 79, 86, 96, 175, 180, 232, 235
Hose ? 80
Hose ?? 16
Hoßbach 9, 114
Hoße 37, 61
Hotzapfel 13
Hotzel 41, 63
Hötzel 77
Hotzelfeldt 229
Hotzl 58
Hu...? 126
Hubenach ? 71
Hübenthal 187, 221, 230, 231
Hübner 220
Hunstock 35
Hupfeld 113
Huppach 60

Huse 219
Huth 115, 171
Hüttenmüller 107

I

I...hausen ? 72
Iffart 58
Ifrau ? 227
Ihlert 70
Illert 59, 77, 79, 150, 167, 177, 184, 189
Ilse. 5, 6, 7, 10, 11, 15, 16, 17, 18, 21, 46, 213
Ilse, geb. Hildebrand 214
Ilsus 30
Imcke 98
Imgarten 86
Immig 143
Imming . 59, 62, 65, 66, 69, 71, 80
Ise 178, 183
Iserbiehl 68
Isert 76

J

Jacob ... 60, 61, 62, 63, 64, 65, 69, 70, 71, 72, 74, 76, 78, 81, 83, 89, 91, 95, 96, 98, 99, 102, 105, 107, 108, 110, 111, 112, 113, 115, 119, 123, 126, 141, 143, 168, 191, 194, 195, 197, 198, 199, 200, 203, 204, 208, 209, 213, 216, 218, 220
Jacob alias Junker 73
Jacob, geb. Mehlis 212
Jagemann 53
Jäger 36, 37, 38, 109

Jähnich 78
Jäner ?? 75
Jankel ? 208
Jhartmann 90
John 32, 39, 40, 44, 45, 49, 50, 69, 70, 165, 194
Jordan 94, 119, 125, 146
Jörge 115
Joseph 118
Juncker 58
Junckermann 156
Jung 15, 26, 43, 48, 49, 52, 53, 55
Junge ... 8, 13, 19, 58, 69, 71, 111, 196
Jungermann 152
Junker 70, 127

K

K...? 104, 124
Kaiser 11, 110
Kaiser ? 109
Kannengießer 70, 78, 86
Kanngießer 39, 119, 195, 201, 205, 206, 207, 211, 214
Karbe 35
Kauffmann 62
Kaufhold 112
Kaufmann . 63, 71, 76, 81, 82, 87, 108, 111, 201, 223, 228, 238
Kayser 173
Kehm 137
Kell 66
Kellner 77, 95, 97, 126, 150
Kepler 83
Kerste, geb. Koch 53
Keßler 134

Keudel, von 134, 144
Keudel, von, geb. von Cornberg
.... 99
Keudel, von, geb. von Hundelshausen 72
Keyser 60, 61, 62, 75, 78, 93
Keyser ? 16, 59
Kicher ? 66
Kiehlholtz 204
Kiesner 148
Kipp 170
Kirchner 28, 29, 220
Kirscher 142
Kißelbach 238
Kisselbach 236
Kisthard 241
Kla...? 29
Klebe 14, 142
Klein 17
Kleinschmidt 38, 40, 42, 91
Kleyensteuber 159
Kleyensteuber, geb. Böhm 167
Kliebisch 19, 128
Klinge 78, 99
Klocke 61
Klocker 68
Klopman 112
Klopmann 132
Knabe 5, 6, 23, 37, 38, 52, 126, 142, 146, 191, 221, 222, 223, 226, 227, 230, 231, 232, 233
Knauf 59, 87, 88
Knauff 61, 65, 230
Knierim 63, 67, 70, 74, 83, 94, 96, 107, 130, 134, 153, 172, 178, 180

Knigge 158, 184, 186
Knobel 73
Köbberich 203, 237, 241
Köberich 206, 228, 231, 233, 236
Kobhen 5, 6, 7, 11
Kobold 23, 117, 140, 142, 160, 167, 173, 178
Koch 19, 20, 23, 47, 53, 58, 64, 71, 74, 77, 80, 93, 105, 108, 109, 111, 117, 122, 131, 135, 139, 148, 149, 151, 157, 158, 161, 162, 166, 167, 172, 183, 192, 200, 206, 213, 215, 217, 219
Koch, geb. Schäfer 167
Kohler 82
Köhler 12, 36, 62, 94, 95, 102, 111, 126, 131, 143, 150, 153, 173, 213
Kohlman 68
Kohlmann 59, 88, 95, 98, 103, 126, 127, 131, 141, 152, 154, 156, 160, 161, 165, 177, 179, 180, 185, 186
Kohlmann ? 129
Kolman 70
Kölner 117, 120
Kom ? 110
Kompenhans 84, 86, 91, 105, 133
König 102, 149
Kophen 10, 37
Kophenn 42
Kophenne 42
Koppen 86
Kopphen 186

Körber 75, 94, 112, 121, 125, 128, 141
Köthe 153, 190
Köthe (Keth) 101
Kr...? 76
Kraft 105
Krahmer 155
Krämer 6, 219
Kranich 154
Kratzenberg 41, 45, 160
Krause 58, 76, 140
Krauße 61
Kraußhaar 114
Krehan 70, 95
Krehbaum 147
Kreydemann 48
Kring 62
Krommahr? 80
Krug 8, 45, 86, 110, 111, 120, 134, 137, 145, 173, 207, 210, 213, 214, 216
Krumsig 223
Kuhhaupt 140
Kühltau 134
Kühlthau 106
Kuhn 141
Kühn 48, 49, 51
Kühne (Cühne) 237
Kühnemund 168
Külcke 154, 162
Külmer 47, 52, 53
Kümmel 99
Künemund 60
Künemundt 59, 61
Künnemann 84
Kürschner 117

Küstner 162, 167

L

Lampman 129
Lampmann 139
Lamsbach 171, 176
Landgrebe 105
Lange 70
Langelotz 66, 67, 68
Langheld 168
Langius. 70, 73, 75, 76, 79, 81, 84, 85, 86, 89, 98, 100, 101, 106, 124, 151, 154
Langius, geb. Mehlis 76
Langlotz 154
Lannefeld 8
Lapp 161, 162
Lappe 14, 120, 128, 142, 150
Larbich 72
Larbig 239
Laubinger 78
Laudenbach 216, 219
Lauffer 199
Laun 164, 222
Lautemann 91, 117, 123
Lehmann 161, 181, 187
Leimeroth 168
Leiser ? 111
Leister 37, 68, 83, 124
Lentz 210
Lentze 214
Lenze 214
Leopold 69
Leutner 120
Licht 236

Lieberknecht 83, 91, 106, 115, 116, 120, 142, 146, 147, 149, 153, 154, 161, 164, 165, 166, 169, 171, 173, 177, 182, 185, 187
Lieberknecht, geb. Müller 157
Lindner 135, 149
Linke 66
Löber 134, 192
Löbert 222
Löffler 30, 177, 184
Lohn 140, 150
Lorbeer 88
Lorentz 5, 6, 7, 8, 9, 10, 11, 12, 13, 14, 15, 16, 17, 18, 19, 20, 21, 22, 23, 24, 26, 27, 36, 39, 40, 47, 78, 82, 83, 103, 113, 114, 120, 124, 133, 166, 191, 225
Lorentz, geb. Schadewolf 22
Lorenz ...28, 30, 31, 52, 143, 148, 149, 151, 152, 154, 159, 165, 170, 177, 178, 188
Lorenz, geb. Heße 159
Loth 205, 213, 215
Loth, geb. Koch 216
Lotze 107
Lotze, geb. Bippart 166
Lotzen 163
Löwenstein 189
Lub...? 60
Luckhard 131
Ludeman 103
Ludemann 109
Ludwig 126, 137, 146, 153
Lühne 8
Luley 71, 82, 92, 93, 102, 113, 114, 120
Lupech ??..............................58

M

Macke 67, 85
Macke, geb. Schäffer 76
Mader 26
Madern 147
Magnus 227
Magold 103
Maintz 202
Mangold 50, 59, 74, 149, 153, 159, 166, 176, 181, 182, 185, 189, 190
Mangold (Manegold) 160, 172
Mangold (Manigold) 151
Manß 69
Mänzer 162
Marggraf 72, 75, 90, 100, 103, 110, 121, 126, 127, 132, 147, 151, 157
Margraff 58
Markgraf 92
Martin 14, 142, 178, 181
Märtin ? 75
Matthias 106
May 31
Mecke 151
Meder ... 193, 194, 195, 196, 201, 205, 209, 210, 213, 218, 219
Meerten 172
Mehles 5, 194, 200, 225
Mehlis ..58, 61, 63, 66, 67, 69, 70, 76, 136, 138, 207, 212, 213
Mehlis, geb. Faber 212

Mehliß ... 202, 204, 205, 206, 207, 208, 209, 211
Mehllis 59
Meier 124
Meisen 49
Meiss 56
Meißner 47
Meister 49
Meisterlin .. 67, 76, 104, 115, 123, 144, 149
Meisterling 154
Meles 81, 191, 192, 193, 194, 195, 196, 197, 198, 199, 200, 201, 227
Melis 85, 90, 96, 110, 116, 120, 122, 123, 141, 169, 202
Mengel 145, 182
Menges 181
Mensing 61, 72, 73, 96, 100
Mentz 200, 203, 204, 206, 227
Menzer 170
Mergel 26
Merten 127
Methe 135
Meurer 88
Meuser 112
Meyer 30, 31, 41, 42, 78, 98, 210, 226, 227, 228, 230, 232, 233
Meynung 168
Mohn 71
Mohr ... 59, 62, 77, 132, 150, 156, 180
Mollenhauer .. 8, 9, 10, 13, 15, 18, 19, 20, 21, 23, 88
Mollenhauser 14

Möller ... 34, 35, 40, 43, 135, 160, 193, 207, 218
Mönnig 154
Montag 28, 32, 154, 164, 176
Moor 101, 102, 107, 111, 122, 129
Morgenthal 58, 70, 117, 141, 145, 146, 209, 213, 231
Mosebach 92, 181, 229, 236, 240
Moser 215, 216, 234
Mothes 132, 133, 135
Moths 152, 176, 177, 190
Motz 34, 35, 37, 38, 39, 40, 41, 44, 45, 46, 48, 49, 56, 57, 72, 92, 94, 98, 101, 103
Motz ? 123
Mühlhausen 62, 68
Mühlmann 74
Müller 9, 11, 17, 29, 30, 34, 35, 37, 38, 39, 40, 41, 42, 43, 44, 45, 46, 47, 49, 50, 51, 52, 53, 54, 55, 56, 57, 63, 64, 65, 67, 73, 77, 79, 85, 95, 96, 97, 107, 110, 114, 116, 122, 123, 128, 129, 131, 134, 145, 148, 150, 165, 174, 179, 187, 190, 192, 193, 196,197, 199, 201, 202, 203, 205, 206, 212, 214, 217, 221, 222, 225, 226, 234, 238, 239, 240
Müller, geb. Barthel 52
Münch 71, 75, 113
Münche 61, 79
Münckel 157, 184
Mundtsch...? 37
Mundtschie...? 37

Münscher .. 41, 44, 45, 47, 48, 51, 52, 55, 140
Münstermann ... 149
Mütterling ... 120
Mütz ... 59

N

N. 65
Nagell ... 67
Naso, von ... 48
Neid ... 40
Neit ... 49
Neith ... 35
Neits ... 48
Nennstiel ... 47
Nentzel ... 232
Nesselröden, von ... 46
Netra ? ... 35
Neuber ... 128
Neumann ... 230
Neusüß .. 60, 80, 81, 82, 112, 113, 121, 129, 131, 132, 144, 150, 168, 181, 205
Neusüß (Neuensieß) ... 191
Neusüß (Neusiot) ... 148
Neuth ... 5, 41
Neydt ... 37
Neyt ... 39
Niberlias ? ... 125
Nickel ... 85, 100, 227, 231
Niebergall ... 27, 47, 51, 53, 56
Nilcker ... 44, 46, 47
Nol ... 10
Nölcker ... 36
Nold ... 96
Nolde ... 133

Noll 6, 7, 11, 20, 25, 31, 46, 79, 88, 133, 141, 145, 158, 161, 185
Nolle ... 6
Nollner ... 29
Nolsung ?? ... 132
Nolt ... 36
Nolte ... 16, 38, 124
Nuhrman ... 62

O

Obermann ... 174
Ödiwald ? ... 15
Ohrschell ... 73
Öltgar ? ... 66
Opfermann ... 136
Opitius ... 90
Oppermann 85, 111, 112, 116, 121, 127, 131, 134, 148, 150
Ort ... 101
Osburg ... 31, 158
Öste ... 170
Otto ... 97, 140, 172

P

Pagendarm ... 157
Pape ... 73
Paul ... 77, 111, 157, 202
Pauli ... 103
Peiter ... 137
Pemsel ... 179
Peter ... 229
Peter ? ... 207
Petri ... 208
Pfarr ... 117
Pfeiffenberg ... 75

Pfeiffer 189
Pfeil 134, 147
Pfingst 98
Pfister 90
Pfort 112
Pfusch 225, 228
Pfuschius 229
Pieter 82
Pistor 144
Platte 151
Plicken ? 84
Polt 196
Poppenhausen 82, 88, 98, 102, 105, 126, 133, 155, 178
Poth ? 127
Potje 147
Printz 221

Q
Quentel 59, 92, 135

R
Rabe 215
Rabold 41
Raßner 236
Ratgeber................................ 9
Räthe 58
Rathgeber..13, 14, 18, 20, 29, 31, 34, 35, 36, 37, 38, 39, 40, 41, 44, 45, 46, 47, 48, 50, 51, 52
Rathgeber, geb. Ilse 48
Ratschenborn ?? 133
Raub 71, 87, 93
Räuber 158
Rausch ? 98

Rauschenberg. 59, 60, 65, 69, 90, 92, 93, 99, 102, 140, 148
Rautenhausen. 92, 116, 124, 127, 144, 160, 208
Rees 129
Rehbein . 110, 174, 232, 235, 236
Rehn 10
Reichard 21, 26, 27, 168
Reichard oder Reifhard ? 110
Reichart 95
Reichenbach 157
Reicherd ? 100
Reicherdt 15
Reiffard 113
Reiffurth 133
Reifurth.............................. 41
Reinbold 118
Reineck, von 46
Reinhard 7, 36, 215, 237
Reinhart 76, 84
Reise ? 205
Reiß 135
Reiter 175
Reith 191, 196, 197, 236
Reitze 230
Rempe 20
Rettcher ? 74
Reufurth, von 129
Reutel 149
Rexerod .. 10, 135, 141, 142, 144, 145, 221, 223
Rexerodt 58, 61, 64, 65
Rexrod .67, 69, 71, 74, 75, 77, 79, 103, 104, 110, 114, 117, 126, 130, 131, 132, 135, 150, 151

Abkürzungen

Rexrodt.... 80, 101, 139, 152, 156, 157, 163, 165, 166, 168, 169, 174, 188
Rexrodt, geb. Paul 167
Rexrot 66
Rexroth 86, 89, 90, 91, 95, 96
Reyth 201
Rheinfurth, von 134
Rhomfeld 89
Richard 108, 142
Richard, geb. Erdmann 22
Richart 124
Richter 13, 21, 22, 27, 28, 80, 138, 142, 176, 179
Riehm 232, 233
Riel 119
Rieling 211
Riemann 119, 229, 230
Riese 6, 7, 10, 11, 15, 18, 101, 140
Rietze .. 8, 10, 203, 205, 206, 207, 208, 209, 211, 214, 216, 217, 218, 231, 233, 235, 239, 241
Rilcke 118
Rimbach 94
Rinck 147, 179
Rinneberg 172
Rister ?? 41
Ritz 102, 196, 212, 213
Ritze 9, 13, 52, 192, 194, 195, 196, 197, 198, 199, 200, 201, 202, 203, 207, 212, 227, 229, 232, 236, 237
Rod 148, 149
Röddiger 101, 105, 117, 121
Rode 115, 141, 142, 146
Rodemann 103, 123, 134
Rödiger . 136, 140, 147, 155, 156, 158, 174
Röhig 132
Rohn 164
Rohrbach 115, 145
Roht 87, 96
Röling 141
Romhild 103
Romhild ? 80
Rommel 57
Rose 76
Rösing 50, 208
Roß 162
Roß...? 192
Roßbach 214
Roßmuth 63
Rost 49, 56
Rötger 100
Roth 54, 124, 126, 127, 129, 133, 152, 153, 156, 165, 171, 176, 180, 182, 184, 187, 205, 211, 236, 239, 240, 241
Roth ? 193
Rothard 8
Rothe .. 42, 70, 78, 145, 194, 195, 196, 199, 200, 203, 204, 206, 208, 210, 213, 220, 221, 222, 223, 224, 225, 226, 227, 228, 229, 230, 231, 232, 233, 234, 235, 236, 237, 238
Rübekam 131
Rübenkam 67
Rübenkamm 64, 121
Rübenkamm, geb. Rexrod 72
Rübenkamp 65

Rudeloff 34
Rüdiger 46
Rudloff 148
Rüge 120, 121, 129, 139, 145, 149, 150, 159, 165, 167, 168, 173, 176, 189
Rüge ? 126
Rüger 144
Rühl 111
Ruhland 239
Ruland 214
Rülcke 141, 152
Rupert 109, 130
Rüppel 127
Rupprecht 72, 153
Ruprecht .. 96, 118, 121, 131, 135, 147, 150, 151, 152, 156

S

S...? 118, 120
Sa...? 34
Sachse . 15, 23, 35, 38, 41, 42, 43, 45, 46, 47, 51, 52, 53, 96
Sahmer 34
Sand 72
Sander . 60, 62, 67, 69, 75, 76, 78, 81, 83, 84, 85, 88, 92, 93, 101, 103, 106, 113, 119, 122, 125, 134, 135, 137, 141, 143, 151, 157, 161, 169, 216
Sandergeld 238
Sandrock 58, 70, 80, 116, 122, 194
Sandrock (Sandtrog) 108

Sänger .. 32, 61, 62, 66, 69, 71, 73, 85, 103, 105, 111, 114, 117, 118, 119, 121, 123, 125, 126, 127, 132, 146, 151, 153, 168, 172, 175, 179, 180, 181, 197, 202, 203, 204, 206, 210, 211, 214, 215, 217, 218, 239
Sänger (Senger) 89
Saur 84
Saurmann 88
Scäfer 124
Sceffer 129
Sch...? 131
Schabacker . 6, 41, 58, 63, 65, 68, 71, 73, 77, 78, 79, 82, 83, 89, 93, 94, 95, 96, 98, 100, 101, 102, 104, 105, 109, 113, 116, 119, 127, 132, 134, 144, 146, 147, 153, 157, 158, 161, 163, 169, 170, 176, 208, 212, 216, 217, 220, 221, 222, 223, 224, 225, 226, 228, 229, 230, 231, 232, 233, 234, 235, 236, 237, 238, 239, 240, 241
Schade 60, 85, 194, 197
Schade, geb. Fernau 177
Schadewolf 13, 18, 20, 34, 35, 40, 43, 47
Schadwolf 38
Schäfer . 9, 19, 22, 41, 42, 46, 110, 116, 122, 128, 129, 142, 149, 156, 158, 159, 161
Schäffer 13, 15, 19, 20, 22, 23, 39, 67, 77, 83, 113, 114, 133, 152
Schaffrot 109
Schafhäuser 156, 210

Abkürzungen

Schalles 35, 241
Scharff 89, 134, 140
Schaß 36
Scheffel 225
Scheffer 87
Schein .. 12, 18, 21, 23, 27, 28, 30, 143
Schellhase 8, 11, 24, 135, 171
Schende 102
Scherberg 123
Schernick 139
Schifflin 149
Schilbe 62, 145
Schild 224
Schilderoth 166
Schildroth 183
Schill 92
Schilling 65, 69, 86, 112, 137, 153, 155, 158, 164, 168, 176, 179, 186, 212
Schilling, geb. Baldewein 164
Schilling, geb. Stallknecht 63
Schin...? 40
Schindewolf (Schingwolf) 66
Schindewolf (Schöndwolf) 38
Schindewolf, geb. Gerlach 71
Schintz 35
Schintz/Schütz ? 39
Schirmer 17, 23, 29
Schirmer, geb. Mollenhauer ... 28
Schla...? 105
Schlägel 106
Schlarbaum 21
Schleendorn 155, 156
Schleevogt 114
Schleger 124
Schleicher 162
Schleichhard 138
Schlend ? 113
Schlepe 87, 106, 109, 114
Schlepe ? 104
Schlese 73
Schleser 73
Schleser/Schieser ? 62
Schlöß 35
Schloßhauer 64
Schlothauer 60, 68, 77
Schlutterhose 58
Schlutz ? 108
Schmackeberg 119
Schmerbach .. 12, 17, 43, 99, 127, 130, 132, 133, 134, 139, 140, 151, 152, 156, 157, 158, 159, 160, 162, 171, 173, 178, 184, 185, 188
Schmidt 27, 29, 43, 44, 47, 49, 73, 74, 115, 128, 130, 133, 139, 149, 156, 188, 196, 199, 201, 202, 203, 206, 207, 209, 210, 214, 217, 231, 234, 239, 240
Schmidt, geb. Böckel 235
Schmoll 130, 133, 136, 146
Schnegelberg 147
Schneider 38, 129, 140, 238
Schneider ? 108, 128
Schnitter 158
Schnitzer 32
Schnur 66
Schnurr 82, 91, 92, 96
Schock 72

Schocke 61, 62, 64, 65, 66, 67, 70, 73, 75, 83, 85, 89, 90, 91, 92, 96, 97, 99, 106, 107, 108, 109, 110, 113, 116, 126, 131, 132, 133, 134, 135, 139, 140, 141, 142, 143, 145, 146, 153, 155, 168, 172, 173, 176, 182, 183, 186, 189
Schockhart 66
Schödde 101
Schönfeld 162
Schönwälder 24
Schr...? 65
Schrader 157, 179, 189
Schreiber 64, 75, 78, 129, 132, 134, 139, 155, 181, 194
Schröder 41, 47, 52, 56, 139, 141, 143, 144, 151, 152, 165, 169, 170, 171, 208
Schröter 31, 43, 62, 63, 65, 66, 67, 70, 73, 82, 93, 99, 102, 106, 114, 116, 118
Schrötter 79
Schuchard 50, 109, 141
Schuchardt 113, 153
Schuchart 37, 84
Schülbe 135
Schüler 58, 208
Schultz 15, 149
Schultz ? 17
Schultze 16, 90, 101, 107, 115, 116, 118, 122, 124, 126, 128, 129, 131, 152, 170, 202
Schulz 65
Schulze .. 143, 148, 149, 150, 163, 166, 182, 184, 187
Schurgelberg 131
Schüsler 62
Schüßler 210
Schütter 66
Schütze 73, 81, 82, 191, 193, 196, 197, 198, 200, 226
Schwabe . 88, 105, 131, 132, 136, 193, 197, 199, 204, 212, 216, 218, 219, 223
Schwalm 114
Schwantz .. 68, 74, 83, 90, 95, 97, 99, 125, 139
Schwantz ? 130
Schwärtzel 229
Schwartzenberg 13
Schwartzman 223, 226
Schweinebraten 180
Schweitzer 124, 154, 173, 183, 184
Schwencker 185
Schwi...? 125
Schwinde 94
Sebach 48
See 20
Seebach 149
Seedorf 152
Seegel 222, 226, 227
Seelig 99
Seiler ?? 103
Seitz 61
Senger 90, 91, 94, 95, 98, 114, 136, 145, 146, 147, 150, 152
Setzepfand 69, 71, 74, 89, 95, 99, 105
Setzepfanne 64
Setzpfand 68

Severin 144, 150
Seyfried 150, 165, 167
Seyfroed 152
Sibberheim 199
Sichter ? 80
Sieberhagen (Sieberhain) 36
Sieberhain .. 40, 41, 45, 48, 54, 57
Siebert ... 100, 127, 155, 163, 167, 189
Siebert, geb. Baurhenne 160
Sieberth 138
Siefferth 200
Siegmann ? 66
Sieland 115, 138, 146, 154, 178
Siemon 32, 44, 45, 55, 56, 59, 63, 155, 166, 179, 182
Siland 73, 75, 87, 93, 94, 118, 122
Silber 116
Silberschlag 162, 190
Simon .. 40, 46, 48, 50, 52, 53, 54, 72, 94, 126, 134, 135, 148
Sippel 109, 128, 201
Söder 121, 132
Soest 193, 197, 228
Söhr ? 60
Sommer 216
Soppe 25, 32
Späht 84
Speck 93, 129, 135, 227, 230
Speckhardt 74
Spelenberg 112
Spete 67
Spieß 81
Spilner 134
Spohr 176
Sporleder 114

Stachmann 101
Stackemann 85
Stadeler 68, 69
Stadien ?? 197
Stallknecht 59, 60
Stamm ? 128
Stange 111, 177
Stebe 36
Stein 42, 46, 47, 49
Stein, geb. Barthel 50
Steingraf 5
Steinhäuser 125
Steinheiser ? 66
Steinheuser 62, 67, 68
Steinmetz ... 30, 59, 112, 237, 238
Stephan . 119, 122, 131, 144, 156
Steube 5, 9, 34, 35, 36, 37, 38, 39, 40, 41, 42, 43, 44, 46, 47, 48, 49, 50, 51, 53, 54, 55, 56, 57, 63, 137, 143, 160, 161, 167, 186, 189
Stichtenoth ... 137, 154, 160, 167, 175, 185
Stick 63, 69
Stiedenroth 118, 142
Stiederoth 124
Stierbart 34
Stimmer 134, 148
Stock 5
Stoffel 134
Stölzer 26
Stoppel 50, 51, 52, 55, 57, 174
Storch 106, 123
Storm 20
Stramer 179
Straube 199, 226, 231

Straus	26, 48
Strauß	16
Strecker	149
Streckert	17, 21, 22, 23, 105, 181
Strube	13, 195, 213, 219, 234
Strube, geb. Arnold	215
Stück	21, 26, 67, 79, 107, 117, 126, 141, 172
Stückeradt, geb. Kobold	189
Stückerath	175
Stückrad	133, 143, 151
Stückradt	162, 173, 174
Stückrath	129, 138, 153
Stuppach	67, 70, 81, 83, 86, 98, 121
Stuppavh	76
Stützer	41
Suck	35, 36, 39, 42, 47, 49, 51, 191, 193, 195, 196, 197, 199, 200, 202, 203, 204, 205, 207, 208, 210, 211, 212, 215, 227
Sülzner	155
Sümmer	192
Sünder	71
Süsdorf	179
Sust	107

T

Teichmeyer	210, 214, 234
Teichmüller	141
Thalmann ?	79
Theis	230, 239
Theiß	9, 216, 220, 221, 222, 223, 224, 225, 226, 238
Theiß ?	193
Theobald	137
Theys	229, 231, 232
Theyß	229, 230, 231, 233, 234, 235, 236, 237
Theyß, geb. Fritsche	234
Thiel	14, 25, 27
Thiele	18
Thomas	64, 96, 123, 124, 127, 129, 151, 152, 160, 167, 183
Thomas, geb. Schmerbach	173
Thomaß	34
Thon	105, 126, 131, 188
Thorey	88
Throm	83, 85, 95, 104, 116, 198, 221, 223
Throm ?	79
Tiebner	225
Todenwarth, von und zu	137
Träncketrog	109
Trandte ?	65
Trautwein	81, 82
Trebing	22, 24, 29, 32, 117
Trenckelbach	44
Treßler ?	124
Treyße	11, 209
Tröller	168
Trott, von	46
Trube	233
Trümper	104, 147, 151, 156, 170, 172, 184, 186
Tuchscherer	62
Tuschscherer	81

U

Uckermann 64, 66, 69, 70, 71, 77, 79, 85, 87, 95, 99, 100, 103, 111, 114, 118, 120, 122, 126, 133, 137
Umbach 108, 130, 135
Ungewitter 178
Urbach 212, 218

V

Vaupel ... 147, 156, 161, 170, 175, 176, 177, 184
Viehmann 76
Vilmar 56
Vockerodt 241
Vockeroth ? 60
Voge 168
Vogel 148, 174, 188
Vogelei 28
Vogeley 46
Vogelgesang 208
Vogt 52, 137, 142, 154
Voigt 156, 185
Voland 43
Völcke 25, 74, 154, 182
Völcker 224
Volckmar ... 62, 64, 70, 71, 73, 77, 78
Volkenandt 238
Vollmann . 94, 102, 107, 118, 125, 128, 133, 146, 159, 186
Völlmar 53
Völlmer 48

W

W...? 129

Wagner .. 8, 10, 12, 14, 19, 21, 22, 23, 24, 34, 35, 36, 38, 39, 40, 41, 43, 44, 45, 46, 47, 48, 50, 51, 54, 58, 59, 61, 68, 70, 72, 74, 76, 77, 83, 87, 101, 103, 108, 110, 125, 127, 135, 140, 142, 145, 152, 153, 158, 161, 163, 169, 170, 176, 180, 186, 194, 196, 220, 225, 226, 231
Wagner ? 17, 58
Wagner, geb. von Carlowitz 26
Walber 15
Walborn 6, 39, 221, 223, 228
Walburck 10, 11
Walburg 6, 7
Walburg (Walburck) 8, 10
Waldschmidt ... 77, 195, 220, 221, 222, 225, 229
Wall 85
Wallborn 35, 235
Walter .. 66, 67, 70, 74, 76, 77, 78, 79, 99, 100, 104, 115, 117, 149, 161, 184, 187, 195, 198, 200, 220, 227, 231
Walther 144, 160
Wand 222, 224, 226, 232
Wandt ... 221, 223, 224, 229, 231, 234, 235
Wangemann 136, 151
Want 226, 227, 228
Warlich 169
Wäscherfeld 111
Wascke ? 69
Weber 108, 183
Weber ? 72
Weh...? 132

Wehnert 90
Wehr 188
Weider 142, 158
Weiler 237
Weimar 85
Wein...? 64
Weisenbach 112
Weiser 59, 69
Weishaar 217
Weiß ? 34
Weißenborn 11
Weißenstein 63, 75, 85, 86
Weißhaar 214
Weitzel 229
Wendeling 62
Wender 100
Wenderoth 133, 150, 158, 168
Wenhart 62
Wenk 228
Wentzel 34
Wenzel 183
Werckmeister..48, 144, 151, 155, 177, 189, 211
Werkmeister 130
Werneburg 58, 59, 61, 67, 69, 72, 79, 94, 96, 97, 99, 100, 106, 123, 125, 132, 133, 137, 139, 145, 151, 152, 159, 160, 166, 167, 173, 195, 213
Werneck 209, 211, 237
Werner 11, 72, 74, 97, 144
Werner ? 126
Wernerburg 72
Wescke 59, 77, 79, 95, 98, 107, 141, 142, 143, 156, 158, 163, 167, 178, 183

Wesemann 22
Weske 81, 100, 105, 113, 127, 134, 153
Weßcke 89
Weßke 96, 98
Wetterau 7
Wetzel 71, 237
Wetzstein 152, 159, 182, 189
Weyhe 236
Weyland 161
Weymar 69
Weyser 72
Wi...? 112
Wicht 88
Widmer 155
Wieder 218, 219
Wiederhold 76, 104
Wieditz 46
Wiegand 22, 23, 74, 85, 101, 104, 118, 124, 169, 172, 174, 178
Wiegler 185
Wieland 48, 52
Wigand 110
Wilhelm 21, 22, 31, 35, 36, 39, 40, 41, 43, 44, 52, 133, 145, 230, 233
Wilhelmi 146, 147
Winckelmann 78, 80
Winckelmann ? 64
Windemuth 81
Windus 174
Winkelmann 107
Winkler 109
Wintzenberg 92, 106, 108, 126
Wiskemann 76, 81, 87, 117
Wittich 208, 211, 212

Witzel 34, 35, 75, 82, 85, 96, 135, 171, 191, 209, 220, 221, 222, 223, 224, 228, 229, 232, 233, 235, 236, 237, 238, 241
Wolckenstein 62
Wolckstein 61
Wolf 45, 115
Wolfgang 116, 224
Wolkenstein 67, 69
Wölkl 31
Wollborn 204
Wollert, geb. Neusüß 59
Wormb 228
Wormbsbächer 202
Wormsbächer 195, 202, 205, 206, 207, 221
Wrüger 12
Wrüger ? 14
Wünch 132, 134
Wünche 63, 69, 89, 91, 92, 99, 101, 102, 133, 148
Wüncher 60
Wünsche 59
Wurm, von 144, 146
Würschmidt 6, 7, 9, 10, 12, 23, 54, 125, 140, 145, 156, 165, 240
Würschmidt (Wirßschmitt) 34
Würschmied 6
Wurst 75

Würtzler 111
Würz 175
Wüthe ? 5

Z

Z...? 17
Zahn 152
Zentgraf 69, 75
Zeth 140
Zeuch 11, 26, 32, 59, 62
Zicke 75
Ziegeler 237
Zielfelder 134
Zilch 66, 67
Zimmermann 49, 79, 109, 113, 136, 141, 159
Zinck 149
Zincke 60, 62, 64, 68, 73, 108, 113, 138, 139, 140, 159, 221
Zincke ? 81
Zinckius 220
Zindel .. 75, 95, 99, 104, 106, 121, 127, 132, 143, 151, 230, 235
Zindel (Zinngel) 136
Zinn 21
Zipf 44
Zipß ? 39
Zündel 214, 240, 241
Zündell 238

Register der Orte

...

... Weimar ? 116
...? 62, 113, 124, 125, 134
...? im Sachsen-Meiningischen
.... 112
...dorf ? 172
...roda ? 50
...schönau ? Amt Schönstett.. 131
...wahlshausen ? 163
...wick ? in Böhmen 20

A

Abterode 38, 47, 66, 114, 117
Alberode 168, 222
Albeshausen 14
Allendorf ... 72, 74, 82, 86, 88, 91, 94, 96, 100, 101, 115, 116, 124, 125, 141, 145, 147, 176, 228
Allendorf an der Lumda 118
Allendorf an der Werra 225
Altenbburschla 194
Altenburschla .. 37, 38, 39, 40, 41, 42, 44, 45, 46, 51, 52, 53, 64, 65, 71, 73, 77, 78, 79, 81, 82, 87, 88, 89, 93, 101, 104, 110, 111, 113, 120, 123, 125, 128, 143, 145, 152, 154, 158, 159, 170, 172, 173, 176, 178, 180, 181, 190, 191, 192, 193, 194, 197, 198, 227
Altenburschla bürtig............. 182
Altengottern in Kursachsen... 137
Altenhasungen 230

Altenhasungen/Amt Wolfhagen 231
Altenritte 199
Altlandsberg im Brandenburgischen 152
Ammern bei Mühlhausen 187
Anna Clara 80
Ansbach 86
Arndorf in Böhmen 31
Arnstadt 136, 154
Asbach bei Allendorf............. 104
Asbach/Amt Niederaula 14
Aschersleben 165
Aue .. 7, 11, 19, 26, 55, 59, 70, 80, 81, 82, 84, 92, 96, 129, 130, 151, 153, 158, 161, 208
aus dem Hanauischen............ 140
außm ...? 79

B

Barchfeld 150
Bartloff im Eichsfeld 79
Baumbach 38
Bebendorf 82
Bebern im Braunschweigischen 194
Bergheim im Waldeckischen . 109
Bernterode auf dem Eichsfeld 223
Binsförth 177
Bischhausen.. 130, 133, 134, 150, 160, 168, 180, 223, 234
Bischhausen/Amt Witzenhausen 97

Register der Orte

Bischofshausen/Amt Witzenhausen ... 71
Böddiger ... 135
Bodenheiling ? ... 58
Borken ... 73
Bornhagen ... 144
Bovenden ... 167, 170
Bovenden im Amt Plesse ... 8
Braunschweigischen, aus dem 78
Breitzbach ... 170
Bremen ... 127
Broßburschla ... 40
Bühren im Hannöverischen ... 157
Burckarderode ... 144
Burgheim im marggräfl. Ansbachischen ... 155
Burghofen ... 202
Buttelstedt im Weimarischen 125
Buttstädt ... 134

C

Cammerforst ... 200, 201
Cornberg ... 126
Craula im Gothaischen ... 89
Creuzburg 15, 17, 20, 43, 53, 107, 130, 134, 135, 154, 157, 165, 167, 173, 175, 203, 205, 234, 235, 238
Creuzburg, wohnhaft zi Ifta ... 139

D

Darmstadt ... 113
Datterode ... 21, 46, 52, 153, 195, 205, 210
Delitz am Berge ... 184
Dens ... 128
Deuchen in Kursachsen ... 156
Deute/Amt Felsberg ... 108
Die...burg ? im Nassauischen ... 80
Diedorf ... 95
Diedorf im Eichsfeld ... 80
Diemarden im Canton Rudolfshausen-Leinedepartement ... 171
Diemerode ... 107
Dingelstädt ... 13
Dohrenbach ... 121
Döringsdorf ... 70
Döringsdorf auf dem Eichsfeld 51
Dörna ? ... 111
Dünzebach ... 192, 196, 205

E

Ebenhausen im Gothaischen . 234
Ebenshausen ? bei Creuzburg .. 47
Ebenshausen im Sachsen-Gothaischen ... 150
Effelder ... 148, 177, 184
Effelder im Preußischen ... 30
Ehringen ... 178, 183
Eichenberg ... 13
Eichsfeld/Amts Bodungen ... 71
Eisdorf/Amt Osterode ... 141
Eisenach ... 10, 75, 88, 148, 155
Eiterhagen/Amt Kassel ... 91
Elbersdorf ... 232
Eltmannshausen ... 21
Erlangen ... 179
Ermschwerd ... 79, 232
Ershausen ... 155

Eschwege .. 12, 17, 23, 45, 62, 66, 71, 73, 75, 76, 77, 78, 80, 81, 82, 83, 87, 89, 91, 92, 95, 104, 106, 108, 110, 115, 118, 119, 120, 122, 124, 126, 133, 134, 137, 147, 151, 154, 158, 162, 165, 166, 168, 173, 180, 182, 186, 192, 211, 234, 237, 238
Este ? 112
Etzenborn im Hannöverischen 187

F

Falken 8, 17, 37, 38, 44, 48, 53, 106, 165, 168
Falken ? 129
Faulungen 174
Fechenheim/Amt Hanau 139
Flarchheim 48
Flinsberg 24
Frankenberg 98, 104, 221
Frankenhausen/Thüringen 119
Frankenroda 183
Frankeroda 17
Frankershausen 81, 105, 152
Frankershausen, geb. in Kassel 159
Frankfurt 77, 79, 119
Frankfurt am Main 164
Frankfurt am Main, bei 196
Frauenborn 239
Frauenborn ? 110
Freda 124
Freida 90, 99, 116

Frieda 9, 11, 15, 20, 39, 41, 57, 67, 69, 93, 101, 110, 112, 117, 118, 120, 122, 127, 130, 133, 138, 142, 144, 150, 156, 157, 160, 162, 166, 167, 173, 178, 183, 185, 186
Friedberg 59
Frommershausen 138

G

Gehau/Gericht Dörnberg 208
Geldebach 161
Gellershausen im Waldeckischen 113
Germerode 105, 133, 136, 188
Gerstungen 49, 158
Gotha 95, 110, 128
Göttingen 85
Göttingen ? 67
Göttingen, aus dem Amt 62
Grafenhausen im Breisgau 81
Grandenborn . 111, 128, 198, 215
Grebendorf 16, 22, 25, 26, 74, 165, 218, 233
Grebenstein 119
Grena 157
Großalmerode 127

Register der Orte

Großburschla..... 5, 6, 7, 9, 12, 13, 16, 17, 19, 27, 28, 37, 38, 39, 40, 41, 42, 43, 44, 45, 46, 47, 48, 49, 50, 52, 54, 55, 78, 91, 101, 114, 115, 124, 128, 133, 145, 157, 164, 169, 178, 192, 193, 194, 195, 196, 197, 199, 201, 204, 207, 208, 209, 210, 211, 213, 214, 219, 221, 222, 223, 228, 229, 231, 232, 233, 234, 235, 236, 237, 238, 239
Großen...? im Brandenburgischen............ 99
Großenbrüchter...................... 83
Großnurschla....................... 14
Großtöpfer........................ 212
Gudensberg....................... 99

H

Hallungen........................ 235
Hambach......................... 133
Hannover?....................... 189
Hanroda/Amt Creuzburg....... 202
Harle............................. 137
Harle/Amt Felsberg............. 107
Harmuthsachsen... 134, 202, 210
Hasselbach....................... 86
Hausbergisch (Hannoversch?) Münden........................ 164
Hedemünden............... 137, 157
Heilgenstadt................ 181, 190
Heiligenstadt......... 87, 171, 172

Heldra 5, 9, 10, 11, 13, 17, 18, 19, 27, 28, 29, 32, 46, 63, 75, 82, 96, 102, 122, 137, 146, 156, 170, 174, 177, 179, 195, 205, 226, 230, 234
Helmershausen im Eisenbergischen.................. 155
Hennigerode/Gericht Altenstein 227
Herda.............................. 127
Herda?............................ 101
Herleshausen.. 88, 199, 214, 220, 229, 231
Herleshausen in Thüringen in der Herrschaft Weißenfels........ 78
Hersfeld...... 79, 80, 99, 105, 106, 157, 174
Hildebrandshausen... 26, 94, 143, 179
Hildebrandshausen (Hilbershausen) vom Eichsfeld 7
Hitzelrode...................... 177
Höckelheim, aus dem Amt........ 8
Hofgeismar...................... 67
Hoheneiche 71, 76, 109, 149, 209
Hörsel?......................... 122
Hubenrode/Amt Witzenhausen 89
Hundelshausen............ 196, 230

I

Ifta............... 86, 216, 221, 228
Illeben in Thüringen.............. 199
Immichenhain..................... 5
in der Kratzmühle................ 144

J

Jagernell ?? 11
Jestädt 48
Jestädt, Hitzelrode bürtig 187
Jühnde 38

K

Kammerbach 93
Karlshafen 189
Kassel 10, 76, 78, 90, 97, 103, 107, 110, 114, 118, 134, 149, 164, 178, 180, 184, 190
Kassel, aus dem Drahthaus bei 125
Kaßtorf 158
Katharinenberg 50, 102
Katharinenberg (Catterberge) ... 5
Kelbra 66
Kella im Eichsfeld 8
Kempten 90
Kernbach ?, Landgericht Heiligenstadt 188
Kerstenhausen 118
Kindelbrück in Sachsen 136
Kirchhosbach 134
Kleinalmerode 78, 112
Kleinballhausen im Preußischen 175
Kleintöpfer 5, 7, 20, 37, 38
Kleinvach (Vacha) 231
Köln am Rhein 136
Krauthausen 46, 64
Kreuzebra 13
Kreyßberg in der Grafschaft Lippe 223
Küllstädt 216
Küllstedt 169, 172, 174, 178

L

Lamspringe im Hildesheimischen 151
Langehain 90
Langenhain 92, 145, 212, 213
Langensalza 136, 238
Langula 124
Langula in der Vogtei 150
Lauchröden 154
Laudenbach 113, 117, 198
Lautenbach, aus dem 210
Lauterbach 173
Lauterbach im Sachsen.Gothaischen 29
Legefeld im Weimarischen 114
Leiden in Holland 152
Lengde im Hannöverschen 28
Lengefeld 36
Lengenfeld 190
Lengenfeld auf dem Eichsfeld .. 86
Lengenfeld, Mühlhausischen Gebiets 130
Lichtenau 184
Lindewerra 175
Löbnitz 148
Lu...? in Westfalen 105
Lüderbach 118, 192, 216, 231
Lützensömmern in Thüringen .. 86

M

Magdeburg 20
Mansbach ? 229
Marburg 78, 80, 103, 104, 145
Marksuhl ? 212

Register der Orte

Mecholn 98
Mecklar im Rotenburgischen .. 84
Meiningen 149
Melsungen 140
Mengershausen 115
Mihla 222, 225, 230
Mihla im Eisenachischen 213
Mihla, aus der Grundmühle bei 42
Mitterode 201
Möhra im Sachsen-Meiningischen 137
Morschen 75
Mosheim/Amt Homberg 89
Motzenrode 187
Mühlhausen 8, 23, 31, 66, 73, 86, 94, 97, 100, 113, 122, 124, 130, 153, 162, 168, 172, 178, 185
Mülverstedt 102
Münden 59, 67, 88, 104, 139

N

Natza 55
Nazza 161
Nentershausen 36, 220
Nesselröden 191, 214, 232
Nesselröden/Amt Duderstadt 222
Nesselrölden 237
Netra . 7, 42, 53, 63, 67, 127, 142, 145, 147, 152, 191, 192, 204, 207, 219, 222, 224, 227
Neuenhain/Amt Borken 116
Neuerode 146, 204
Neukirchen 59, 70, 145
Neunkirchen 65

Neustädt/Amt Gerstungen 239
Niddawitzhausen 21
Nieder…? 5
Niederdünzebach 19, 39, 47, 157, 160, 166, 194, 202, 219, 235
Niederelsungen 98
Niederelsungen/Amt Zierenberg 112
Niederhne 165
Niederhone 5, 32, 210
Niedernjesa/Amt Friedland 51
Nnesselröden 94

O

Oberbeisheim 207
Oberdorla 174
Oberdünzebach 11, 23, 25, 32, 191, 192, 194, 198, 218, 219
Oberellen 14
Oberhone 30, 49, 195, 215
Oberkalbach 114
Oberrieden 87, 111, 112, 174
Obersinn 44
Oberweißenborn im Fuldischen 96
Oetmannshausen 83, 170, 197
Ohrdruf 162
Oppershausen 44

P

Pfaffschwende 181
Pferdsdorf 105
Pfullendorf im Gothaischen 152
Philippinenhof bei Kassel 212
Prag in Böhmen 108
Preußen 24

Q
Quedlinburg 80

R
Rambach . 6, 7, 12, 14, 18, 24, 37, 41, 42, 58, 64, 70, 85, 110, 147, 192, 193, 195, 196, 200, 206, 208, 214, 215, 238
Reichenbach 40
reichensachsen 84
Reichensachsen 13, 27, 29, 59, 60, 66, 74, 76, 78, 83, 85, 90, 96, 119, 140, 148, 154, 209
Reichensachsen, in Treffurt eine zeitlang wohnend 24
Renar in der Schweiz 78
Renda .. 11, 18, 75, 214, 215, 217, 237
Richelsdorf 53, 155
Rieden 115
Riedshausen 145
Rimbach 168
Rinteln 29, 85
Rittmannshausen 11, 54, 153, 155, 156, 202, 214, 221, 223, 232, 233, 236, 238, 239
Röhrda ... 8, 76, 84, 117, 193, 214, 218, 219, 241
Rommers im Fuldischen 113
Rotenberg in Westfalen 103
Rotenburg 90, 100, 101, 120, 126, 169, 175
Rotenburg an der Fulda .. 31, 180
Rothefeld ? 151
Rüdigershagen 149
Rüdigershausen 147

Rüstungen auf dem Eichsfeld 193

S
Sallmannshausen 15
Salzungen 88
Scherbda 23, 48, 49, 53, 157
Schierschwende 170, 187
Schippenstädt im Braunschweigischen 176
Schmalkalden 76
Schmalkalden, bei bürtig 137
Schnellmannshausen .. 14, 15, 17, 22, 23, 24, 37, 38, 42, 45, 48, 49, 52, 53, 101, 124, 135, 152, 183, 210, 222, 234, 236
Schönberg, aufm, bei Falken . 162
Schönhagen im Eichsfeld 111
Schwarzenau 108
Schwarzenborn 109
Schwarzenhasel 46
Schwebda . 30, 37, 41, 82, 89, 94, 104, 120, 121, 130, 136, 138, 142, 145, 154, 155, 156, 157, 161, 162, 168, 170, 174, 176, 181
Schwebda bürtig 181
Schweins ? in Schlesien 109
Schweinsberg in Oberhessen ... 20
Seideroth im Hanauischen 140
Soest in Westfalen 75
Solz 99, 115
Sondershausen 29
Sontra ... 66, 68, 76, 84, 106, 107, 108, 120, 123, 147, 228
Sooden 143, 149
Sooden bei Allendorf 113

Register der Orte

Sorga bei Hersfeld 107
Spangenberg 99
Spiersw...? 41
St. Goar 82
Stadthosbach 100
Ställefeld 36
Steinau an der Straße 137

T

Tannenberg bei Netershausen 241
Thalwenden 38
Tiefenort 105
Treffurt 15, 17, 20, 21, 22, 23, 26, 27, 29, 32, 37, 39, 44, 46, 47, 51, 61, 76, 82, 92, 96, 97, 102, 105, 107, 108, 126, 128, 129, 140, 147, 151, 158, 169, 174, 175, 176, 191, 192, 193, 197, 213, 216, 221, 225, 226, 230
Trendelburg, aus dem Amt 73, 74
Treysa 97, 124

U

Udenhausen 56
Ufhofen 150, 172, 180
Ulfen 65
Unhausen 162
Unterrieden 112, 138
Uttershausen/Amt Homberg .. 85

V

Vach 135
Vacha 149
Vatterode 37
Velmeden 235

Volkeroda im Eichsfeld 74
Völkershausen .. 9, 13, 17, 18, 21, 22, 23, 24, 31, 32, 43, 45, 79, 80, 107, 116, 118, 125, 135, 147, 148, 150, 152, 153, 156, 160, 163, 171, 179, 180, 181, 186, 187, 192, 193, 196, 197, 210, 236, 240
Völkershausen, zuletzt in Frieda wohnhaft 175
Völkrershausen 22
Vollung, Hof (aus der Fulung) .. 37
vom Landstreit ? 46
vom obersten Hof 35
von Pfalz Neustadt 12

W

Wahlhausen 61, 225
Walburg 160
Waldkappel 8, 94, 95, 97, 111, 126, 130, 156, 194
Wanfried .. 6, 9, 10, 14, 15, 16, 19, 21, 23, 26, 27, 28, 29, 50, 87, 108, 122, 201, 205, 208, 221, 224, 225, 230, 234
Warburg in Westfalen 101
Weimar 116, 159, 209
Weißenborn .. 5, 12, 18, 102, 118, 120, 123, 221, 223, 224, 225, 226, 227, 229, 232, 237, 239, 241
Weißenhasel 227
Weißensee im Cursächsischen 138
Wendehausen 41, 116, 124, 164, 176

Wendehausen (Wenghausen) im Eichsfeld 82
Wendehausen im Eichsfeld 83
Wenings ? im ...ischen ? 78
Werben ? 98
Werleshausen 68
Wichdorf/Amt Gudensberg... 113
Wichmannshausen.... 49, 70, 210
Widdershausen 105
Wiesenfeld 108
Wilbich 110
Wilbich im Eichsfeld 83
Willershausen 164
Wipperode 116, 122, 194
Witwe 143
Witzenhausen. 64, 66, 72, 74, 78, 79, 81, 82, 83, 84, 93, 109, 148, 182, 189
Wolfhagen 97, 101
Wölfis im Gothaischen 102
Wolfterode 191
Wommen 235

Z

Ziegenberge 133
Ziegenhagen/Amt Witzenhausen 89
Ziegenhain 104, 120
Zierenberg 72
Züschen im Fürstentum Waldeck 171
Züschen im Waldeckischen 28

Herstellung und Verlag:
BoD - Books on Demand, Norderstedt
ISBN 978-3-7431-1712-9